# 《教师教育书系》编委会

**总主编** 戚万学

**编　委** （按姓氏笔划排列）

马池珠　于洪波　李长伟　李运才

陈月茹　张文新　张茂聪　张景焕

金明善　赵昌木　唐汉卫　唐爱民

徐继存　魏　薇

教师教育书系　　戚万学 总主编

# 教育学基础

唐汉卫　魏薇 主编

山东人民出版社

## 《教育学基础》编委会


**主　编**　唐汉卫　魏　薇

**副主编**　王向华　冯永刚　陈玉玲　孙秀玲

# 前　言

《教育学基础》是教师教育类课程中的基础学科，是高等师范学校教师教育类课程中的必修课程，亦是我校教师教育改革的重点课程之一。本书系统地介绍和探讨了教育学学科知识体系中的基础知识、基本理论和基本问题，旨在使师范生学习之后能够具备基本的教育观点和信念，能结合我国基础教育的实际分析问题和解决问题，更重要地是能引导并成就师范生的执教生涯，使他们在教师的岗位上安身立命，过有意义的职业人生。

《教育学基础》既然是“基础”，其内容就应该具有较强的稳定性、公共性和一致性，阐发的应是教育活动的基本原理和原则。当然，这并不表明“基础”中所阐述的内容和问题以及人们看待这些问题的思维方式、视角是一成不变的。随着时代的发展、教育的不断改进和教师教育改革的需要，人们对教育学基础中的部分内容又会有一些新的认识和思考，这也是本书力求去体现的东西。本书定位为师范生职前培养的入门教材：一是注重了教育学知识的系统性、科学性。本书在逻辑框架上没有大的创新，基本因循的是教育学原理最基本的逻辑体系。旨在使师范生熟悉教育活动的基本范畴和规律，能够站在人的发展和社会发展的视角从事教育活动。二是在具体阐释教育的基本原理时，我们力求按照“是什么”、“为什么”、“怎么样”的演绎思维方式来阐述，同时吸纳国内外最新、最前沿的新知识、新观点，丰富的学习内容旨在使师范生喜欢该课程的学习，掌握教育学科的话语表达方式，以及看待教育问题的理性意识。三是教材的体例是由“本章导读”、“正文”、“知识要点”组成，正文中还附有“资料袋”作为拓展和延伸之用，编写体例意在满足学习者自主学习的需要，同时也利于公共课教学统摄教材之需。全书最后集中附有“参考文献”以供有教育研究志趣者选择性深读。

此外，本书亦可作为教师职后培训用书，或是作为教育学科研究生入学考试的重要参考书目。

全书分章编写，由唐汉卫、魏薇负责制定编写提纲、统稿。按章节顺序，各章具体分工如下：孙秀玲，第一章、第八章；陈玉玲，第二章、第三章；王向华，第四章、第七章；冯永刚，第五章、第六章。

本书在编写过程中，编写人员曾数度召开研讨会，对教材的框架、内容及体例进行深入论证，丛书总主编戚万学教授和其他编委给予了关键性的点拨和支持，路书红博士提出了许多建设性的意见和建议，同时，我们也采纳和吸收了一些国内外的相关研究成果，在此一并致谢。本书的问世，也得到了山东人民出版社的鼎力支持，李运才副总编、责任编辑王晶付出了大量辛勤的劳动，对此我们深表感谢！

由于编者水平所限，书中纰漏、偏误之处难免，敬请读者和同仁斧正。

编　者

2010年8月

# 目 录

# 第一章
# 教育与教育学

## ☞ 本章导读

本章从教育的含义、要素、形式及历史发展等方面来认识教育,阐释了学校教育的基本含义,介绍了当代主要的教育理念,讨论了教育学的产生和发展,以及教育学对教师专业发展的意义,其目的在于使学习者对教育和教育学形成一个概略性的认识和总体性的把握。通过学习本章,学习者需重点掌握教育的概念、教育活动的基本要素、主要形式以及不同教育形态的主要特征,了解教育的历史演进以及当代教育理念;把握教育学的定义,了解教育学的发展历程,理解教育学对教师专业发展的意义。

自从有了人类社会,便有了教育,尤其是在现代社会,教育已成为人们生活中不可或缺的重要组成部分。教育学则是对教育的反思与构想,它随着社会的发展和人类教育经验的丰富而逐渐形成和发展起来,是人类理解教育的方式之一,对教师的专业发展具有重要意义。

## 第一节　教育概述

### 一、教育的含义

教育是我们日常生活中使用频率较高的一个词汇,但如果追问“教育是什么”这一根本性的问题,则未必所有人都能说得清楚。为了使我们对“教育”的理解从常识水平提高到理论水平,有必要通过追溯“教育”一词的历史演化,明晰教育的概念。

(一)教育的词源

1.汉语“教育”溯源

在中国,“教育”最早见于《孟子·尽心上》:“君子有三乐,而王天下不与存焉。父母俱存,兄弟无故,一乐也;仰不愧于天,俯不怍于人,二乐也;得天下英才而教育之,三乐也。”但这两个字在当时并非一个有着确定含义的词。这是因为我国古代汉语有以字代词的特点,这种使用单音节词的语言习惯妨碍了像“教育”这样的双音节词的通行,因此,在20世纪之前,很少有人把这两个字合成一个词来使用,学者在论述教育问题时,大都使用的是“教”或“学”。而两者比较起来,又以“学”为多。其中,“教”在甲骨文中的常见写法是“”,金文写作“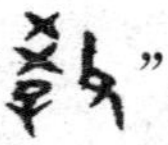”,表示成人手拿鞭子督促孩子的学习行为。“学”在甲骨文中的常见写法是“”,金文写法是“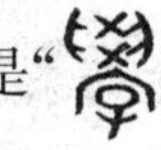”,意思是孩子在一所房子里学习有关占卜的知识。因此,从词源上看,“教”与“学”是从不同的角度来描述同一种活动或现象。

“教育”在中国成为一个常用词是在19世纪末20世纪初。这一时期,在连续不断的社会危机和民族危机的压力下,清政府被迫开始兴办新式教育,并取道日本学习欧洲。留学日本的中国人转译了大量的日文教育学著作和教材,“教育”一词重新传回国内,并被赋予了新的含义。但在一开始,教育话语仍以“学”为主,比如,整个教育事业称为“学务”,国家教育机关称为“学部”,下设“劝学司”、“劝学所”,学部中有“学臣”,劝学所中有“劝学员”等。直到1906年,学部才奏请朝廷颁布“教育宗旨”,民国之后,正式改“学部”为“教育部”。自此之后,“教育”作为一个基本概念逐渐取代了传统的“教”与“学”,标志着中国教育话语由“以学为本”向“以教为本”的现代性转变。

2.西语“教育”溯源

在现代英语中,教育是education;在法语中,教育是éducation;在德语中,教育是erziehung;在意大利语中,教育是educazione。它们均源于拉丁语educare,该词由前缀e和词根ducare合成,其中,前缀e有“从……出”的意思,而词根ducare则有“带领”、“引导”的意思,二者合起来就是“引出”,也就是说,教育即采用一定的手段,把某种本来就潜藏于人身上的东西引导出来,使其从潜质变为现实。

(二)教育的概念

由于哲学观、价值观及逻辑方法的不同,人们对教育的认识和解释亦不尽相同,因而形成了形形色色的概念界说。

《中庸》曰："修道之谓教。"荀子认为："以善先人者谓之教。"①被誉为中国第一部教育学的《学记》则将"教育"解释为："教也者，长善而救其失者也。"②东汉许慎在《说文解字》中认为，"教，上所施，下所效也"；"育，养子使作善也"。这里的"教"，包含着教者的教诲和受教育者的仿效两层意思，而"育"则是指使受教育者得以向好的方向发展。不过概而言之，其基本内涵仍是相通的，即教育是一种上对下、长对幼、教师对学生传承历史经验，使个体养成社会所许可的道德规范的过程，亦即是教者与育者之间施教—学习、操作—模仿、榜样—感化的过程。

古希腊作为西方教育思想的发祥地，产生了西方最早的教育概念。苏格拉底（Sokrates，前469～前399）把理性、智慧的发展和道德的培养作为教育的最高目的，认为这是一种非功利性的、旨在促进人自身发展的教育，也就是自由教育。柏拉图（Platon，前427～前347）则系统探讨了有关自由教育的问题，指出教育是为了以后的生活所进行的训练，他以"洞穴之喻"形象地将教育阐释为把人的心灵逐步引向善的过程。法国近代启蒙思想家卢梭（J. Rousseau，1712～1778）提出："教育应当按照儿童自然发展的程序，培养儿童所固有的观察、思维和感受能力。"捷克教育家夸美纽斯（J. A. Comennius，1592～1670）则认为，人只有受过一种合适的教育之后，才能成为一个人。瑞士民主主义教育家裴斯泰洛齐（J. H. Pestalozzi，1746～1827）认为，教育的目的在于依靠自然法则，发展儿童的道德、智慧和身体各方面的能力。德国教育家赫尔巴特（J. F. Herbart，1776～1841）认为，"教育的全部问题可以用一个概念——道德——包括"。19世纪，英国社会学家、教育学家斯宾塞（H. Spencer，1820～1903）提出，教育应该"为美好的生活作准备"；俄国教育家乌申斯基（К. Д. Ушинский，1824～1870）认为，"教育是一种有目的地自觉地培养和谐发展的人的过程"。20世纪，美国哲学家、教育家（J. Dewey，1859～1952）则认为，"教育即生活。"此外，有些教育家强调教育的目的是人格的培养，也有些教育家认为，人格的培养应是家庭和社会的事，教育应该着力于智慧的训练。

由此不难看出，由于人们对于教育活动的认识不同，使得他们对于教育概念的界说也是仁者见仁，智者见智。尽管如此，他们仍具有一个共同点，即把教育视为培养人的活动。

通常来讲，作为一种培养人的活动，教育有广义和狭义之分。

广义的教育，是指有目的、有意识地以影响人的身心发展为直接和首要目标的社会活动。它伴随着人类的产生而产生，存在于各种生产和生活活动之中。其外延包含学校教育和学校以外的各种教育。

---

① 《荀子·修身》。
② 《礼记·学记》。

狭义的教育主要是指学校教育，是教育者根据一定社会（或阶级）的要求以及受教育者身心发展的规律，有目的、有计划、有组织地对受教育者的身心施加影响，期望受教育者发生预期变化的活动。

## 二、教育的基本要素与形式

作为一种复杂的社会现象，教育是一个多因素、多层次的整体系统。各种教育要素的具体表现和组织结构不同，教育呈现的形式亦不同。

### （一）教育的基本要素

认识教育的基本要素是认识教育内部结构的基础。所谓要素，是指构成活动必不可少的、最基本的因素。教育的基本要素包括教育者、受教育者和教育影响。

1. 教育者

凡是对受教育者在知识、技能、思想、品德等方面产生教育影响的人，都可称为教育者。在教育活动中，教育者是教的主体。他以教育影响为手段，把引导和促进受教育者身心的发展变化作为活动目的，力求使自己“教”的对象发生合乎预期的变化。他是教育活动的组织者、设计者和实施者，对整个教育活动起着领导作用；他是学生学习活动的指导者、帮助者和评价矫正者，控制着整个教育过程的推进；他影响着学生活动的内容，控制着学生活动的时间和效果，在很大程度上制约着学生的发展质量。

2. 受教育者

受教育者是指在各种教育活动中从事学习活动的人，是教育实践活动的对象和学习的主体。作为一个独立的、个体的人，受教育者有自己的需要性、主动性、选择性和意志性，他们可以依靠自己的独立思考主导自己的行为；在学习人类优秀文化遗产的同时，除了继承、吸取以外，他们还有重组、创新、开拓的能力；在学习过程中，他们的智力因素和非智力因素都制约着教育活动的进行速度、效益和质量。

3. 教育影响

教育影响是教育活动中教育者作用于受教育者的全部信息，它既包括了教育内容，也包括了教育手段、教育方法、教育组织形式等，是实现教育目的的工具、媒介和方法。其中，教育内容是教育者和受教育者互动的媒介，也是教育者借以实现教育意图、受教育者借以实现发展目标的媒介。教育手段、教育方法、教育组织形式等受教育内容的制约，并通过恰当的方式把教育内容呈现给受教育者，促使他们有效地学习和发展。

总的来讲，教育的以上三要素之间既相互独立，又相互规约。没有教育者，教育活动就不可能展开，受教育者也不可能得到有效的指导；没有受教育者，教育活动就失去了教育的对象；没有教育影响，再好的教育意图和发展目标也没有办法实现。因此，教育是由教育者、受教育者、教育影响三要素有机结合而形成的一种社会实践系统。

（二）教育的基本形式

1. 家庭教育

在人类历史发展的绝大部分时间里，家庭作为一种基本的社会单位承担了大量的教育责任，对青少年一代进行教育是家庭的一种重要功能。

所谓家庭教育，是指在家庭生活中由父母或其他年长者对新生一代或其他家庭成员所进行的教育。通常来讲，家庭教育无论是对儿童青少年的身体发育、知识获得、能力培养，还是对其品德养成、个性形成等，都具有至关重要的作用。其特点在于：第一，启蒙性与长期性。家庭是儿童生命的摇篮，是人出生后接受教育的第一个场所，家长是儿童的第一任教师，家庭教育对于一个人的智力素质和非智力素质的培养都具有极其重要的启蒙作用。而且，家庭教育子女的责任和义务不是一时的或短期的，而是长期的、终生的。第二，全面性与渗透性。家庭是人自我展示最为多元化、深层化，自我约束程度最低、最情感化的地方，在这样的生活氛围下发生着的家庭教育是一种全方位的教育影响。此外，家庭教育大量地渗透在家庭日常生活中，通过父母和家庭成员的交往与活动、言谈举止、待人接物、日常家务劳动等，潜移默化地对孩子产生影响。第三，针对性和权威性。家庭教育是一种个别教育，可以针对子女不同的个性、天赋、能力以及存在的问题，因材施教。同时，由于父母与子女之间的血缘关系、供养关系和情感关系，使得父母与孩子之间产生特殊的依恋，以此为基础建立起来的父母对子女的权威性更具有强大的人格感化作用和无形的教育力量。

即使在今天，家庭的教育功能仍然非常重要，在一些国家或地区甚至出现了“家庭学校”(home schooling)这种新兴的教育方式。

“家庭学校”(home schooling)不同于传统的家庭教育，它是指适龄儿童少年不在公立或私立学校接受教育，而是在自己的家中接受符合教师条件的父母或专门的教育人员有计划有目的的教育，在家中完成初等教育的学习课程。

作为一种提倡自由的教育选择权运动，“家庭学校”运动兴起于20世纪50年代的美国。自这一运动兴起之日起，美国的教育界和舆论界就上演着一出家庭与学校之间围绕教育权利由对峙走向融合的历史。

根据美国教育部非公共教育办公室的调查显示，家长之所以选择家庭教育，其原因主要包括：宗教与道德原因，希望重塑其宗教信仰及根植于此的伦理道德观；对学校教育环境、校园安全、毒品的担心；对学校的学术教育不满，认为制度化的学校教育存在机械化、模式化、无视学生个性、教学效率低下等问题。

尽管美国现代家庭学校教育模式承载着人们的厚望，但它所走的仍是一条艰难之路，其中重大困难主要是存在的合法性、教育的有效性和受教育者的社会化。

但从家庭学校取得的教学成果来看，家庭学校的学生在大学入学考试（SAT）等国家级标准测试中成绩高于平均水平。目前招收家庭学校学生的高中后教育机构超过700所，其中包括哈佛大学、耶鲁大学、斯坦福大学等众多知名高校，家庭学校培养出的学生已得到认可。

据美国家庭学校协会统计，2005年至2006年，约有190万儿童在家上学，2007年增至240万人。据美国教育部预计，到2016年前，学龄人口将增加9%，因此家庭学校的增长率仍将维持下去。

［资料来源］摘编自陈知纲：《合法性、有效性、社会化——美国家庭学校如何解决三大难题》，《中国教育报》，2008年5月14日3版。

2.学校教育

从教育的发展历史来看，学校教育产生于家庭教育、社会教育之后，是教育发展的高级形态。自产生伊始，它便在整个教育体系中居于核心地位，并成为现代教育的一种主导形态。

一般认为，学校教育的特点在于：第一，职能的专门性。学校以培养人作为重要使命，学校中的一切活动都围绕着培养人展开，有经过专门训练并严格选拔的教育者，有精心设计的课程和教学计划，有专门、有效的教育手段和教学方法，有比较及时的学习反馈和学业成就评价机制，有较完备的教育设施、场地、图书资料等资源。第二，组织的严密性。学校教育是制度化的教育，具有严密的组织结构和制度。从宏观上说，有各级各类、多种多样的体系结构；从微观上说，有专设的领导岗位和教育教学组织，以及一系列严密的教育教学制度，等等。第三，内容的系统性。学校教育既注意知识本身的体系结构，又要符合人的认识发展规律，因此是一种系统的、完整的教育。

正是这些特点，保证了学校教育的有效性，使它在各种教育形式中占据主导地位。不过，自学校产生以来，学者对学校教育的批评也从未中断。因此，为了使青少年健康成长，我们必须不断改良我们的学校。

3.社会教育

社会教育作为一种教育形式自古就有，它主要是指家庭教育、学校教育以外的社区、文化团体和组织对社会成员所进行的教育。

社会教育具有如下特点：第一，对象的开放性。社会教育的对象不受年龄、性别、民族、信仰等的限制，包括社会全体成员，是一种开放性的教育。第二，内容的多样性。社会教育可以根据社会的需要或受教育者的要求，把教育同社会生活、生产劳动、休闲娱乐等沟通起来，随时随地施以思想政治教育、科技知识教育、军事教育、卫生教育、生活教育等。第三，媒介的多元化。社会教育可以充分利用现代传播媒体，如广播、电视、电影、网络、卫星以及图片、刊物、报纸等，进行信息交流。

尽管在目前整个教育体系中，社会教育还处于辅助和补偿地位，但随着终身教育和终身学习时代的来临，社会教育从内涵到外延都在不断地发生变化，其在现代社会中的意义更加重要，并日渐成为现代教育体系中不可忽略的部分。

作为教育的三种基本形式，家庭教育、学校教育和社会教育各自具有独特的作用。只有打破三者的界限，将每种教育形式的优势和长处充分发挥出来，形成教育合力，才能更好地解决当前的教育问题，促使青少年一代更好地发展，这也是改革当前学校、建设学习化社会的重要举措之一。

## 三、教育的起源与历史演进

教育是人类社会永恒的、普遍的现象，它伴随着人类的产生而产生，并随着社会的发展而发展。

### （一）教育的起源

教育起源问题是教育研究的基本问题之一。但是关于教育的起源，历来有不同的看法。

#### 1. 教育的神话起源说

此观点认为，教育与其他万事万物一样，是由人格化的神（上帝或天）所创造的，教育的目的就是体现神或天的意志，使人皈依于神或顺从于天。教育的产生和教师的出现都体现了上天的意志。这是关于教育起源的最古老的观点，但受认识水平的局限，它明显地缺乏科学性。

#### 2. 教育的生物起源说

生物起源说认为，人类教育源于动物界中各类动物的生存本能，教育活动不仅存在于人类社会之中，也存在于人类社会生活之外；不仅人类社会有教育，而且在人类产生之前的动物界中也存在教育。其代表人物有法国的利托尔诺（Letourneau，1831～1902）和英国的沛西·能（ Nunn，1870～1944）等。

利托尔诺根据对动物生活的观察，认为在人类出现以前，动物身上就存在教育现象，人类教育不过是在承袭动物教育活动基础上的改善与发展，是按生物学规律完成的本能过程。

沛西·能则把教育称为生物学的过程。在他看来，教育是与种族需要、种族生活相应的，是天生的而非获得的表现形式；教育既无待周密的考虑而产生，也无须科学予以指导，它是扎根于本能的不可避免的行为。

教育的生物起源说以达尔文的生物进化论为指导，一方面将对教育起源问题的解释从神话转向了科学，另一方面又将人与动物等同起来，视教育为一种不受意识调节、控制和支配的无目的的活动，这就完全否认了教育的社会性。

3. 教育的心理起源说

心理起源说认为，教育起源于儿童对成人无意识的模仿。其主要代表人物是美国教育家孟禄(Paul Monroe，1869～1947)。

孟禄在其所著的《教育史教科书》一书中，从心理学的观点出发，根据原始社会没有学校、没有教师、没有教材的史实，判定教育起源于儿童对年长成员无意识的模仿。

教育的心理起源说从不同于生物起源说的角度出发，提出模仿是教育起源的新说，有其合理的一面。这是因为，模仿作为一种心理现象，作为一种学习方式，可视为教育的诸种途径之一。但如果将动物本能、儿童无意识的模仿与有意识的教育混为一谈，这就否认了教育的社会属性，否认了教育是一种自觉的、有意识的活动。

4. 教育的劳动起源说

教育的劳动起源说是在直接批判教育的生物起源说和心理起源说的基础上，在马克思历史唯物主义理论的指导下形成的。其主要论点是：第一，教育从人类产生就已经开始了。人类为了自身的生存和延续，必须把社会生产和生活经验在劳动中传递给新生一代，教育就是基于生产的需求和人类的生存需要而产生的。第二，教育是人类所特有的一种社会活动，是一种有意识、有目的的活动。第三，教育的产生是以人类语言的产生为前提的，而语言和教育同时都是在劳动中产生和发展起来的。

该观点认识到教育是人类所特有的、有意识的活动，是人类特有的经验传递形式。但教育毕竟不能等同于生产劳动本身，尽管它与生产劳动密不可分，但教育更多的是一种人类的非物质的交往活动。

教育的起源是一个复杂的问题，它是整个教育科学理论体系的基点，涉及教育理论研究的各个层面。关于教育的起源问题，除以上所述各种观点外，还有教育起源于人类的生产生活需要等学说。但教育究竟起源于什么，学界至今仍未能形成完全一致的看法。

(二)教育的历史演进

在人类社会发展的不同历史阶段,教育具有不同的性质和特点。

1.原始形态的教育

人类社会从原始人群到氏族公社的漫长历史时代被称为原始社会,这是人类历史上第一种社会形态。在这一时期,知识的贫乏与工具的简陋制约了人类实践的范围,教育呈现出如下特征:

第一,教育的目的在于培养合格的氏族成员。原始社会的教育在生产、生活过程中进行,通常情况下,对男性的教育侧重于狩猎、农耕、放牧,对女性的教育侧重于采集、种植、纺织等,其目的在于培养适应日常生产生活需要的合格氏族成员。

第二,教育与生产、生活密切结合。原始社会的教育活动随时随地开展,教育的内容既包括风俗习惯、生产劳动的教育,也包括原始宗教和艺术教育,以及体格和军事训练。这些都是参加氏族社会生产、生活所必不可少的。

第三,教育手段以言传身教为主。在原始社会,担任教育者的通常是有生产、生活经验的长者,他们主要通过口耳相传的方式,将生产和生活的经验、风俗习惯、公共生活规范等教给青少年。

2.古代形态的教育

历史上的古代包括奴隶社会和封建社会,这一时期的中外教育虽然在目的、内容、方法上有所不同,但也存在许多共同点:

第一,学校教育是教育的主要形式。伴随着社会的进步与发展,教育开始从社会生活中分化出来,学校作为专门的、独立的教育机构应运而生,并成为有目的、有组织地进行教育活动的主要机构。

第二,教育具有鲜明的阶级性和等级性。无论是在东方还是西方,这一时期的知识都为统治阶级所垄断,学校为少数统治者所独占,具有明显的阶级性。教育的目的、制度和内容都是为统治阶级服务的,劳动者子女得不到专门的受教育的机会。而且在统治阶层内部,受教育权也有严格的等级性规定。

第三,教育与生产劳动分离。古代学校教育以宣传统治阶级的思想政治观点、道德规范,培养统治阶级子弟成为管理国家的官吏为目的,与政治关系密切,与生产劳动没有太大的联系。

3.现代形态的教育

现代形态的教育和现代生产力及生产关系的发展相伴而生,是把受教育者培养成为适应现代生产力和生产关系要求的现代人的活动,它具有如下特点:

第一,教育的公共性。在19世纪以前,欧美国家的学校教育主要由教会或行会举办或主持,国家很少参与或干预。而19世纪后,欧美国家逐渐认识到公共教育的重要性,加强了对教育的重视与干预,并建立了公共教育系统。

第二,教育的生产性。现代科学技术迅速发展且日益广泛地运用于生产,要求学校不仅要培养大批管理人员,还要培养能够操作机器、适应技术革新的、有文化懂技术的工人。这使得教育与社会实践以及社会经济发展的联系日益密切,教育的生产性日益突出。

第三,教育的普及性。现代生产不仅要求培养各种专门人才,而且要求每个劳动者必须具有一定的文化知识,这客观上要求现代教育必须不断扩大普及义务教育的范围,延长义务教育的年限,提高义务教育的质量。

第四,教育的法制化。重视教育立法是这一时期教育发展的显著特点之一,教育的每次重要进展或重大变革都以法律的形式予以规定并提供保证。依法办学、依法治校,促进了这一时期教育事业的规范化和持续性发展。

4. 当代形态的教育

第二次世界大战结束以后,尤其是20世纪60、70年代以来,世界经济迅猛发展,世界格局剧烈变化,引起当代教育向着终身化、全民化、民主化、多元化等方向发展。

第一,教育的终身化。随着社会发展速度的加快,新的知识和信息不断增加,人们只有不断学习才能适应不断变化的社会。20世纪60年代,法国学者保罗·朗格朗(Paul Lengrand,1910~)提出终身教育的理念,使教育获得了新的诠释,促进了教育终身化和学习型社会的建立。

第二,教育的全民化。全民教育就是让所有人——不分性别、种族、年龄、地域、贫富等——都受到教育。它有六大目标,即扫盲、发展幼儿教育、普及初等教育、促进男女教育机会平等、生活技能培训、全面提高教育质量。

第三,教育的民主化。教育民主化的中心内容是教育平等,包括教育机会平等、教育过程平等和教育结果平等。除此之外,它还指师生关系的民主化,教育活动、教育方式、教育内容的民主化,为学生提供更多的自由选择的机会。

第四,教育的多元化。世界的开放性和全球化使各种文化的发展均面临着不同的机遇和挑战。教育不仅要承认各种文化的存在价值及其相互间的平等、独立关系,更要强调不同文化之间的交流、沟通与理解,使教育朝着多元化的方向发展。

## 四、当代教育理念

教育理念是教育实践的内在动力,教育的进步必须以理念的突破和更新为先导。了解和掌握现代先进的教育理念,有助于我们反思当今的教育现实,不断提高教育质量与效益,积极地促进社会的发展。

（一）教育理念的含义

所谓教育理念，就是人们在理性思考和亲身体验基础上形成的关于教育事物本身及其价值和价值实现途径的根本性判断与看法，是教育主体在教育教学实践及教育思维活动中形成的对“教育应然”的理性认识和主观要求。它既不同于教育观念、教育信念，也不同于教育理论。

教育观念是人们对教育事物的看法，它可以是大众的、流行的、浅层次的，但教育理念更强调理性思考和亲身体验，是一些根本性的判断与看法，那些一般性的、浅层次、枝节性的认识与看法通常不能称之为理念。

教育信念是个体自己确信无疑的观念，因此，教育理念都是教育信念。但教育信念不都是教育理念，只有在理性思考的基础上形成的、不盲从的教育信念，才可以说是教育理念。

教育理论是人们关于教育及其活动规律的理性认识，具有一定的系统性，而教育理念既是教育理论的基石，又是教育理论的高度概括和典型代表。

（二）教育理念的作用

教育理念的作用主要表现在以下几个方面：

1. 反思与概括作用

在寻求、形成教育理念的过程中，人们会有意无意地总结、反思历史上的教育经验，对优秀教育经验特别是自己的成功经验进行概括和系统化。这种反思与概括，能够促进人们对教育问题和教育规律的理解与把握，增强人们的教育思维能力。

2. 导向与激励作用

教育理念是对教育实践的反映，同时又对教育的奋斗目标和努力方向有所设定，约束并引导着人们的行为方向，体现出对教育未来发展状态的期待，是教育行动的思想先导，激励人们为理念而奋斗。

3. 创新作用

教育理念的形成过程就是一种教育创新的过程。不论是教育理念的寻求，还是教育理念的确立，都能引导人们破旧立新，追求更高的价值和更有效的手段。

（三）主要的教育理念

目前，世界范围内的教育理念主要包括：终身教育理念、全民教育理念、素质教育理念、创新教育理念、全纳教育理念。

1. 终身教育理念

终身教育的思想古已有之，但终身教育真正得以概念化和体系化，并在全世界得到广泛提倡、推广和普及，却始于20世纪60年代。在当时特定的政治、经济、科学技术飞速发展的背景下,1965 年 12 月,联合国教科文组织在法国巴黎召开成人教育促进国际会议,时任成人教育局局长的法国教育专家保罗·朗格朗提交了“关于终身教育”的提案,受到教科文组织成员国的共同关注。自此之后,“终身教育”作为一个专业术语逐渐为人们所接受,世界范围内掀起了研究和开展终身教育的热潮。

所谓终身教育,是指人们在一生中所受到的各种培养的总和,它始于人的生命之初,终于人的生命之末,包括人发展的各个阶段及各个方面的教育活动。其基本特征如下:

(1)终身性。终身教育超越了封闭的学校教育理念,强调教育是贯穿人一生的连续不断的过程,在时间的延展性上实现了从学前期到老年期的整个教育过程的统一。

(2)整合性。终身教育不仅在空间维度上追求家庭教育、学校教育和社会教育的整合,在教育内容上也兼容职业教育、闲暇教育及生活教育。

(3)民主性。终身教育反对只针对个别优秀人才而进行的所谓“精英教育”,要求突破围墙、年龄、性别、专业等各种限制,使教育向所有人开放,促使每个人都能从教育中获益。

(4)灵活性。在终身教育理念的指导下,任何需要学习的人都可以随时随地接受任何形式的教育。学习的时间、地点、内容、方式均由个人决定。人们可以根据自己的特点和需要选择最适合自己的学习。

终身教育理念的提出和实施,使教育获得了全新的诠释,彻底改变了过去将人的一生截然划分为学习期和工作期两个阶段的观念;引发了教育内容和师生关系的革新,教育不再单纯是知识的传递,而应贯彻人的全面发展精神,学习者不仅要学习已有的文化,更要培养个人对环境变化的主动适应性,传统的师生关系被一种新型的、民主的、开放式的师生关系所取代;提出了多元化的价值标准,为学习者指出了一条自我发展、自我完善的崭新之路;教育超越了学校教育的局限,扩展到人类社会生活的整个空间,促进了教育社会化和学习型社会的建立。

2. 全民教育理念

全民教育理念可以追溯到 1948 年联合国大会颁布的《世界人权宣言》,但真正兴起却是在 20 世纪 90 年代初。当时,知识经济已经初露端倪,不过全球仍有近 10 亿成年人不会读和写,近 1 亿儿童没有机会接受初等教育,而且他们大都集中在发展中国家,严重阻碍了其实现现代化的步伐。在这样的背景下,联合国教科文组织、联合国儿童基金会、联合国开发计划署和世界银行等国际机构在泰国召开了“世界全民教育大会”,提出了“全民教育”的新概念,受到各国尤其是发展中国家的赞同。自此以后,全民教育成为世界教育领域中最为强劲的旋律之一。

全民教育坚持人人都有受教育的权利的基本原则，提出要满足所有人的基本学习需要，主张从普及初等教育、扫除成人文盲等方面进行教育改革，以消除教育上的不平等。它具有差别平等和普及化的特征。

(1)差别平等。在全民教育理念中，教育是每个公民都应该拥有的一项平等权利，它表现为每个人在发展可能性和所需条件上的平等。但因受教育者个人的天赋、机会与际遇不同，教育机会均等不可能机械式地实现，因此，要坚持差别性对待原则，使社会中处于最不利地位的人获得最大的利益。

(2)普及化。普及义务教育，让适龄儿童都能够并且必须接受教育，是全民教育的重要内容之一。只有建立义务教育制度，才能使全民教育成为可能实现的理想。此外，保证全民教育理想实现的另一个重要方面，是给那些在入学年龄错过了受教育机会的人提供教育机会，即开展扫盲教育。在现代社会，扫盲教育的关键任务是扫除“功能性文盲”，即帮助那些没有学会学习的人学会学习。

可以说，全民教育理念在普及教育、提高教育质量、消除教育差异、关注残疾人教育、改善学习环境、加强教育与社区的联系、调集资源、教育组织与管理、教育计划制定、教师培训、教育技术等方面，均产生了巨大的影响。作为当代最具影响力的教育理念之一，全民教育不仅主导了当前国际社会教育改革和努力的方向，而且代表了未来教育发展和进步的趋势。它将直接引起公民素质的提高，进而推动人类社会的长足发展。

3.素质教育理念

素质教育是指依据人的发展和社会发展的实际需求，以全面提高全体学生的基本素质为根本目的，以尊重学生的主动地位和主体精神、培养学生的健全个性、促使学生身心各种因素生动活泼的发展为根本特征的教育。

素质教育所蕴涵的重视人的素质培养、人格完善、个性成长、精神培育等内涵，乃是教育这一特殊社会现象自古就具有的内在属性，西方的亚里士多德、裴斯泰洛齐，中国的孔子等，都有着极其丰富的关注完整人格和谐发展的教育思想。但直至20世纪80年代，素质教育才逐渐成为一个内容丰富的理论体系，并体现出如下基本特征：

(1)全体性。全体性是素质教育最本质的规定和最根本的要求，作为一种以提高全体学生的基本素质为根本目的的教育，它与应试教育的“选择性”和“淘汰性”相对立，要求面向全体学生，使每个学生都具有成为未来合格公民所应具备的基本素质。

(2)全面性。社会发展对人的素质的要求是全面的而非单一的。素质教育的全面性要求每个学生在道德素质、科学文化素质、智能素质、身体素质、审美素质、劳动素质和心理素质等方面得到全面的、和谐的发展，并实现整体优化。

(3)基础性。素质教育向儿童、青少年提供的是基本素质而不是职业素质或专业素质，是让学生拥有一般学识而不是成为某一专门领域的"小专家"或某一劳动职业的"小行家"。

(4)发展性。素质教育不仅重视学生知识和技能的掌握，更着眼于培养学生自我学习、自我教育、自我发展的能力，真正把重心转移到启迪心智、孕育潜力、增强后劲上来。这就要求教师相信每个学生的发展潜能，并充分发挥自身作为鼓励者、促进者、沟通者、帮助者和咨询者的角色，帮助学生实现从接受教学向学会学习的转变。

(5)主体性。真正的教育是形成自我教育，而自我教育能力的直接动力是每个人主观能动性的发挥。因此，素质教育要求教师尊重学生的自主性和创造性，激发和调动学生学习的积极性，把学习的主动权交给学生，培养学生强烈的创造欲望、创造意识和创造能力。

素质教育理念的提出与实施，不仅在理论上丰富了具有中国特色的教育理论的内容，而且在实践上推进了当代中国教育改革朝纵深方向发展。当前，实施素质教育、培养学生的全面素质，已成为中国教育改革的主旋律。但实施素质教育是一项综合性的改革，社会各界应该对这一问题给予广泛的关注，努力达成教育观念上的共识，形成全社会关心、支持和参与的良好环境，推进素质教育改革的顺利进行。

4.创新教育理念

创新是知识经济的核心，创新教育是培养创新人才的必由之路，也必将成为教育改革的重要举措。而所谓创新教育，就是以培养人的创新意识和创新精神、创新思维和创新人格、创新能力和实践能力为基本价值取向，以培养创新人才为主要目标的教育。

创新教育不仅是教育方法的改革或教育内容的增减，而且是教育功能的重新定位，是带有全局性、结构性的教育革新和教育发展的价值追求，是新的时代背景下教育发展的方向。其特征主要包括：

(1)超越性。创新教育摒弃了传统教育机械的、单向的"适应论"，以对既有文明的超越作为自身最高价值追求，通过批判性思维，激发受教育者不断地进行自我反省，向人类已经获得的结论提出挑战，实现对自我和客观世界的超越。

(2)全面性。创新教育不但要求学生掌握全面的、百科全书式的基础知识，开发学生各方面的潜能，而且注重学生自信、成就动机、行动独立性、自我情绪调控、自我激励、探究欲等个性品质的发展，是一种健全人格教育。此外，创新教育以培养和提高全体学生的创新素质为己任，渗透到学校的所有教育活动中，是一种全方位、全过程的教育。

(3)主体性。创新活动本身就是一种自由自觉的活动,它把个体的地位、潜能、发展置于核心,力图最大限度地激发学生的积极性、主动性,培养创新意识和动机,并现实化为创新行为。

(4)实践性。一方面,实践为人们的创新提供了必要的问题情境,只有不断实践,人的创新意识、创新精神、创新思维和创新能力才能得到培养;另一方面,只有通过实践,创新教育理论才能转化为现实。

创新教育理念作为深化教育改革的指导思想,是对学校教育的整体改革。在知识经济时代,为满足社会对创新人才的需求,必须从教育观念、培养目标、教育内容、教育方法与手段以及管理体制等若干方面着手,加大教育创新力度,以教育创新促进创新教育,造就适应 21 世纪要求的创新型人才。

5. 全纳教育理念

全纳教育起源于特殊教育,但其内容远远超出特殊教育的范畴。作为一种思潮,它兴起于 20 世纪 90 年代。1994 年,联合国教科文组织在西班牙萨拉曼卡召开了“世界特殊需要教育大会”,“全纳教育”首次被正式提出。此后,在国际教育民主化的潮流中,尤其是在国际组织的大力推动下,全纳教育理念逐渐得到接纳和推广。

全纳教育理念以人权观来批判现行的普通学校与特殊学校相隔离的状况,重申人所具有的受教育的基本权利,反对任何学生被排斥在教学过程以及学校生活之外,提倡普通学校要给有特殊教育需求的学生提供学习机会,平等地对待每一个学生,关注每一个学生的发展,满足他们的不同需求。其主要特征包括:

(1)平等性。全纳教育最根本的含义是接纳所有的人,不排斥任何人。换言之,普通学校要接纳所有的儿童。只要可能,所有儿童都应该在一起学习,而不论他们在身体、智力、社会、情感、语言、文化、种族等方面存在的差异或可能存在的障碍。

(2)合作性。全纳教育主张学校要通过集体的合作和相互的帮助,促进所有学生积极参与学校的学习和生活。

(3)差异性。全纳教育的主要目的是满足学生的不同需求。这是因为,人是有差异的,教育必须适应儿童的不同需要,而不是要求不同的儿童去适应固定的学习过程。

(4)持续性。从全纳教育的性质上看,它是一种持续的教育过程,而非短期行为。全纳教育不仅要向所有儿童提供高质量的教育,而且要改变社会存在的歧视和排斥现象,创造人人受欢迎的社区和建立一种人人参与的全纳社会。

目前,国外对全纳教育的研究已逐渐突破了特殊教育的范畴,进入到普通教育领域，其关注的问题包括特殊需要儿童的教育、艾滋病与健康教育、少数民族儿童的教育、移民和难民儿童的教育、社会包容、性别平等教育、灾难风险减少教育，等等。而且，全纳教育的过程已与广泛的社会政治、经济的变革相联系，将全纳教育与社会民主、社会团体背景相联系成为国外全纳教育研究中的一种最新趋势。

伴随着经济、文化的全球化，教育的全球化时代也已到来。全纳教育理念所强调的教育民主和平等、参与和合作，被认为是获取有质量的公平教育的重要途径。尽管在目前的教育发展过程中，仍然存在一些不民主、不平等的现象，但全纳教育的这种价值取向，已成为国际教育发展中的一种重要指向，体现了国际社会发展的要求和全球教育发展的总趋势。

此外，在世界范围内比较流行的教育理念还有：主体性教育理念、以人为本教育理念、合作教育理念、生命教育理念、国际合作教育理念、环境教育理念，等等。

## 第二节　教育学概述

### 一、教育学的含义

从词源上看，教育学(Pedagogy)一词是从希腊语“教仆”(Pedagogue)派生而来的。在古希腊，负责照料、陪送年幼奴隶主子弟来往于学校并帮助他们携带学习用品的奴隶被称为教仆，他们多为有知识的被俘奴隶。因此，从“教仆”一词演化而来的 Pedagogy 通常被理解为如何照管儿童的学问。后来，在英语国家中，教育学由 Pedagogy 一词逐渐转向了 Education。但二者仍是有区别的，Education(教育)通常被理解为对儿童的培养过程，而 Pedagogy(教育学)则被理解为研究教育儿童的学问。

在我国，无论是教育工具书还是教科书，对教育学的定义几乎是一致的，即教育学是研究人类教育现象和教育问题、揭示教育规律的一门科学。

### 二、教育学的发展历程

教育学是随着社会的发展和人类教育经验的丰富而逐渐形成和发展起来的一门学科。在原始社会，由于生产力水平很低，人类的经验很简单，教育在生产生活中进行，因而不存在所谓的教育学。但随着脑力劳动与体力劳动的分离，文字产生，学校出现，教育工作日益复杂，越来越需要对教育工作进行研究，对教育经验加以总结，这样就逐渐产生了教育学。

（一）国外教育学的发展

1. 教育学的萌芽

自从教育成为人类独立的社会活动之后，伴随着教育实践的不断发展和教育经验的日益增多，一些哲学家、思想家开始对教育问题进行研究，并在他们的政治、哲学思想中有了相关的论述和说明。

在欧洲古希腊和古罗马的文化遗产中，有着丰富的教育思想和教育经验。苏格拉底的“产婆术”被视为西方启发式教学法的渊源；柏拉图总结了当时的雅典和斯巴达的教育经验，主张国家控制教育，建立一个比较系统的教育制度，并规定对不同的人施以不同的教育内容；亚里士多德最早提出要适应儿童的年龄阶段，进行德、智、体多方面和谐发展的教育；昆体良更是比较系统地论述了有关儿童教育的问题，他的《论演说家的教育》（又译作《雄辩术原理》）被认为是古代西方第一部系统的教学方法论著。

虽然这些哲学家或思想家对教育的研究已经开始，但他们对教育的大量论述多是教育现象的描述和教育经验的总结，缺少独立的科学命题和理论范畴，没有形成系统的理论认识，研究的理论层次较低。正是由于这一时期的教育还没有从哲学、政治学等其他学科中分化出来，形成自己独立的学科体系，因而只能称之为教育学的萌芽或雏形。

2. 教育学的创立

从欧洲文艺复兴开始，教育学的发展进入一个新的阶段，教育家为了阐明他们的教育主张，在总结教育经验的基础上，逐渐建立了结构比较完整、内容比较丰富的教育理论体系。教育学从哲学中分离出来，成为一门独立的学科。

最先提出教育学这个概念的，是英国唯物主义科学家和整个现代实验科学的真正始祖——弗兰西斯·培根（F. Bacon，1561～1626）。他在 1623 年撰写了《论科学的价值和发展》一文，首次把教育学视为一门独立的科学，认为这是关于“指导阅读”的学问，是“教”的方法和艺术。

1632 年，夸美纽斯撰写了《大教学论》一书，开启了对教育学进行专门研究的先河。在这本著作中，他高度评价了教育的重要作用，认为每个人都有接受教育的可能和权利；主张建立适合学生年龄特征的学校教育制度，提出了饱含教育民主化精神的泛智教育思想；论证了班级授课制度，规定了广泛的教学内容，提出了教学的便利性、彻底性与迅捷性原则，并高度评价了教师的职业，强调了教师的作用。这初步勾勒了教育学的研究范围和知识框架，被认为是西方近代最早的系统完备的教育学专著，标志着独立教育学的问世。

继夸美纽斯之后，英国洛克（J. Locke，1632～1704）的《教育漫话》，法国卢梭的《爱弥儿》和爱尔维修(C. A. Helvetius,1715～1771)的《论人及其智力和教育》,瑞士裴斯泰洛齐的《林哈德与葛笃德》,德国福禄贝尔(W. A. Froebel,1782～1852)的《人的教育》,英国斯宾塞的《教育论》等著作,都充分肯定了教育对促进人的发展的重要作用,为近代教育的发展指明了方向。不过,虽然他们已经认识到教育应适应儿童的身心发展规律,但由于缺乏科学的手段和方法论指导,他们对这些规律的论述仍然主要建立在观察甚至臆测的基础上,因而还不能称之为科学的教育学。

对教育学的创立做出里程碑式贡献的是德国的赫尔巴特。他继承了哲学家康德(I. Kant,1724～1804)于1776年在哥尼斯堡大学开设的教育学讲座,并于1806年出版了《普通教育学》。这本自成体系的教育学著作包括绪论、教育的一般目的、兴趣之多方面(教学)、品格之道德力量(德育)四个部分,将教育分为管理、教学和德育三个方面,而且以心理学为基础,具体研究了教学及教学过程,提出"明了、联想、系统、方法"的教学阶段理论,强调了教学的教育作用。这就构建了比较严密的教育学逻辑体系,形成了一系列教育学的基本范畴和概念,《普通教育学》因而被公认为是第一本现代教育学著作,赫尔巴特则被誉为"科学教育学的奠基人"。

3. 教育学的发展

19世纪50年代以后,随着科学技术的发展和心理学、社会学、伦理学、法律学等学科的发展,许多新的研究手段、研究方法被广泛应用于教育学领域,教育学的理论研究流派纷呈,内容更加丰富。

(1)实验教育学。20世纪初,部分欧美教育学者开始反对以赫尔巴特为代表的强调概念思辨的教育学,主张用实验、统计和比较的方法探索儿童发展过程的特点及其智力发展水平,用实验数据作为改革学制、课程和教学方法的依据。1901年,德国的梅伊曼(E. Meumann,1862～1915)提出了"实验教育学",主张采用实验的方法来研究儿童的生活和学习。1903年,拉伊(W. A. Lay,1862～1926)出版了《实验教育学》,以生物学为理论基础,对实验教育学进行了系统论述。拉伊认为,每一种生物都是按照"感受—整理—表现(或表达)"这一公式来活动的,他把这一公式应用到教育中,主张学生的学习首先是通过观察,获得印象,构成感知觉;其次是把所获得的印象和感知进行加工(整理);最后付之于行动(表现)。

实验教育学所强调的定量研究成为20世纪教育研究的一个基本范式,极大地推动了教育学的科学化。但是,由于受实证主义和自然科学研究方法的影响,它所倡导的实验方法仍存在很大的局限性;而且,它把人和动物等同看待,把儿童的发展解释为纯生物学的过程,忽视了人的社会性,这是根本错误的。

(2)文化教育学。文化教育学又称精神科学教育学,作为科学主义的实验教育学和理性主义的赫尔巴特教育学的对立面,它出现于19世纪末的德国,主要代表人物有狄尔泰(W. Dilthey,1833～1911)、斯普朗格(E. Spranger, 1882～1963)。

文化教育学认为,人是一种文化的存在,教育过程是一种历史文化过程,教育研究必须采用精神科学或文化科学的方法,建构和谐对话的师生关系,通过"陶冶"与"唤醒",促使社会历史的客观文化向个体的主观文化转变,并将个体的主观世界引向博大的客观文化世界,培养完整的人格。

文化教育学深刻影响了20世纪德国乃至世界教育学的发展,在教育本质、教育目的、师生关系以及教育学性质等问题上给人许多启发,但由于思辨气息过于浓厚,它在解决现实教育问题时很难提出有针对性和可操作的建议。

(3)实用主义教育学。实用主义教育学是19世纪末20世纪初在美国兴起的一种教育思潮。它以美国实用主义文化为基础,是美国精神的教育学表达。其代表人物是杜威、克伯屈(W. H. Kilpatrick,1871～1965)。

实用主义教育学的主要观点包括:第一,教育即生长。教育过程就是促进儿童本能不断发展、生长的过程。第二,教育即生活。教育的过程和生活的过程是合一的,教育的开展就是眼前生活本身,而不是为未来的生活做准备。第三,教育即经验的不断改造与重组。教育就是儿童通过主动活动去经验一切,并获得各种直接经验。第四,学校即社会。学校是一个雏形的社会,学生要在其中学习现实社会中所需要的基本态度、技能、知识。第五,以学生为中心。课程组织要以学生的经验为中心,而不是以科学知识体系为中心;教学过程应重视学生的独立发现、表现和体验,尊重学生的个体差异性;师生关系以儿童为中心,而不是以教师为中心,教师只是学生成长的帮助者,而非领导者。

实用主义教育学对以赫尔巴特为代表的传统教育理论进行了深刻的批判,推动了教育学的发展。但由于在一定程度上忽视了系统知识的学习,忽视了教师在教育教学过程中的主导作用,忽视了学校的特质,它自身也因此不断遭到批判,其影响在20世纪50年代以后逐渐减弱。

(4)马克思主义教育学。马克思主义教育学是在苏联兴起的教育学流派。它包括两部分内容:一部分是马克思、恩格斯以及其他马克思主义经典作家对教育问题的论述;一部分是苏联教育学家们根据和运用马克思主义的基本原理对现代教育一系列问题的研究结果,例如克鲁普斯卡娅(Н. К. Крупская,1869～1939)关于教育的著述、加里宁(М. И. Калинин,1875～1946)的《论共产主义教育和教学》(1945)、凯洛夫(И. А. Кайров, 1893～1978)主编的《教育学》(1939)等。

马克思主义教育学的基本观点是:教育是一种社会历史现象,它随着社会历史的变迁而变化；教育起源于生产劳动，劳动方式和性质的变化必然引起教育形式和内容的改变；教育受政治、经济、文化的制约，但同时又具有相对独立性，并反作用于它们；在阶级社会里，教育具有鲜明的阶级性；教育的根本目的是实现人的全面发展，而其基本途径与方法是教育与生产劳动相结合；马克思主义唯物辩证法是教育科学研究的方法论基础。

马克思主义理论为教育学的发展奠定了科学方法论的基础，但是，人们在学习和运用时往往会犯一些简单化和机械化的错误，这是我们在学习和发展马克思主义理论时应当特别注意的。

(5)批判教育学。批判教育学是20世纪70年代之后兴起的一种教育思潮，也是当前在西方教育理论界占主导地位的教育思潮，其对教育诸多问题的研究都有比较广泛和深刻的影响。代表人物有美国的鲍尔斯(S. Bowles)、金蒂斯(H. Gintis)、阿普尔(M. Apple)、吉鲁(H. Grioux)，法国的布厄迪尔(P. Boudieu)等，代表著作主要有《资本主义美国的学校教育》(鲍尔斯，金蒂斯，1976)、《教育、社会和文化的再生产》(布厄迪尔，1979)、《教育与权力》(阿普尔，1982)、《批判教育学、国家与文化斗争》(吉鲁，1989)等。

批判教育学认为，有什么样的社会政治、经济和文化，就有什么样的学校教育机构，学校教育的功能就是再生产占主导地位的社会政治意识形态、文化关系和经济结构。当代资本主义的学校教育并未像实用主义教育学所宣称的那样，是一种民主的建制和解放的力量，是推进社会公平和实现社会公正的强有力的手段和途径，相反，它是维护现实社会的不公平和不公正的工具，是造成社会差别、社会歧视和社会对立的根源。但是，人们却将这种事实上的不平等和不公正视为一种自然的事实。批判教育学的目的，就是要揭示这种看似自然事实背后的利益关系，帮助教师和学生对自己所处的教育环境及形成教育环境的诸多要素敏感起来，积极地寻找克服教育及社会不平等和不公正的策略。因此，教育理论研究不能采取唯科学的态度和方法，而要采用实践批判的态度和方法，揭示具体教育生活中的利益关系，使之从无意识层面上升到意识层面。

透视百多年来西方教育学的形成和发展，我们可以发现：第一，教育学的发展总是受到社会政治、经济、文化条件的制约并反映着其要求。社会改革的深入期，往往就是教育学研究的活跃期。第二，教育学在不同的国家有着不同的传统和风格，如德国的文化教育学、美国的实用主义教育学、苏联的马克思主义教育学等。后来的教育学发展可以批评这个传统，但却无法绕过这个传统。第三，教育学的发展得益于不同教育学派之间的相互批评和借鉴，如文化教育学对实验教育学的批评、实用主义教育学对理性主义教育学的批评、批判教育学对实用主义教育学的批评等。没有不同教育学派的理论争鸣，就没有现代教育学的发展。

(二)中国教育学的发展

1.古代中国的教育思想

在中国漫长的历史发展中,我们的祖先创造了灿烂的古代文化,也积累了丰富的教育经验,不少有关教育的思想言论留于后世,成为一笔宝贵的财富。如记述孔子教育思想观点的《论语》就提出了“不愤不启,不悱不发”①、“学而不思则罔,思而不学则殆”②、“学而时习之”③、“君子耻其言而过其行”④以及因材施教等教育方法和原则。尤其值得一提的是《学记》,这是中国乃至世界上最早的一部教育学作品,全书虽然只有1229个字,却对教育的作用、学校教育制度和视导制度、教育和教学的原则和方法以及师生关系等问题作了精辟的论述。此外,韩愈的《师说》、朱熹关于读书法的《语录》、颜元的《存学篇》等,也是优秀的教育著作。

2.近代中国教育学的形成

(1)19世纪末20世纪初:以日本为媒介的译介阶段。

中国教育学的起步始于对日本教育学的学习。据实藤惠秀监修、谭汝谦主编的《中国译日本书综合目录》统计,从1896年到1911年,中国共译日本教育类书籍76种。其中流行面广、影响面大的是1901年刊载于《教育世界》上,由日本立花铣三郎讲述、王国维译的《教育学》,它被视为“教育学”在中国的始点。其后,该杂志又先后刊载了牧濑五一郎的《教育学教科书》、吉田熊次的《新教育学释文》、大濑甚太郎的《实用教育学》等著作。

1912～1913年中华民国颁布壬子·癸丑学制后,师范教育体制确立,中国人开始独立从事教育学的教学工作。随着时间的推移和教育实践的发展,完全日式的教育理论陈述及教学方式令国人感到不适,教育学中国化的意识朦胧产生。于是,中国人编写教育学教材和著作出现了第一次高潮,如袁希洛编《教育行政数日谈》(1912),蒋维乔著《教授法讲义》(1913),张子和编著《大教育学》(1914),张毓聪编著《教育学》(1914)等。

这一阶段的译介从表面上看是直接学习日本,实际上是间接地学习德国赫尔巴特的教育学理论。而且,在赫尔巴特教育学步入中国之际,其他西方学者如洛克、卢梭、裴斯泰洛齐、福禄贝尔、斯宾塞等的教育思想,也相继传入中国。不过,由于译介编著者多半是速成班培训出来的留日学生,其食洋不化或浅尝辄止

---

① 《论语·述而》。
② 《论语·为政》。
③ 《论语·学而》。
④ 《论语·宪问》。

不可避免，再加上当时引进教育学不是以研究教育为宗旨，而是以传授国外教育学知识、应师范教育开课之急需为目的，这对早期教育学的中国化带来了不利的影响。

(2)1919～1949 年：西方教育学说在中国的广泛传播阶段。

随着社会政治体制的更替与教育形势的发展，尤其是在西方的留学生逐渐回国，杜威、孟禄等访华的直接推动下，中国教育学科发展的风向标由日本转向西方。

从 1916 年起，一些赴美学习教育理论的中国学生纷纷回国并在教育界被委以重任，他们深受美国教育家杜威的教育思想的影响，并开始在当时最有影响的教育刊物《教育杂志》上介绍杜威的实用主义教育学说。1919 年，杜威经日本来华讲学，历时两年多，着力宣传其实用主义教育学思想，引起了热烈的反响。杜威离华后，介绍和传播杜威教育思想的学术机构、期刊、专著、小册子如雨后春笋，杜威的代表作《民主主义与教育》开始直接作为教育学或教育哲学教材使用。此外，波特的《教育原理》和《现代教育学说》、克伯屈的《教育方法原理》、桑代克和盖茨的《教育基本原则》等，也都成为我国大学教育系的教育学教学参考书。

除了美国的教育学译本之外，西方其他各派的教育专著也开始被翻译引进，如夸美纽斯的《大教学论》、洛克的《教育漫话》、卢梭的《爱弥儿》、裴斯泰洛齐的《林哈德与葛笃德》、赫尔巴特的《普通教育学》等。

这一时期，我国学者自编的教育学教材和专著也日益增多，如王炽昌的《教育学》(1922)、孟宪承的《教育概论》(1933)、钱亦石的《现代教育原理》(1934)、吴俊升的《教育哲学大纲》(1935)等，从体系到内容都比较完整、系统。

总的来说，这一时期可以说是中国教育学界由向日本学习转为向欧美学习的阶段，也是中国教育学界开始形成教育学研究的专门队伍和代表人物，同时结合中国教育实际与问题展开独立研究的阶段，教育学中国化得到了进一步探索。

3. 建国后中国教育学的发展

(1)1949～1966 年：全面学习苏联教育学阶段。

1949 年中华人民共和国成立后，在“以俄为师”、“全面学习苏联经验”的号召下，“引进”再次成为这一时期教育学科建设的主题，而重点则转向译介苏联的教育学教材，如凯洛夫主编的《教育学》、奥哥洛德尼柯夫和申比廖夫著的《教育学》、叶希波夫和冈察洛夫著的《教育学》等，其中，凯洛夫的《教育学》成为许多高等师范院校学习的教材和主要教学参考书，一些教育行政干部和中学教师也以此为业务进修读物。自此，中国对旧教育的改造逐渐演变成按照苏联教育学科体系加以规划：教育学科的数量大为收缩，砍窄了教育哲学、教育社会学、比较教育学、教育统计学等分支学科，仅留下了教育学、心理学、各科教学法、教育史等学科;在内容上倒向苏联教育学者的研究成果,禁闭或批判西方学者的教育理论。虽然这一时期也产生了一些结合中国实际的自编教育学科教材,但在框架、内容上仍然基本是苏联教育学科的"复制"。

1956年,中国社会主义改造基本完成,与此同时,国际形势也发生重大变化,中苏在意识形态领域产生分歧。中国学者在对教育学学科发展进行反思的基础上,力图使之摆脱苏联的影响,并提出教育学中国化的口号以回应中国教育实践对教育学的强烈呼唤,试图建立起适合中国国情的独特模式。然而,1958年"大跃进"和"教育大革命"开始后,受政治意识形态的影响,中国的教育学走向了"政治化"的道路,教育学变成了当时教育方针和政策的汇编与解说,实际上否定了教育学的科学性。尽管刘佛年主编的《教育学》注意到中国的教育实际,在一定程度上突破了苏联教育学的模式,在教育学中国化的探索方面迈出了可贵的一步,但在特定的历史背景下,它仍然不可避免地存在"政治化"的痕迹。

学习苏联的教育理论和实践,对于稳定我国学校的教学秩序,提高教育质量和教师业务水平,促进教育事业的发展,曾经发挥了积极的作用。但是,由于我们在全面学习苏联的过程中,封闭了教育理论的视野,采取教条主义态度,生搬硬套,将凯洛夫教育学体系视为教育学的固定模式,致使教育理论长期僵化,教育实践中出现了不少失误。这一时期所形成的一些断续的、局部的、零星的、有限的学科建设成果,也随着"文革"的到来迅速淹没在一统的"语录化"教育表述之中。

(2)1966~1976年:教育学的倒退与扭曲阶段。

1966年,声势浩大的"文化大革命"迅速在中国大地卷起,教育学遭到了灾难性的破坏,出现了历史性的倒退。

凯洛夫主编的《教育学》被作为苏联修正主义教育学教材进一步受到大规模的批判,教育学被指责为"伪科学",一大批教育学家和教师被定为反动学术权威,许多大学的教育系被解散,幸存教育系的课程则以"毛泽东教育思想课"为主要内容。这一时期的教育学书籍都是大段地引用马克思、恩格斯、列宁、斯大林、毛泽东的语录,特别是毛泽东语录,对领袖教育思想的学习替代了教育学的研究,教育学的科学性荡然无存,其体系的中国化更是无从谈起。

(3)1976年至今:教育学的重新起步、发展与反思阶段。

1976年"文革"结束,经过拨乱反正和解放思想的大讨论,教育学的学科地位得到恢复,教育学研究也开始重新起步。

广大教育工作者根据形势的发展和教学的需要,出版了各类教育学教材和专著,如厉以贤的《现代教育原理》、孙喜亭的《教育原理》、陈桂生的《教育原理》、叶澜的《教育概论》、成有信的《现代教育引论》和东北师范大学的《教育学基础理论》、华中师范大学的《教育学原理》,等等。这些编著,无论在体系还是内容上,都达到了较高的水平,较之以往同类教材有着明显的历史进步。

与之同时,学者译介了一些苏联、西方的教育学教材、著作,如巴拉诺夫等编的《教育学》、大河内一男等著的《教育学的理论问题》、日本筑波大学教育学研究会编的《现代教育学基础》、范斯科德著的《美国教育基础》等。此外,一些有影响的教育教学思想,如美国心理学家布鲁纳的"课程结构"理论、苏联著名教育学家赞科夫的"教育与发展"理论、美国心理学家布卢姆的"教育目标分类"理论、苏联教育理论家巴班斯基的"最优化教学"理论、苏霍姆林斯基的"个性全面和谐发展"理论,等等,也被陆续介绍到中国。这些译著、思想和理论为中国教育学的发展提供了丰富的资料和借鉴。

总的来说,这一时期教育学的发展呈现出如下特点:第一,教育学研究视野不断拓展。这突出地表现在新领域的开拓与对中国教育改革问题的持续研究上。第二,教育学研究不断深化。从教育理论来看,教育学的研究论题增多,主要涉及教育学的历史发展、研究对象、教育学的分化、逻辑起点、理论基础、理论体系等问题。此外,教育学分支学科和专题研究发展迅速,教育研究的方法意识和运用水平有所提高。从教育实践来看,教育学中国化作为一个时代课题被重新关注,推动了中国教育学的建设。第三,教育学学科的自我意识和反思批判意识普遍增强,元教育学研究、教育学科元研究等成为新的研究层面,中国教育学科建设因"元研究"的出现而开始进入"自为"时期。

随着教育学学科建设的不断加强,学术观点的日趋多元,学术视野的日渐拓展,国际交流的日益频繁,教育学科的当代体系逐渐形成。这是中国教育学科建设从恢复到繁荣并开始走向独立化的时期。

### 三、教育学对教师专业发展的意义

从历史的发展来看,教育学的科学化与教师的专业化都是 18 世纪启蒙运动与 19 世纪科学发展的产物。随着教育科学化的不断发展以及教师专业地位的提升,教师的专业化水平成为制约教育改革向纵深发展的重要因素。而教育学在教师的专业发展中亦突显了其重要意义。

#### (一)教育学知识是教师专业知识结构的重要组成部分

要判断一种职业是否是专业,就要看其是否符合专业的标准,以及"专业化"的程度如何。虽然目前学者们对于教师的专业标准还没有形成统一的认识,但他们对教师专业化的核心标准看法却是一致的,包括专业服务、专业知能、专业自主、专业制度、专业伦理。其中,专业知能包括专业知识、专业技能和专业训练。而教师应具备的专业知识除了科学人文基础知识、学科知识外,还有一个非常重要的层面，那就是教育学知识。专业教育学的训练是将教师工作从经验层次提升到科学水平的重要前提，通过教育学一般知识的学习，可以使教师形成符合时代要求的教育理念，正确地认识教育现象，合理地选择教育手段和方法，科学地将自己的知识、技能传授给学生，促进学生的全面发展。

（二）教育学有助于教育工作者教育自觉性的提升

没有教育的自觉，就没有真正的教育。只有具有高度自觉性的教师才能领悟教育的真谛，理解教育活动的价值和意义，将采取适当的方法以促进学生健康发展视为自己的最高职责。但这种内在的自觉并非与生俱来，它需要在学习教育理论的过程中逐渐形成。通过学习教育学理论，可以使教师将自己的教育经验和教训从感性认识上升为教育教学规律、规范和原则，缩短其从不成熟到成熟、再到优秀的成长过程。

（三）教育学为反思型、研究型教师的成长奠定了基础

教师的专业化要求教师超越传统的知识传递者角色，成为教育、教学问题的反思者和研究者。但这种自我反思、研究的能力和意识仅仅依靠个人经验是无法形成的，只有通过教育学的学习，掌握教育科学研究的理论和方法，教师才能突破狭隘的个人经验，以一种新的教育观反思自我、超越自我，成为自主的研究者。

## ☞知识要点

1. 教育的含义
2. 教育的基本要素
3. 教育的基本形式
4. 教育的历史演进
5. 当代主要的教育理念
6. 教育学的发展历程
7. 教育学对教师专业发展的意义

# 第二章
# 教育功能(上)

## ☞ 本章导读

教育功能是教育学研究的一个重要范畴。教育的基本功能是教育的个体功能和社会功能。本章主要论述教育功能的含义、分类和教育的个体功能。教育的个体功能反映了教育与人发展的关系，它是影响人发展的基本因素之一，在人的发展中起主导作用。教育个体功能具体表现为个体社会化和个性化功能。通过本章学习，掌握教育功能的含义，了解教育功能的分类，理解影响人身心发展的主要因素，尤其是学校教育在人的发展中的作用；理解和掌握教育的个体发展功能的含义及实现的条件。

## 第一节 教育功能概述

教育功能是教育学研究的一个重要范畴。当代教育的改革与发展，在某种意义上是以变革、拓展乃至更好地发挥教育功能为目的的。

### 一、教育功能的含义

功能指物质系统所具有的作用、能力和功效等。实际上，不同学科基于不同的研究视角和出发点，对功能的理解也不相同。哲学上的功能是指由事物的结构所决定的该事物的特性和能力；社会学上的功能是指某一活动或社会系统所发挥的作用。综合上述两种认识，可以将功能理解为具有特定结构的事物或系统在内部和外部的联系中所表现出来的作用。特定事物或系统的功能存在于事物或系统之间广泛复杂的联系中，是事物的客观属性。

作为一种社会实践活动，教育与人和社会之间存在着深刻、广泛的联系。所谓教育功能，就是指教育在与人及社会的相互影响中所发挥的作用。一方面，教育是一个由教育者、受教育者、教育内容和教育手段等要素及其之间的相互作用构成的相对独立系统。教育者借助教育手段和教育内容作用于受教育者，进而影响受教育者的发展。教育表现出影响个体发展的功能。另一方面，教育与经济、政治、文化、人口等共同构成复杂的社会系统。作为社会的一个子系统，教育与其他社会子系统之间相互影响和作用，推动着社会的发展，表现出影响社会发展的功能。

教育功能与教育本质问题密切相关，在一定意义上，教育本质决定着教育功能，教育功能是教育本体属性能满足主体需要的表现形式。教育本质回答“教育是什么”的问题，教育功能回答“教育干什么”的问题，对教育本质的认识构成教育功能发挥的前提。但是，教育功能是否正常发挥却不仅仅取决于教育本质，因为教育功能的发挥还要取决于教育系统自我运行的机制、所处环境、条件以及其他因素等。

教育功能也不同于教育目的。教育目的是培养人的总目标，是指社会对教育所要造就的社会个体的质量规格的总的设想或规定。教育目的是人们对教育的一种期待，反映的是“教育应该干什么”，而教育功能是教育对人和社会作用的客观结果，而非人的主观愿望，反映的是“教育实际上干了什么”，是“教育应该干什么”的价值期望在教育实践中所释放出来的实际效果。二者之间未必总是一致的，教育实际做的未必是教育应该做的。

## 二、教育功能的分类

依据不同的标准，可以把教育功能划分为不同的类型。这里主要从教育的作用对象、作用方向、呈现形式三个维度对教育功能进行分类。

### (一)个体功能与社会功能

依据作用对象的不同，可以将教育功能分为个体功能和社会功能。

所谓个体功能，是指教育对个体生存与发展的作用。个体功能的发挥既受到师资水平、课程设置和内容等教育内部因素的制约，也受到外部环境所提供条件的影响。正因为如此，教育的个体功能在不同时期内能够发挥的程度会有所不同。如在封建社会里，对人性的压抑和摧残十分严酷，教育的个体发展功能无法显现。而当代社会的和平、稳定与发展，为个体发展提供了有利条件，教育是个体生存与发展的基本要求、途径与手段。

所谓社会功能，是指教育对于维系社会运行，促进社会变革与发展的作用。教育的社会功能是教育培养的人参与社会生活而发生的功能，从根本上讲是教育对人作用的结果和表现。具体表现为教育的政治功能、经济功能、文化功能、人口功能等。当然,教育这些社会功能不是任何时代都得到重视。随着社会发展变迁,社会主导性需求的变化,教育的某一功能或某几项功能显示出强劲的生命力,有些功能则慢慢消退或隐藏起来。古代社会,教育的社会功能比较单一,政治功能得到凸显、强化,但经济功能几近为零。近代社会,教育的社会功能不断分化,教育的经济功能逐渐显现。现代社会,教育功能逐渐完备,教育的经济功能卓著,但并未掩盖和替代教育的政治功能,只是政治功能随着社会的发展更加复杂化和隐蔽化。

(二)正向功能与负向功能

依据作用方向的不同,可以将教育功能分为正向功能和负向功能。

正向功能和负向功能这一对概念首先由美国社会学家默顿提出。默顿认为功能是指可见的客观结果,而不是人的主观意向,因此功能就不一定总是正向的促进作用,可能也同时存在负向的阻碍作用。日本教育社会学家柴野昌山把默顿的功能分析维度引入教育功能研究,构想出关于学校教育功能的理论分析框架,把教育功能分为正向和负向功能。

所谓正向功能是指教育有助于社会进步和个体发展的积极影响和作用。所谓负向功能是指阻碍社会进步和个体发展的消极影响和作用。对于任何社会、任何时期的教育来说,正向和负向功能都存在,只不过比重不同。正确认识教育的正向功能与负向功能,对全面把握教育功能具有重要意义。

(三)显性功能与隐性功能

依据教育作用形式的不同,可以将教育功能分为显性功能和隐性功能。

显性和隐性也是默顿分析功能的一个维度。显性功能是指主观目标与客观结果相符的情况;隐性功能是指结果既非事先筹划,也未被觉察到。

教育功能也可以分为显性和隐性。教育在实际运行后出现的结果符合人们的教育期望或预期目标,即为显性的教育功能;反之,当教育结果出乎人们意料或预期时,即为隐性的教育功能。显性与隐性的区分是相对的,在一定条件下可以互相转化,一旦隐性功能被有意识地开发利用,就转变为显性教育功能。

另外,还可以从其他维度来对教育功能进行分类。从教育作用的时间上分为教育的系统导向功能和未来导向功能;从教育的性质分为教育的期望功能和实效功能,教育的保存功能和自我更新功能,等等。

柴野昌山以默顿的正向、负向功能及显性、隐性功能这两对功能概念为基轴,将学校教育的功能分为四大类,即A类:显性正向功能;B类:隐性正向功能;C类:隐性负向功能;D类:显性负向功能(见下图)。柴野昌山并举例说明了这四类功能现象的存在。譬如,考试作为教师评价学习效果、强化学生学习欲望的工具来说具有显性正向功能,但若教师仅凭考试成绩来评价学生,便会导致学生产生书呆子型成就中心的偏向,此可谓隐性负向功能。又如,学校中的表扬制度及晨会之类的仪式性活动的本来目的只在于帮助学生区分正误,但也可能会产生增强学生对学校的归属意识,促进群体整合等预料之外的副产品,这些副产品便是隐性正向功能;至于显性负向功能,学校从一开始就竭力避免,但由于学生群体的反学校、反教师的亚文化而导致的各种不良行为或越轨行为则属于负向功能。

**学校教育功能的分析框架图**

| | | 人 | 社 会 |
|---|---|---|---|
| | | 显 性 | 隐 性 |
| 客观结果 | 正 向 | A | B |
| | 负 向 | D | C |

[资料来源]吴康宁:《教育的社会功能诸论述评》,《华中师范大学学报(哲学社会科学版)》,1996年第3期。

## 第二节 人的发展及其影响因素

社会的发展取决于人的发展,人的发展归根结底是个体的发展。教育能否对社会发展起促进作用,关键在于教育能否促进个体发展。教育学是研究如何培养人的学问。如果教育活动要促进人的发展,那么就要去探求人的秘密。"教育的最大秘密,仍然深藏于人性之中,以及培养具有什么样人性的人之中。"①教育的首要前提是对人的全面理解。正如乌申斯基所说,如果教育学希望从一切方面去教育人,那么就必须首先也从一切方面去了解人。

① 渠敬东著:《现代社会中的人性及教育——以涂尔干社会理论为视角》,三联出版社2006年版,第6~7页。

## 一、教育学对“人”的理解

教育的问题就是人的问题,人的存在是教育存在的前提。“人是什么”就构成了教育首先要回答的问题。在一定意义上说,有怎样的“人”的观念,就会有怎样的教育学理论。古今中外教育学发展史上的重要流派纷争和时代性转换,都以对“人”认识的重大区别和变化为标志。

1. 人的“未特定化”

在生物学意义上,人是“未特定化”的。“未特定化”是指人的器官和心理机能的反应机制的未确定性和生存功能的不完备性。人天生本能匮乏,没有一般动物出生就具备的严密本能活动图式,这使得人的生命一开始是个羸弱无力的存在。而动物则是特定化的,它们的各种器官大都指向特定的生存环境,其本能行为的先验图式规定着它们的行为样式,这使得动物们都有着强大的本能和看家本领,强大的本能使动物特别适合某一种特定环境和生存方式。依此看来,人的“未特定化”构成了人存在本能方面的内在缺点。

然而,正是这种未特定化赋予了人巨大的发展潜能。“未专门化在开始时可能有否定的作用,但从长远来看,它却是某种非常宝贵的有利条件。专门化的缺乏结果却由否定的因素转变为高度肯定的能力的因素。因为人的器官不是为完成少数几种生命功能而被狭隘地制定的,所以它们能有多种用途;因为人不为本能所控制,所以人自己能够思考和发明。……虽然动物似乎获得了较好的生命斗争的装备,但人甚至远远地胜过了动物。”①原来否定意义上的未确定性、未完成性就变成了肯定意义上的开放性。未特定化使人无法依靠特定化的图式满足自身的需要,所以人必须根据后天的需要确定生存和活动的方式,进行自我塑造,从而构成了人向世界的开放性,敞开了人发展的无限多样的可能性。人是一种可能性的存在,他是“生成的”而不是“给定的”,是“开放的”而不是“封闭的”,是“变化的”而不是“僵化的”。正是这种可能性构成了人的教育前提。因为如果人是既定的、不可改变的,那么教育在人的发展中就没有用武之地,由此教育也就失去了存在的依据。

2. 人具有能动性与受动性

人是能动性与受动性的统一体。一方面,人具有能动性。这体现为人的活动具有目的性、计划性和预见性,也具有选择性与创造性。人是自然的生命体,但人不是自然的现成作品,他没有“先定的结构”,没有自然规定的某种前定本质。为了适应社会生产和生活的需要,为了使自己得到发展,人通过后天活动,

① [德]米夏埃尔·兰德曼著,阎嘉译:《哲学人类学》,上海译文出版社 1988 年版,第 3 页。

将内蕴在自己身上的多种发展潜能和先天禀赋唤醒,能动地改造自己周围的一切,同时也实现着对自身自然的不断超越。人正是在自己的创造活动中不断生成自我,人是自己活动的产物,显示出人的主观能动性和创造性。另一方面,人具有受动性。这体现为人既要受到自然环境和条件的限制,又要受到社会环境和条件的限制。人是自然的存在,也是社会的存在。人能够通过自己的活动不断改造自然和社会以满足自身发展的需要,但社会才是衡量人的需要的最主要尺度,现有生产力、生产关系的水平制约着人的发展方向、方式、程度和范围。

3.人具有现实性与历史性

一方面,人不是一个抽象的、规定了的实体,而是在不断发展的历史和现实生活中逐渐生成的鲜活生命体。人总是处于一定时代、一定历史背景和一定社会关系中,不存在一个超越历史与现实的所谓抽象的、一成不变的人。另一方面,人的生成与发展要受到一定历史和现实条件的制约,对特定历史与现实条件的盲目超越往往会导致人性的扭曲与灾难。

4.人具有共性和个性

人是共性与个性的统一体。人既是人的类本质的承担者,又是一个具体、特定的个体。一方面,人具有类的本质,具有作为人的一般本性和品质,如语言、思维、意识、理智、情感、意志、劳动能力等。另一方面,人具有区别于他人的独特性、异质性,如智力、体力、兴趣、爱好、性格、气质、才能、志向等。

人的共性与个性相互联系、相互渗透。抽象的、共同的、普遍的人类共性总是存在于特殊的、具体的个性之中,并通过特殊的、具体的个人才能表现出来,即共性寓于个性之中,无个性就无共性。同时,人的独特个性又总是反映和体现着人的共同性。教育就是要在充分发挥个体价值的独立个体的基础上,提高每个个体的社会化、普遍化的程度,形成具有普遍联系的个人。

由此,"人"本身就从根本上限定了教育的功能范围:教育要符合人性又要提升人性,使受过教育的人呈现出一幅丰满人性的图景。教育活动应该正视与尊重人的需要、人的生命、人的可能性、人的多样性的存在方式,等等。这些不仅构成了教育活动的起点,也是教育活动的前提。教育要持一种多样、开放和灵活的态度,不断用新的和更加全面的眼光思考人和培育人,并以有益于人的发展为活动目标和最终衡量标准。

## 二、人的发展及其特点

发展是指从生到死的运动变化的全过程,是从低级到高级,从简单到复杂,从量变到质变,从旧质到新质不断完善的过程。从一般意义上讲,人的发展是自然界运动变化的一部分。人的生长发展有着自然界一般发展变化的基本特性,遵从新生、成熟、衰老和死亡这一生命生长发展的规律,同时也要受到各种自然环境的制约。这是人一切生长发展的前提和基础,失去了这些,人的生长发展和人的教育就都成了无源之水,无本之木。人永远不可能在绝对意义上超越自然法则,但是与自然界其他存在物的发展相比,人的发展又具有特殊性。人具有主观性、自主性和自为性等特性,这些特性内在地决定了人的生长发展的自主自觉特点。人不仅和自然物一样存在和生长发展,而且能够对自身的存在和生长发展进行反思和探究,并能够自觉地利用这些反思和探究的成果来改善自身的存在状况并促进自身的生长发展。从这个意义上讲,人的发展是“主体在与周围环境的积极相互作用中,通过主体的各种活动不断使个体的多种潜在可能转化为现实个性的过程”,①是人不断自我建构、生成的过程。

1. 人的发展具有全面性

从发展的目标来看,人的发展具有全面性。人追求全面而自由的发展,这是一种完整的、和谐的、多方面的和自由的发展。“完整”发展是指人的各种最基本或最基础的素质必须得到完整的发展。具体是指身体各器官的结构与机能的生长发育、成熟、退化等变化,人的体质的强弱变化;认知能力、情感、意志及个性等心理方面的形成与变化;人精神世界的生成和丰富,即文化价值指向的、对个体生命构成意义的变化。各个方面可以有发展程度上的差异,但缺一不可,否则就是片面发展。完整发展强调的是人的发展的偏移不可逾越的底线,即可偏移而不可偏废,不能只发展人的能力的一方面而偏废了其他各方面。“和谐”发展是指人的各种基本素质必须获得协调的发展,各方面发展不能失调,否则就是畸形发展。“多方面发展”是指人的各种基本素质中的各素质要素和具体能力在主客观条件允许的范围内应力求尽可能多方面地发展。“自由”发展是指人自主的、具有独特性和富有个性的发展。②

2. 人的发展具有连续性和顺序性

人的发展既是持续不断的,又是按照某种固定的顺序展开的。在生理方面,肢体的生长先由头部到躯干、然后到四肢—从头到脚;大脑皮层发展是枕叶—颈叶—顶叶—额叶的顺序。生理的变化必然会影响到以生理发展为基础(特别是神经系统发展)的心理发展,虽然发展顺序要受到个体的活动以及所承担社会责任的影响,在发展程度上和成熟性上呈现较大个体差异,但基本程序是确定的。心理学家皮亚杰认为人的认知发展水平沿着感知运动水平—前运算水平—具体运算水平—形式运算水平的顺序发展。

人发展的连续性和顺序性决定了教育工作必须连贯、循序渐进地进行。前

① 叶澜著:《教育概论》,人民教育出版社1996年版,第201页。

② 扈中平:《“人的全面发展”内涵新析》,《教育研究》,2005年第5期。

一阶段教育要为后一阶段打基础,后一阶段教育要与前一阶段相联系。无论是知识技能学习还是思想品德发展,都应当按照由浅入深、由简到繁、由具体到抽象的顺序进行。

3.人的发展具有不均衡性

不均衡性是指人的发展在速度和程度上都是不均衡的,具有非等速、非直线性的特征。主要表现在:同一方面的发展在不同年龄阶段发展不均衡,例如大脑的发展在不同年龄阶段发展的速度不同,出生后第五个月到第十个月之间发展最迅速,此后又经历了五六岁和十三四岁两个显著的加速期,其他时期大脑发展相对缓慢;在同一年龄,不同方面的发展也是不均衡的,有些方面在较早阶段就已经达到较高的发展水平,有些方面则要到较晚年龄阶段才能达到较为成熟的水平;总体上的发展速度也不均衡。

因此,教育工作者要了解教育对象不同方面发展的成熟水平时期,使教育与成熟程度相适应,从而抓住人身心发展的关键期进行教育,提高其发展水平。

4.人的发展具有阶段性

不平衡性和顺序性必然使人的发展呈现阶段性。不同年龄阶段的个体表现出区别于其他阶段的典型特征和主要矛盾,也面临着这个年龄阶段的独特发展任务。生理学家、心理学家和社会学家对划分年龄阶段的标准不尽相同。在我国比较流行的划分方法,是把人生发展的阶段分为乳儿期(0～1岁)、婴儿期(1～3岁)、幼儿期(3～6、7岁)、童年期(6、7岁～11、12岁)、少年期(12、13岁～15、16岁)、青年期(16、17岁～30、31岁)、成年期或中年期(31、32岁～55、60岁)、老年期(55、60岁～死亡)。人生的每一个阶段对人的发展来说不仅具有本阶段的意义,而且具有全程性的意义。人的身心发展过程是人与周围环境相互作用中不断建构、更新的过程,每个个体的发展过程都包含着丰富的变化和色彩。

因此,教育一方面要了解各年龄阶段教育对象的特点,根据各年龄阶段的任务开展相应的活动;另一方面,必须在现阶段的基础上提出进一步的要求,以促进其更好的发展。

5.人的发展具有差异性

由于人的遗传、社会生活条件和教育条件以及主观能动性的不同,使身心发展的速度、水平和优势在不同人身上的表现各有不同,形成了明显的个体差异。个体差异有多种层次。从群体角度看,首先表现为男女性别的差异,这不仅是自然性的差异,还包括由性别带来的生理机能和社会地位、角色、交往群体的差别,在一定程度上造成了发展方向与水平的差异;其次表现在身、心的所有构成方面，其中有些是发展水平的差异，有些是共性体现方式的差异。从个体角度看，差异性主要表现为个体独特性。独特性是个性形成的内在资源，也是教育的重要目标。

因此，在教育工作中，不仅要依据年龄阶段特征对学生进行统一要求，为使教育对每个学生的发展都有意义，还需因材施教，发现、挖掘并充分发展学生的个性和独特性。

人的发展所具有的上述特点限定了教育个体功能的大小、实现程度及其实现条件。每个人在不同时期、不同的人生阶段会面临不同的发展任务，因而对教育的需求也会有所不同。只有充分尊重人的发展特点，教育才不会妄图从外部控制人的生长发展，才不会降格为与动物训练类似的活动，不会退化为一般改造自然的活动。只有依据人的发展特点，教育才能满足个体发展需要，才能真正促进个体全面、充分的发展。

### 三、影响人发展的基本因素

人的发展是一个动态、复杂和持续的过程。在这个过程中，有多种类、多层次、不同性质、不同方向的因素影响着人的发展，进而影响人发展的程度、水平和质量。但是究竟有哪些因素直接或间接影响着人的发展，它们各自在人的发展中起到怎样的作用，以及它们之间存在怎样的关系？对此人们意见不一，并形成了不同的理论观点。代表性的观点有单因素说、三因素说和二层次三因素说。这里不详细介绍每一种观点，主要阐明影响人发展的基本因素及其作用。

#### （一）遗传因素

遗传是一种生物现象，指祖先的生物特征可以通过遗传而传递给后代。遗传素质是指个体与生俱来的、从上代继承下来的生理解剖特点。其中，生理特点指功能特点，如出生后感觉的灵敏度、知觉的广度、注意的持久性、记忆的强度和思维的灵活性等。解剖特点是指结构上的特点，如肌体的结构、形态、感官和神经系统结构等。对于主体来说，遗传因素的最大特征在于它是既定的，又是潜在的。所谓“既定”是指出生后的人不可能更换自己的基因和已具有的非遗传性的天生特质，而是必须受制于它们。所谓“潜在”是指这个因素并非是预成不变的实体，或是只有量的变化的实体，而主要是一种具有组织能力的内源结构，在机体发展过程中起着内部调节的作用。遗传素质在人的发展中的作用是：

首先，遗传素质是人发展的物质基础和必要前提，它为个体发展提供了多种潜在的可能。遗传对人的发展具有很大影响，人之所以能发展，就是因为有了一定的遗传因素。但是，仅有好的遗传因素同样也不能决定人发展的好坏，遗传只是人发展的先天条件,它为人的发展提供了生理上的可能,但不能决定人的发展。

其次,遗传素质的生理成熟程度制约着人的身心发展过程与阶段。人的遗传素质是逐步成熟的,即机体及其组成的各子系统、器官在形态与机能上从量变走向质变,逐步达到完善。当某种水平的遗传素质成熟,人就能够产生相应的心理意识和行为动作。遗传素质的成熟程度,为一定年龄阶段身心特点的出现提供了可能与限制,制约着年轻一代身心发展的年龄特点。人的遗传素质发展过程表现出不平衡性、顺序性、阶段性、互补性和差异性等特点。这些特点规定了个体身体发展的基本路线,也影响了人的心理发展路线。但是机体成熟机制的作用并不是绝对的,它并不绝对规定每一阶段发展的程度与速度。生理成熟与心理成熟并不必然地具有同步性。

再次,遗传素质是造成人发展的个别差异的原因之一。人的遗传素质的差异是客观存在的,即使是同卵双生子,在机体构造和机能上也不尽相同,而在神经系统构造上有一点点不同,就会使两个孩子在反应速度或强度或其他方面有所不同。遗传的差异在个体身上的表现是多层次、多方面的,从外形上的身高、体型、皮肤、五官的结构,到内在的气质、性格、兴趣、情绪以及各种能力的差别都跟遗传有关。当然,遗传差异只是为人与人之间个别差异的形成提供了最初的可能,遗传差异在发展中怎样体现、体现到什么程度又要受到后天许多因素的制约。

**遗传决定论**

将遗传的作用过分夸大,把遗传看作是人的发展的决定因素,这就是“遗传决定论”的观点。遗传决定论的代表人物是英国的优生学的创始人高尔顿。他认为,个体的发展以及个性品质的形成早在生殖细胞的基因中就决定了,发展只是这些内在因素的自然展开,环境仅起一个引发的作用。他通过对大量的社会名流的家谱进行考察,发现社会名流家庭的后代成为名流的比率大大超过普通家庭,于是得出结论:人的能力和成才与否是由遗传决定的。

[资料来源]冯建军著:《现代教育学基础》,南京师范大学出版社 2004 年版,第 190~191 页。

最后,正确认识遗传素质在人发展中的作用。第一,遗传因素对不同群体的影响不同。对于常态人群,遗传因素不起决定性作用;但是对于处于常态两端的各占 3‰~5‰的个体而言,遗传因素常常具有决定性的作用。遗传素质有缺陷的人,必然失去某方面发展的可能性。一个先天失明的人就不能发展视觉,成为画家;一个生来就聋哑的人,也就不能发展听觉,成为音乐家。第二,遗传因素对人不同性质的具体机能的影响程度不同。生理学家和心理学家研究结果表明：人的低级生理、心理机能受遗传影响程度强；而高级生理、心理机能受遗传的影响程度相对较弱。第三，遗传因素对人发展的影响在整个发展过程中呈减弱趋势。这是因为：一是发展作为从“潜在”到“现实”的过程，随着时间的推进，“潜在”变成了“现实”，或“潜在”错过了变为“现实”的时机，“潜在”因素的作用变弱了。二是随着个体发展，影响个体发展的因素逐渐增多与增强，人的心理发展也趋于高级、复杂，所以遗传的作用就相对减弱。

（二）环境因素

环境泛指个体生活于其中，能影响人发展的一切外部条件。它是个体赖以生存、发展的不可缺少的必要条件。依据不同的标准，可以把环境分为不同的类型。以环境因素的构成成分的性质为标准，环境可以分为自然环境与社会环境。自然环境包括人的出生地的自然条件、所处的地理位置。社会环境包括发展个体生活圈中的一切社会因素：经济的、政治的、文化的以及各种性质的社会关系。无论哪一种环境，都会对个体的身心发展产生影响。以环境的范围为标准，可以把环境分为大环境和小环境。大环境是指发展个体所处的总体的自然环境与社会环境。其中的社会环境主要指个体所处的时代和国家制度的性质与发展水平，如所处社会的政治、经济制度、经济发展水平和科学文化水平以及教育的制度、性质及发展水平。小环境是指与发展个体直接发生联系的自然环境与社会环境。如家庭、社区、学校以及发生在周围环境中的各种事件和关系，等等。变化着的环境不断向个体提出新的要求和提供新的条件。环境对个体发展的影响主要表现在：

首先，环境为个体发展提供了多种可能性，同时也作出了一定限制。环境为人的发展提供了客观条件、认识与实践的客体和机遇等，也为个人的发展提供了选择的可能。人可以通过认识、改变和利用环境中的因素服务于自己的发展。当然，一定时空条件下的环境能够为个体发展提供的可能有限，有时还会限制甚至阻碍个体发展。

其次，环境对人作用的大小与环境本身的性质、变化相关，也与个体发展水平有关。环境对人的作用在个体一生发展过程中是一个变量，其表现在：环境中不同的构成部分，对人发展的不同方面及在不同发展时期的作用大小不同，如在童年期，自然环境、小环境对人的发展影响较大，进入青春期，社会环境尤其是文化因素、大环境对人的发展的影响相对增强；环境影响还随着主体自我意识的形成而相对减弱，影响的性质也由限制逐渐转向更有效地利用。此外，环境因素还随个体活动能力的大小而变化，活动能力强的人能够更好地利用环境因素促进自身的发展，而对于活动能力弱的个体，环境因素的作用相对较小。

最后,环境对人发展的影响在方向上有正反之分,大、小环境的作用方向有多种组合的可能。一般来说,大、小环境对人的影响会有两类不同的组合:一致或不一致。教育者应该正确认识大环境的性质、特点与发展趋势,按时代发展的方向控制、改造小环境,使两者的作用方向趋于一致,减少对人的发展产生消极影响的不利因素,提高积极因素的作用强度。

**环境决定论**

"环境决定论"认为,人和动物的全部行为可以分为刺激和反应,思维和情绪也不例外,有什么样的刺激就有什么样的反应,刺激决定反应,环境决定行为,把人看作是环境的消极、被动的适应者。行为主义心理学创始人华生是环境决定论的代表人物,他说:"给我一打健全的婴儿和我可以用以培养他们的特殊世界,我就可以保证随即选出任何一个,不问他们的才能、倾向、本领和他父母的职业及种族如何,我都可以把他们训练成我所选定的任何类型的特殊人物,如医生、律师、艺术家、大商人甚至乞丐、小偷。"

[资料来源]冯建军著:《现代教育学基础》,南京师范大学出版社 2004 年版,第 194～195 页。

(三)教育

教育是一种特殊的环境,构成了影响人发展的外在条件。但是教育具有区别于一般环境的独特特点。环境是存在于主体之外的围绕在主体周围的自然条件与社会条件的总和,对人的发展具有潜移默化的自然性和渗透性,会对人产生各种各样的影响作用,或积极的,或消极的,但都是自发的、无目的的、潜在的。尽管教育中也存在大量隐性因素,但教育的专门职能就是培养人,即教育是为了专门对人施加影响而存在,因此教育尤其是学校教育,从来都是有目的、有计划和自觉的。学校教育在人的发展过程中起着主导作用。

1. 教育具有明确的目的性

教育尤其学校教育是有明确目的的影响人发展的活动过程,它对人的发展方向起着制约作用。社会环境和社会实践也是影响人发展的因素,但由于其直接目的是改造自然和改造社会,而非人的发展,因此它们对人的影响性质错综复杂,具有自发性、偶然性和片面性。环境对人的影响力更多地取决于人的主观能动性,取决于个体自发地接受。学校教育作为一种特殊环境,区别于一般环境的最大特点在于其目的性。学校教育可以根据一定目的和要求,选择影响条件,排除和控制各种不良因素的影响,从而达到影响性质和方向的一致性,以保证教育目的的顺利实现,从而具有更大的自觉性、系统性和逻辑性。

2.学校教育具有计划性和系统性

学校教育对人发展的影响是有计划、全面、系统的,可以大大增强对人影响的效益性。环境对人的影响是零碎的、片断性的,甚至在不同时空出现的同一类型的影响互相矛盾,相互抵消。与此不同,教育活动是一个严密而完善的系统,它由多个子系统组成,每个子系统本身都有它的逻辑和规律。教育按照人的身心发展规律,有计划地选择教育内容,有效地组织教育活动,全面影响人的发展:既影响受教育者的身体,也影响受教育者的精神;既增进受教育者的知识能力,也影响其思想品德。这样就避免了环境对人影响的自发性、片断性和偶然性,大大提高了教育对人影响的效率。

3.学校教育主要由专业人员实施

学校教育作为一种有组织的培养人的活动,可以将各种教育资源进行有效整合,尤其是通过教师对个体发展施加影响。教师是一种专门化和专业性的工作,教师经过较长期的培养,具有专门的学科知识及相关知识、基本的教育科学知识及相关能力、职业道德等。所以接受过专业训练的教师能够根据教学规律,在规定的时间内使学生学习更多的知识,自觉地促进学生按照一定的方向去发展,效率远远高于自发性因素对个体的影响,从而最大限度地促进人的发展。同时,好教师本身就是一种强有力的教育力量,教师人格魅力、高超的教育艺术、高尚的品德等都能对学生产生深刻的影响。

4.学校教育影响的基础性和终身性

学校教育具有较强的基础性,可以为人的终身发展奠定基础。从终身教育的角度看,各级各类学校教育都是不同层面上为人一生的发展打基础,包括为一生的做人打基础。学校教育的基础性尤其表现在基础教育、普通教育和通识教育中,对人一生的发展具有定调乃至定性的意义,对人一生的发展前景和发展后劲具有举足轻重的影响。从某种意义上讲,各级各类教育都是在为人学会做人、学会做事、学会生存、学会学习打基础。

虽然教育在人的发展中具有重要作用,但是我们还要认识到教育对于人的作用是有限的。教育是环境的一部分,所培养的个体是适应和服务于特定社会的人,这就决定了教育的"育人"功能不能超越它所依存的社会条件,必然要受到特定社会对于人的规格要求的制约。而且,说到底,教育只是影响人发展的外因,它不可能突破遗传素质的局限,也不可能离开人的主观能动性而任意决定人的发展。因此,那种认为人之所以为人,完全靠教育的观点,如"植物形成由于栽培,人的形成由于教育"、"人只有通过教育才能成为一个人,人是教育的产物"等,忽视或否认了遗传、环境和人的主观能动性在个体发展中的作用。把人完全看做教育的产物,显然过分而片面地夸大了教育在人发展中的作用,走向了教育万能论。

**教育万能论**

指18世纪法国启蒙思想家、唯物主义哲学家爱尔维修(1715～1771)在《论人的理智能力和教育》中提出的论点。他认为,人的才智差别是因为人所处的环境和后天的机遇,以及所受的教育不同所造成的,甚至认为"可以创造天才"。他认为人是环境和教育的产物。人的性格和才智取决于社会环境和政治制度,改造人必须改造环境。他还强调,改变社会环境只须从立法和教育着手。好的立法和教育即可使个人利益和集体利益趋于一致;而立法和教育的好坏,又取决于立法者和教育者。他错误地把少数教育者看成是生而知之的"天才人物",把教育的功能夸大到极端,因而主张教育万能论。

[资料来源]刘茂才主编:《人才学辞典》,四川省社会科学院出版社1987年版,第281页。

(四)活动因素

遗传、环境和教育构成了人发展的必要条件,然而三者相加还不足以构成人发展的充分条件。它们为个体发展提供了多种潜在可能,但这些可能并不会自动转化为现实,还必须借助于人的各种性质、水平的现实性活动等。

从活动水平的角度来看,人的生命活动由三个层次构成:生理活动、心理活动、社会实践活动。这些主体活动是动态的、过程性的、具有主客体综合性的因素,对个体发展起着决定性作用。

首先,人的生理活动是人作为有机体与环境中的物质发生交换的过程。它满足机体生存与发展的最基本需要,与身体发展直接相关,同时也构成了各种心理活动和社会实践活动的必不可少的基础。常态下,生理活动达到自控程度,几乎不被人所意识到。但生理活动的反常也可能对人的整个身心发展产生影响。

其次,心理活动尤其是高级心理活动是每一个人作为人类所特有的、具有鲜明个体特征的生命活动。心理活动由认识、情感、意志等活动组成,具有较鲜明的目的性和指向性。人通过这些心理活动形成了对环境和自我的认识、态度与行为,进而可以实现对外部世界的认识和对主体活动的构建和控制。

最后,社会实践活动是人的生命活动的最高、也最富有综合性的活动。它富有鲜明的目的性、指向性和程序性,体现着人的主观能动性。人的社会实践活动内容丰富,涉及从生产到生活、从经济到政治、文化,从学习到研究等几乎人类所有的活动范围。在实践活动中,人与自然、社会结成不同的关系,实现物质与信息、能量的交换,不断改造外部世界,丰富和发展自己的内部世界。

三种不同水平的生命活动在实际进行中并不是各自孤立的,而是相互交叉、交融在一起。人的生理活动和心理活动渗透在一切社会活动中，人的一切社会活动又受到生理、心理活动的支持和影响。活动是人发展中的决定因素，但影响的大小却是随活动本身的质量与数量，目标与主体发展水平的相差度，主体在活动中的自主性及其活动的成效等方面的变化而变化的。

人的发展是一个极其复杂的过程，遗传、环境、教育和活动构成影响人发展的基本因素。各个因素之间并不是并列的或者从属的关系，而是相互渗透、相互转化、互为因果、互相作用的关系。同时，每一个影响因素对于人的发展来说都是必不可少的，然而又都不是充足条件。只有在它们之间发生联系并构成整体后才能为人的发展提供充分条件。因此，要避免对这些因素的作用作简单化、线性化、静态化的理解。

## 第三节　教育的个体功能

人的本质是社会关系的总和，人离不开社会，但是社会也离不开现实的具有个性特征的个人。人的发展过程就是人不断社会化和个性化的过程。对人的发展而言，个性化与社会化是相互联系、相互统一的辩证发展过程，而不是毫无联系、相互割裂的两个单独进行的过程。个性化依赖于社会化，个性化只有在社会生活、社会关系中才能进行，社会化是人的个性化的现实基础。只有在社会中经过后天的塑造和训练，才能使人作为社会性主体通过从事现实性活动获得各种规定性，获得个人特殊的心理特征、行为特征及社会特征。社会化是人的个性的社会化，没有人的个性化，就没有真正意义上的社会化。社会化本身就是人们在对象化活动中，通过社会的教育和训练获得个性、发展个性的过程，在这一过程中使个人成为积极从事对象化活动的主体进行创造性活动，以推动社会向前发展。由此，人的社会化过程并非意味着人的个性的消失，相反，它意味着人的个性的真正形成。

从逻辑上看，教育促进人的发展就必然要包含两个方面：促进个体的社会化和个体的个性化。教育要在塑造社会人的同时生成具有独特性和个性的人。

### 一、个体社会化功能

人的发展就是一个不断社会化的过程。人只有经过社会化，才能作为现实的人存在和发展。

什么是社会化？美国心理学家弗洛姆认为，社会化就是“诱导社会的成员去做那些要想使社会正常延续就必须做的事，是使社会和文化得以延续的手段”。

我国社会学家费孝通教授认为:"社会化就是指个体学习知识、技能和规范,取得社会生活的资格,发展自己的社会性的过程。"杰·科克利认为:"社会化指的不是一个社会塑造人的单向过程,而是一个人们积极和其他人接触,并做出塑造他们自己生活和周围的生活世界的决定的互动过程。"

个体社会化是个体在和社会不断互动的过程中学习和掌握社会的价值、规范,使自己逐步具有作为这一社会的成员所应具备的知识、技能、态度、情感和行为方式等。即通过社会化,个人获得自己的人格,学会参与社会或群体的方法,逐渐由一个自然人成长为一个能适应一定的社会文化、参与社会生活、履行一定角色行为的社会人:一个工人、农民、教师或管理者……总之,成为这个社会所能接纳和所需要的人。从这个意义上说,社会化是从社会的角度对人的生长发展过程所作的一种解释和描述。

个体社会化具体包含三层含义:

第一,个体社会化是"生物人"向"社会人"转化的过程。一个人最初只是一个生物体,所表现的也只是他的生物性本能。仅靠这种羸弱的生物本能,人并不能在自然和社会中生存。人的社会化是个人作为现实的人存在和发展的必要条件。

第二,个体社会化是贯穿于人的一生的持续的过程。从婴儿期到老年期,个体不断地调整其观念和行为,以适应社会生活变化的要求。

**学校社会化职能的特点**

1. 从家庭的眷恋中解放出来。第一,学校教育是儿童在家庭中获得社会化的基础上实施的。儿童在家庭里记忆语词、认识权威、发展亲情,达到某种程度的自律,然后才能够上学。归属于学校这一集团后,使儿童从家庭的骨肉亲情的眷恋关系中摆脱出来,在教师的指导下,通过和同伴的集体生活,儿童将发展更高的自律性行为。

2. 普遍性成就。第二,儿童凭借学校接受以追求成就为中心的社会化。在家庭中,儿童与他的成就没有关系,作为一个儿童受到亲人的爱护。儿童在以游戏为中心同伴群体的关系中虽然也经验过成就,但不同的是,学校中的成就是受到成人社会承认、并且必须在成人社会中起作用的。第三,学校的社会化带有普遍性。正如各门学科的学习所典型地表明的那样,它的成就具有打下科学和学问基础的普遍性意义。

3. 走向职业集团的社会化。第四,学校的社会化担负着向职业集团过渡的桥梁作用的职能。

摘自:[日]筑波大学教育学研究会,钟启泉译:《现代教育学基础》,上海教育出版社 1986 年版,第 109～110 页。

第三，个体社会化是双向转化的过程。人之能够成为社会的人，是因为个体的人进入社会后在人与人的关系中逐渐社会化的结果。在这个过程中，个人并不只是消极地去适应预先确定的某种社会形态，而是通过与其他社会成员的交往来掌握社会文化价值和社会规范。这是一个动态的、能动的、充满创造力的过程，不仅有社会对个体的教化，个体对既有社会规范价值等的接受和承继，更有个体对社会文化价值规范的参与、更新和创造。

个体社会化的内容大致包括：接受一定社会的文化价值与社会规范，掌握个人获得社会成员资格和追求目标所必需的技能，学会角色认同等。

家庭、学校、同伴群体、大众传媒、职业组织、社区等众多因素都会对个体社会化产生影响。在不同的年龄阶段，影响个体社会化的主导因素不同。

学校是个体社会化的主要场所，教育是个体社会化的重要途径。表现在：

（一）促进个体观念的社会化

个体观念是指个体对于社会事物的看法和个体在社会活动中形成的思想。个体的观念是个人所具有，但却是社会的产物，是一定社会文化价值观念、规范等内化的结果。可以说，个体从“自然人”成长为“社会人”的过程乃是不断学习、接受和认可一定社会文化的过程。在人的观念社会化过程中，教育起着重要作用，人的观念的形成是教育的结果。

就学校教育而言，它总是代表和反映一定社会的要求，传播该社会的主流价值观念，以培养为这种价值观念所接纳的人为目标。学校教育可以有意识地为个体观念的社会化创设各种条件，比如课程所包含的文化价值观念的系统性和深刻性、活动组织的计划性和严密性、形式的活泼性和多样性，使学生更易于接受这种价值观念，并形成完整的思想观念体系。

（二）培养个体的职业意识和角色

人生活在社会中，要以一定的职业为生，承担一定的社会职业角色。教育是为人的，必然地要为人的生活做准备。尤其在现代社会，个体谋求某种社会职业要以接受相关的教育和训练为前提。教育是促进人的职业角色社会化的主要手段之一。

对基础教育而言，作为一种全面的素质教育，它也负有职业指导和职业定向的重要职责。对职业技术教育、高等教育和成人教育而言，培养人的职业角色意识、技能是其核心要求。使学生根据自己的兴趣、爱好和能力，结合国家的需要，确定自己的未来影响，帮助他们实现自己的职业理想。①

（三）帮助个人掌握生活所必需的技能

① 全国十二所重点师范大学：《教育学基础》，教育科学出版社2002年版，第35页。

人要在社会中生存，就要"学会生存"。个体不仅要学习和接受特定社会的文化价值观念，认识到社会文化、价值规范的意义和内容，懂得应该干什么，不应该干什么；个体更要学会参与社会生活，学会承担和履行特定的社会角色，学会共同生活。这就需要个体必须具有一定的社会生活技能。

学校是一个"小团体"、"小社会"，学校生活是学生尤其是青少年的主要生活形式，它提供了学生学习和应用各种社会生活技能的条件和机会。在学校生活中，通过师生交往、同伴交往等形式，个体可以获得在社会生活中所必需的技能，如处理人际关系的技能，缓解、协调和处理冲突的技能等。同时，学校教育有意识地通过开展各种有组织、有针对性的活动帮助学生获得必要的社会生活能力。

### 二、个体个性化功能

人既是社会性的存在，也是个性的存在。正是个性使他成为一个现实的、独立的人。"人是一个特殊的个体，并且正是他的特殊性使他成为一个个体，成为一个现实的单个的社会存在物。"①个性是指个体在生理素质和心理特征的基础上，在身心、才智、德行和技能等方面所形成的比较稳固和持久的独特特征的总和。个性是个体在实践活动中形成的独特性，具有一定的意识倾向性(体现为个体的信念、理想、人生观)和鲜明的个体差异性(体现为个体的能力、气质和性格)。个性是个性化的结果。

个性化是指个体在社会活动中形成独特性、自主性和创造性的过程。社会化是培养人的社会性，获得共性和一致性的过程，强调人对社会的适应；个性化则是尊重人的差异性，追求个性和独特性的过程，强调人在继承基础上的发展、变革和创造。个体个性化是人发展的客观要求，也是社会发展水平的一个重要标志。

个体个性的形成和发展是多种条件和因素相互作用的结果。"高度发展的社会生产力和它所创造的社会物质条件，是人的个性发展的现实基础；社会结构和人与人联系的方式，社会的精神文明状况、意识形态等，构成人的个性发展的政治、思想和文化前提；人作为生物个体的遗传因素、主体的身心发育程度和活动的方式与状态，是人的个性发展的内在条件。"②教育作为一种影响人发展的社会活动，对人的个性化起着其他社会活动所不能替代的重要作用。"人的个性发展的内在条件中的后天因素——教育最能体现人的自觉、自愿和自主性。"③当然，在不同的历史时期和社会背景下，教育这种作用的发挥程度和表现形式不

---

① 《马克思恩格斯全集》(第1卷)，人民出版社1995年版，第123页。

②③ 靳玉乐、李森主编：《现代教育学》，四川教育出版社2005年版，第86页。

一定相同，但作为教育自身所具有的功能，它对个体个性化的作用体现在：

（一）促进人的主体性发展

人的主体性主要表现为主体意识和主体能力。主体意识是主体性的观念表现，是人作为认识和实践活动主体的自觉意识，包括主体的自我意识和对象意识。主体能力是主体性的外在表征，是主体认识、改造外部对象世界的能力。无论主体意识的形成，还是主体能力的获得，都要通过教育。人通过接受教育掌握知识，发展能力，形成对人、自然、社会及其关系的正确认识，增强了人适应并改造客观世界的能力。对个体而言，教育过程是一种不断提升自身素质，激发并弘扬人的主体性的过程。

（二）促进人的独特性形成

独特性体现着一个人在身心、才智、德行、技能等方面区别于他人的特性。无区别、无特点也就谈不上个性。人的遗传素质蕴涵着个体的差异性，如气质类型的差异、智能优势的差异等。但是即使是拥有相同的遗传素质的个体，其发展也有可能呈现不同的结果。这是因为，个体后天的生活环境、教育影响也会对个体的发展产生影响，甚至会决定个体发展的现有水平。

教育作为有目的的活动，可以根据学生的不同发展特征和水平，选择适合他的发展道路、设计适合他的教育。教育充分尊重个体的差异，因材施教，帮助不同的学生充分开发其内在潜力，形成其优势区域和特长。

（三）促进人的创造性发展

创造性是个体在创造活动中所表现出来的自主、独特、与众不同的倾向。它是个性的核心品质，是个体的自主性、独特性的综合体现。创造活动是人生产新颖、独特、有社会价值的产品的活动。人们在创造活动中所表现出来的创造性不仅是个体独特的自我意识的体现，同时也符合社会价值的要求，具有社会性。因此，创造性是自我性和社会性的连接，它虽是个人才能的最高体现，但这种才能的发挥要受到社会的制约，要以对社会的贡献来衡量。

教育通过因材施教、个性化教学等科学的方法与手段，能为个体创造性发展提供广阔的空间，从而使个体的个性不断得到发展和完善。

教育的个体社会化和个性化功能构成教育个体功能的主要内容。但是由于社会条件的限制，在不同的国家、不同的经济发展水平和民主化程度的背景下，教育在促进人的社会化和个性化发展方面还经常存在着偏差，或者以社会化取代、排斥个性化，或强调个性化而排斥了社会化。当代教育改革都在力图纠正这种偏差，使人的社会化和个性化协调发展。

### 三、教育个体功能的实现

教育对人的身心发展有着极大的促进作用，甚至可以说在人的发展中起主导作用。但是,教育并不能决定人的发展。这是因为:第一,教育的主导作用是相对的。教育的主导作用能否发挥以及发挥到什么程度,还要看教育内外部的条件提供了怎样的和多大的可能性空间。教育作为影响人发展的基本因素之一,需要以众多因素作为媒介,在各个因素的交互作用中才能产生促进人发展的预期效应。第二,对于人的发展而言,教育并非总是一种积极、正向的推动力量。"教育既有培养创造精神的力量,也有压抑创造精神的力量。"①现行教育由于某种异化或误用而阻碍人的全面发展和个性潜能的充分实现。比如,教育的效率化压抑个性发展;教育的社会适应使教育具有保守性,不利于个体批判精神的培养;教育的功利性导向和过度的教育活动使个体感受不到教育的幸福感,等等。

教育个体功能的实现是有条件的。现实中要采取积极措施,创造条件,发挥学校教育的主导作用,促进人全面自由发展。

从教育内部来看,首先,树立"以人为本"的教育理念。真正把人看作目的,而不是手段;把学生的发展看作教育的唯一出发点和归宿。其次,学校教育应着重培养学生的主体意识和选择能力,实现人的主体性。传授知识是教育理应承担的职责和任务,但如果教育仅仅负责知识的传授,就不是真正意义上的教育。教育应该把培养受教育者的自我教育和自我控制能力以及识别、控制、利用环境的能力作为根本性任务,通过各种活动教会学生对发展的多种可能性做出判断和选择,使个体获得一种自我发展、自我增长的能力,这是从最本质意义上保证教育对人的主导作用。再次,学校应该精心设计有利于主体发展的各种活动,使受教育者通过活动实现发展,教育者则通过活动指导,影响受教育者发展。

从教育外部来看,首先,加强学校与社会的联系,增强社会影响与学校影响的一致性。社会对人的发展既有积极的一面,也有消极的一面,比如时尚、潮流等非主流文化、亚文化对人的发展影响表面上看是零碎的、偶然的、无序的,但这些因素借助舆论,尤其是现代大众传媒的力量,能对个人发展产生一种旋风般的影响。这必然会影响到教育作用的程度、方向、性质。因此,学校既要充分利用社会中的有利因素,又要努力控制或削弱社会的不利因素,使社会大环境与学校小环境能取得正向的一致,使学校教育取得较好的教育效果,真正成为社会的育人基地。其次,加强学校与家庭的沟通,加大学校教育与家庭教育的配合、协调程度。如果家庭在子女教育问题上不能履行应尽的责任和义务,不能配合学校的教育工作,甚至家庭教育与学校教育明显相抵触,学校教育的主导作用也难以发挥。

---

① 联合国教科文组织:《学会生存——教育世界的今天和明天》,教育科学出版社 1996 年版,第 188 页。

## ☞知识要点

1. 教育的正向功能和负向功能
2. 教育的个体社会化功能和个体个性化功能
3. 影响人发展的基本因素及其作用
4. 学校教育在人发展中的作用
5. 学校教育功能的实现

# 第三章

# 教育功能(下)

**本章导读**

教育的社会功能是教育与社会关系的反映,它随着社会发展而不断演进。本章主要分析教育与社会的经济、政治、文化、人口之间的相互关系,社会发展制约着教育发展,同时教育对社会发展具有能动的促进作用,表现为教育的经济功能、政治功能、文化功能和人口功能。通过本章学习,重点理解和掌握教育与经济、政治和文化的相互关系的原理,并能用教育的社会功能的基本原理分析、解决现实问题。

教育是培养人的社会活动,是人类社会特有的现象,对社会存在和发展有着重要的影响和作用。教育具有能动性,但教育发展不能超出特定社会发展提供的可能范围。“学校外的事情,比学校内的事情更重要,而且它支配和说明着学校内的事情。”[①]教育要受一定社会的经济、政治、文化和人口等因素的制约,同时也要反映和再现一定社会生活的过程及其要求。

## 第一节　教育与经济

教育作为一种社会现象,从产生之初就同人类谋取物质资料的劳动过程联系在一起。但是,在不同的历史时期,教育与经济之间的关系又呈现出不同的形态。农业经济时代,经济增长方式主要依靠人自身的体力。这一时期,教育主要

① [美]艾萨克·康德尔著,王承绪等译:《教育的新时代——比较教育》,人民教育出版社 2003 年版,第 7 页。

是一种人文教育，旨在传承人类的知识和成就人类的道德理想。教育与经济发展还没有产生直接关联，其经济功能处于萌芽状态。近代工业化社会，经济增长的方式在简单的体力劳动中增加了脑力劳动的成分，科学技术知识受到格外重视。这一时期，教育成为传播科学思想、科学知识、培养科技人才的摇篮。教育开始与人们的社会生产、生活直接挂钩，其经济功能日益显现。知识经济时代，经济增长方式发生了重大变化，科学知识的创造、生产、应用成为经济社会的重要内核，成为直接推动经济发展的源泉和动力。这一时期，教育成为经济发展的基础性、先导性产业，教育与人们经济生活的关系越来越密切，其经济功能越来越凸显和强大。

总的来说，教育与经济的关系是经济决定教育，教育反作用于经济。具体来说，即一方面，经济发展及其性质的改变内在地制约着教育发展；另一方面，教育的发展可以促进经济的发展。

### 一、经济对教育的制约作用

经济是人类社会生存和发展的基础，是引起人类社会生活发展变化的决定因素。经济也是制约教育发展变革的决定因素。经济对教育的制约作用主要表现在：一是为教育提供相应的条件；二是对教育的变化和发展提出某种要求。

#### （一）经济实力为教育发展提供物质基础

首先，经济实力为教育发展提供了物质保证。任何形式的教育都需要一定的社会物质投入，比如人力、物力和财力，社会能够为教育提供什么样的投入水平，与一定的经济发展水平直接相关。一般而言，经济发展水平与教育发展水平具有一致性。如果离开了一定的经济发展水平，盲目发展教育，必然会陷入教育发展的误区。但是，已有经济发展能否最大限度地促进教育发展，还取决于人们对于教育重要性的认识。

其次，经济发展为教育发展提出相应要求。经济水平的提高，经济实力的增强，生活条件的改善，不仅要求教育为经济的进一步发展提供人力资源的保障，而且会极大地激发人们的教育需求，使其要求接受更多、更好教育的愿望不断高涨。这成为教育发展的强大动力。

#### （二）经济发展水平制约着教育发展的规模和速度

教育发展的规模和速度与经济发展水平直接相关。经济实力的发展速度和程度不仅决定着社会能够为教育提供的人力、物力、财力投入水平，而且决定着教育培养的各种规格、类型的劳动力的数量，制约着各级各类教育的普及程度。从世界教育发展来看，在不同经济发展水平上，教育经过了从扫除文盲、普及初等教育到普及中等教育，最后实施大众化高等教育的历程。

(三)经济结构制约着教育结构

近代社会以前,世界各国的教育结构主要是单一的普通教育。随着大工业的发展,一些国家的教育结构开始发生变化。马克思在《资本论》中指出,大工业生产的发展不仅改变着普通教育,而且使整个教育结构都发生了变化。除传统的普通教育外,各种形式的职业技术教育相继出现。比如英国历来重视古典教育,19世纪前半期,英国中等学校的基本类型仍是传统的公学和文法学校。但是在各种先进技术的冲击下,英国单一人文教育的学校结构开始改变,相继设立了各种技术学校,如1860年设立了伯明翰土木工程学院,1881年创设工艺学校,1883年建立英国最早的费斯伯里工科大学。进入20世纪以后,经济的产业结构、行业结构、技术结构、消费和分配结构日趋复杂多样,相应地学校教育结构也日趋复杂多样,各国都构建了多层次、多类型的复杂教育网络。

(四)经济条件制约着教育的内容和手段

生产力的发展和科学技术的进步,促进人类知识总量的不断增长和人类认识能力与思维水平的不断提高,为丰富和更新教育教学内容、调整学科设置提供了可能的客观条件,也提出了必要的主观要求。在不同时代,科学技术发展水平不同,使用工具不同,对人才规格的要求不同,学校的课程门类、课程结构、课程内容也各不相同。古代社会中,学校的教学内容主要是社会的典章制度和简单的读写常识,主要设置哲学、政治、伦理、宗教以及语言、文字等课程;近代社会中,学校教学内容增加了自然科学,设置数学、物理、自然、历史、地理、语文和现代外国语等课程;现代社会中,许多新兴学科开始逐渐取代陈旧古老的学科门类,生物工程、光电纤维、电子计算机等陆续进入课程领域。

教育手段和技术也是一定的生产工具和科学技术在教育领域中的应用,并在很大程度上反映了一定历史时期生产力和科学技术的发展水平。古代社会,生产力水平低下,学校采取单一枯燥的口头讲授方法和个别施教或集体施教的教学形式进行知识经验的传授。20世纪后,随着科学技术的迅猛发展,幻灯、投影、录音、录像、广播、电视等现代教育技术广泛应用于教育,大大扩展了教育活动范围,增强了教学效果,提高了教育效率与质量。

## 二、教育的经济功能

教育的经济功能是指教育对一定社会经济发展所起的作用。尤其在当代,经济发展模式发生了巨大转变,由依靠物质、资金的物力增长模式转变为依靠人力和知识资本增长的模式,教育已逐渐成为推动经济增长的重要因素。教育的经济功能具体表现在:提高人的素质,为经济发展提供人力和智力支持,进而间接推动经济发展;直接参与经济运行,拉动经济发展。

(一)教育能够实现劳动力再生产

劳动力再生产的维持和发展,除保障满足劳动者所必需的生活资料和维持劳动者家属、子女的生活资料外,最基本的因素就是教育和训练。没有教育和训练,劳动力的再生产将不可能进行。这就决定了教育在劳动力再生产中的重要地位。

首先,教育是把可能劳动力转化成现实劳动力的重要手段。当人还不具有任何生产知识和劳动技能时,只是一种可能的劳动力。教育通过传递一定的科学知识、生产经验和劳动技能,形成和提高人的劳动能力,使人成为现实的劳动力。

其次,教育可以改变人的劳动能力的性质。所谓人的劳动能力的性质,是指在劳动力活动的产业部门中,劳动力的劳动技巧和速度的平均熟练程度。这种"平均熟练程度"包括教育程度和实际经验程度。现代化生产条件下,生产的社会化、科学化、专门化和智力化程度越来越高,教育程度而非实际经验程度成为决定工人平均熟练程度的主要因素。据苏联的一些经济学家统计,一个熟练工人接受一年的科技文化教育,比工人在工厂工作一年,平均能提高工作效率1倍。

再次,教育可以改变劳动能力的形态。教育用现代化的科学技术武装人,提高人的科学文化水平,发展人的学习能力、理解能力、创新意识和创造能力,帮助人实现从非熟练向熟练、一般性向专门性、简单劳动力向复杂劳动力的转变。尤其在当代终身教育的背景下,教育可以不断地重新构建人的知识结构,不断更新、完善、提高人的劳动能力,提高人对现代生产的适应性。

最后,教育对人的劳动能力发展的影响是全面的、高效的。教育通过有意识、有目的、有计划、有组织的活动,全面提高人的综合素质。教育不仅着眼于劳动者掌握专门知识和专门技能,而且还使其具备一定的文化素养、职业道德、心理素质、创新精神、合作意识等品质。

现代教育通过提高人的素质和培养专门的劳动力,在经济发展中发挥着重要作用。20世纪20年代,苏联教育经济学家斯特鲁米林计算出由教育程度提高所产生的价值占国民收入的30%。美国经济学家舒尔茨(W. Schultz)对历年高等教育投入的收益率进行了计算,指出美国1929～1957年教育投资在增加国民收入中作出贡献的比率是33%,进而得出结论:有技能的人的资源是一切资源中最为重要的资源,人力资本投资收益大于物力资本投资的收益。教育投资是人力资本的核心,教育作为经济发展的源泉,其作用远远超过被看做实际价值的建筑物、设施、库存物资等物力资本。我国学者研究表明,在第一个五年计划期间,我国的教育收益占国民收入增长额的24%;1964～1987年期间教育对国民收入增长额的贡献为36%左右。知识、人才是现代经济增长的核心,教育担负着促进经济增长的任务。

**人力资本**

所谓人力资本,其经济属性是什么?它为何对解释经济增长关系至关重要?我对这些问题曾作如下的回答:人们需要有益的技能和知识,这是显而易见的,但是人们却不完全知道技能和知识是一种资本,这种资本实质说来是一种计划投资的产物;这种投资在西方社会按着一种比传统的(非人力)投资大得多的速度增长,而且这种增长恰好是该经济体系中最为突出的特点。……如果根据一种把人力资本、物力资本都包括进去的全面的资本概念去考虑问题,并认为所有资本都是由投资的方式产生的,那么这种想法既颇有裨益又妥贴正当。长期以来,人们就抱有一种顽固的偏见,认为资本只包括物质设备、建筑物和物资库存,等等。这种偏见在很大程度上成为政府贬低人力资本投资,提高物力资本投资的固执态度的原因。

[资料来源]舒尔茨:《高等教育的经济价值——国际展望》,《教育的经济价值》中译本,吉林人民出版社 1996 年版,第 117～309 页。

(二)教育可以促进科学技术的再生产和创新

科学技术是人类历史发展过程的结晶,是一个不断继承、积累和创造的过程。现代社会中,科学技术是第一生产力,具有很大的经济价值,其在生产中的作用已经超过资本和劳动力数量增加所带来的经济效益。20 世纪 70 年代后,各发达国家科学技术进步对于经济增长的贡献率达到 60～80%。教育在科学技术发展中具有重要作用:教育是科学技术再生产的主要途径;教育机构是科技创新的重要阵地。

首先,教育有助于科学技术的再生产。科学技术的再生产是指传递和传播人类已有的科学技术知识的过程。教育是科学技术再生产的主要途径。一方面,教育可以实现科学技术的高效的扩大再生产。教育可以通过专业人员指导和有效的组织形式和方法,传递和传播经过选择、简约化的科学技术知识,使受教育者迅速、简约地掌握人类文明的成果,缩短了科学技术再生产的劳动时间,扩大了传播的范围;另一方面,教育培养了一大批科技人才,进而为科学技术的创新输送不竭动力。

其次,教育可以促进科学技术创新。学校特别是高等学校是创造科技成果的重要阵地。高等学校多学科综合交叉,知识生产和传播相结合以及高校自由的学术氛围,使得高校成为最具活力的科技成果创新的发源地。纵观世界科技、教育发展的历史与现状,高等学校都是知识创新的主体。

新中国成立后，特别是改革开放20多年来，我国高等学校的科技工作获得了巨大发展，科教结合日趋紧密。目前高等学校从事科技活动的人员达31.5万人，占全国的8.2%；建有国家重点实验室103个，占全国总数近2/3；承担国家自然科学基金项目2/3以上，承担国家“863”、“973”计划项目为2/5左右；全国有80%以上的大中型企业与大学建立了合作关系。高等学校为国家科技进步做出了重大贡献。发表的科技论文，被《SCI》和《EI》收录的，均占全国的70%左右。国家自然科学奖、发明奖、科技进步奖，高等学校获奖项数分别占全国的1/2、2/3、1/4以上，而且总趋势呈现逐步增长势头。事实充分显示：我国高等学校是基础研究的主力军，高新技术研发的重要方面军，成果转化与产业化的强大生力军，已经成为国家科技创新体系的重要组成部分。

[资料来源]教育部：《高等学校中长期科学和技术发展规划纲要》，2005年6月。

（三）教育对经济运行具有直接调节作用

教育对经济运行的调节作用表现在：首先，教育作为消费系统直接拉动经济增长。教育是一个庞大的消费系统，而教育消费正在成为一个新的经济增长点。教育消费包括公共教育消费和家庭教育消费。以家庭教育消费为例，据有关部门在2000年对北京、上海、广州三城市居民进行抽样调查表明，42.7%的居民认为，教育投入是家庭开支的重要内容。居民储蓄动机的首位是为子女教育，占全国城镇家庭的39.6%，而教育支出占储蓄的10%，高于购买住房三个百分点。其次，教育直接参与和服务于经济建设。教育尤其是高等教育逐步与产业化经营相结合，形成了以大学为中心的高新技术产业群，加快科技创新成果向现实的转化，产生直接的经济效益，推动经济的发展。

硅谷位于美国加利福尼亚州的旧金山经圣克拉拉至圣何塞近50公里的一条狭长地带，是美国重要的电子工业基地，也是世界最为知名的电子工业集中地。它以附近的斯坦福、伯克利和加州理工等具有雄厚科研力量的大学为依托，以高技术的中小公司群为基础，拥有思科、英特尔、惠普、苹果等大公司，融科学、技术、生产为一体。目前它已有电子工业公司达10000家以上，所产半导体集成电路和电子计算机约占全美1/3和1/6。20世纪80年代后，生物、空间、海洋、通讯、能源材料等新兴技术的研究机构纷纷出现，该地区客观上成为美国高新技术的摇篮，现在硅谷已成为世界各国半导体工业聚集区的代名词。

[资料来源]http://baike.baidu.com/view/3243.htm

## 第二节　教育与政治

政治是人类历史发展到一定时期产生的一种重要社会现象,是上层建筑领域中各种权力主体维护自身利益的特定行为以及由此结成的特定关系。任何社会成员或社会组织都以一定的方式与政治发生联系,教育也不例外。但是,不同的社会和政治背景下,教育与政治之间的关系呈现不同状态。从历史上看,教育与政治的关系经历了两个大的阶段:(1)古代社会,教育从属于政治。古代的中西方社会,统治阶级实施专制统治,以"教化"作为统治的辅助手段,教育成为政治活动的附庸。(2)近代社会,教育相对独立于政治。近代资产阶级实施民主政治统治,倡导"教育中立化"、"教育世俗化"、"学校与宗教分离",教育成为社会分工中的一个独立部门。这就使得教育活动与政治活动有了明显的区别,教育人员与政治人员之间的分工愈益明确,从而使教育与政治之间的关系有了各种新的变化。

### 一、政治对教育的制约作用

政治的核心是国家政权。国家政权的基本职能不仅是直接或间接地组织、调节、干预经济生活,更主要的是要维护统治阶级所需要的社会秩序。教育作为国家的一个基本制度,直接受政治的制约,并体现着一定社会的政治特征。

#### (一)政治决定着教育的性质

自阶级社会产生以来,教育就成为阶级统治的工具。教育必然要体现统治阶级的意志,为阶级统治服务。有什么样的政治制度就有什么样的教育。古代东方国家实行等级制、分封制,教育具有鲜明的等级性;中世纪欧洲实行政教合一的政治制度,教育就具有明显的宗教性质。

#### (二)政治制约着教育目的

教育目的是一个社会的政治制度对教育所提出要求的集中体现,它直接反映着统治阶级的利益和需要。社会政治制度不同,教育目的也有所不同。统治阶级总是制定出他们所需要的人的规格和标准,使教育为特定的社会关系服务,同时防止教育培养出干扰或动摇自己统治的人。

政治控制教育目的的方式有:利用国家机器或直接控制教育,确定人的质量标准,或控制教育目的的制定过程;利用立法权颁布系列法律法规,合法地强迫教育行政部门贯彻执行教育目的;利用组织人事权控制教育人员的教育行为,使之符合教育目的的要求。

教育机会均等是一种历史性实践，它随着社会生产的现代化和资本主义民主化的进程而演进。因此，不同的国家在不同的时期用不同的社会哲学观赋予其不同含义，进而提出相应的对策。当代著名教育家、瑞典的托尔斯顿·胡森教授对以前的研究作了概括性总结，指出教育机会均等在三个不同时期有不同的含义，并受三种不同社会哲学观的支配。

(1)起点均等论

这是一种保守主义的机会均等观，到第一次世界大战之前始终在多数西方工业国占据主导地位。这种哲学观假定人具有不同的能力，个人的天赋能力与其出生时所属的社会等级(或阶级)基本相符；社会该由主要来自上等阶级的杰出人才来治理；教育是社会的筛子，它通过考试把杰出人才筛选出来，使具有不同能力的人接受不同性质的学校教育。

起点均等是指法律保证好人人都有受教育的权利，都可进学校。对于工人阶级的子女而言，他们基本上只能进入由政府办的、与中高等教育不能贯通的初等学校，这种学校不是现代意义上的普及义务教育。与之相应的教育政策就是西欧各国教育双轨制的建立。因此，起点均等意味着为劳动人民子女提供相对平等的教育机会，但是形式上的平等掩盖着事实上的不平等。

(2)过程均等论

20 世纪 50 年代在西欧、北欧教育界占主导地位的是自由主义的过程均等论。自由主义哲学观虽然认为每个儿童生来具有某些智力天赋或某些稳定的能力，但抛弃了天赋能力与社会阶级存在某种对应关系的假设。这种哲学观认为，教育的功能在于消除经济和社会的外部障碍，使每个人的天赋能力得到充分发展，并将每个学生分配到与其能力相称的社会地位上。

如果说起点均等论强调的是教育权利的平等，那么过程均等论则强调教育机会的均等。在自由主义哲学观的支配下，过程均等论认为重要的是教育制度在平等地对待每一个儿童，应该让每个儿童有机会享受同样的教育，至于如何利用这种机会，则属于儿童及其家庭的权利。其矛头所指向的是不平等的双轨学校制度。正是在这种均等论的推动下，西方各国先后在 20 世纪中期推行了几项重大的教育结构改革，如取消双轨制，贯通初、中、高三级学校教育，用立法手段保证公立义务教育与高等教育的连续，缩小义务教育阶段各类学校的差别，增加初等教育的统一性;设法消除由地理带来的障碍,对所有儿童实行同样的教育。

(3)结果均等论

20世纪60年代中后期,以美国学者科尔曼为代表的实证研究表明:自由主义均等观指导下的各项教育改革措施虽然在缩小教育机会不均等方面取得了进展,但未能实现消除社会不平等。激进主义对之提出两点尖锐的批评:其一,过程均等论虽然注意到在教育过程中要平等对待每个儿童,但忽视了向每个儿童提供取得学业成功的均等机会,而对于消除社会不平等而言,更为重要的恰恰是后者;其二,把学业成败的原因归诸学生个体或其家庭,是为教育制度的不平等开脱责任。因而激进主义的均等观强调的是结果的均等,即保证每个学生都有取得学习成功的机会;主张把均等作为教育的总指导原则,以便向每个学生提供使其天赋得以充分发展的机会。向处于社会文化不利地位的儿童提供补偿教育,儿童早期开发计划实施、适应儿童个性的个别化教学以及盛行于美国的掌握学习,可看作这种均等观推动下的教育实践与对策。

[资料来源]张人杰主编:《国外教育社会学基本文选》,华东师范大学出版社1989年版,第193～215页。

(三)政治制约着教育的领导权

教育的领导权是一个国家政权的重要组成部分,直接关涉着教育为谁服务和怎样服务的问题。在阶级社会,统治阶级掌握国家政权,控制教育的领导权,使教育反映本阶级的利益和意志。

政治控制教育领导权的主要途径有:通过组织手段和某种体制直接对教育机构行使领导职能;通过任免教育机构的领导者和教育者;通过颁布教育、与教育有关的各种方针、政策;通过教育和与教育有关的各种法律、法规;通过教育资源的组合与分配,等等。

(四)政治制约着受教育的权利和机会

政治实践的基本职能就是利用公共权力对社会资源进行分配,它关系到社会生活中谁应该得到什么以及如何得到的问题。一个人能否接受教育,接受什么样的教育,与国家的政治制度有着密切关系。政治制约着受教育权利的分配和获得。受教育权利是政治权利在教育领域的延伸,是一种根本的公民权利,接受适当的教育,是公民获得和行使其他权利的必要条件。统治阶级利用自己拥有的政治资源,通过制定教育政策法规,尽可能地获取更多的受教育权利,同时剥夺、排斥、缩减被统治阶级的受教育权,最终人为地造成不同阶级或集团在占有教育资源方面的差异。如奴隶制国家明文规定受教育者必须出生于奴隶主家庭，封建制社会则规定学生只能按家庭的品级进入不同档次的学校学习。即使在追求“自由、平等、博爱”和“教育机会均等”的资本主义社会，人与人也因政治经济的不平等而导致受教育权利和机会实际上的不平等。据有关资料表明：美国平均年收入3000美元以下、3000～5999美元以下、9000～10499美元、13500～14999美元以下和18000美元以上的白人家庭子女在技术学校和各类高等学校注册的人数占该收入段家庭子女总人数的百分比分别为24%、31%、43%、50%和65%。①

另外，政治不但在宏观层面影响着教育，而且影响着教育内容、教学方法、师生关系等教育内部问题。在教育系统中，教育内容、方法和原则是实现教育目的的基本手段，任何时代、任何国家的政治权力必将渗透其中，不过深浅宽松略有不同而已。此外，一定社会中学校的师生关系，往往也反映着该社会的政治关系。

## 二、教育的政治功能

教育既受制于政治，同时也反作用于政治。教育反作用于政治可以说是受制于政治的一种必然结果。教育的政治功能具体表现在：

### (一)教育有利于实现社会政治目标

教育总是服务于一定的政治目标。实现社会政治目标的首要前提是目标实施主体必须具备一定的素质，比如政治目标意识、政治热情以及实现目标所必需的各种行为能力等。在阶级社会里，无论哪个时代，无论哪个国家，掌握政权的阶级总是利用他们手中的权力掌控教育的支配权，传播社会占统治地位的思想和道德，形成社会成员的政治观、世界观和人生观，内化社会政治目标，形成相应的行为能力。

由于许多社会政治目标的实现都是一个长期的过程，因此教育不仅关注培养和改造现时的目标实施主体即成人，而且更注重塑造未来的目标实施主体即儿童。这就使得学校教育在实现社会政治目标中的作用尤为重要。正因为如此，中外历史上大凡较为重大的社会政治变革，都必然伴有学校教育的重大变革。

不过，要说明的是：教育并非是实现社会政治目标的唯一手段，不能因为强调教育的作用而忽视甚至否定其他因素如法律的作用；强调教育在实现社会政治目标中的重要作用，也并非意味着教育对于社会政治目标的实现总是具有促

---

① 鲁洁：《教育社会学》，人民教育出版社1990年版，第108页。

进作用,有时甚至起着阻碍作用。

(二)教育有利于维护和发展社会政治关系

社会政治关系是指人们在社会生活中,基于特定的利益要求而形成的,以政治强制力量和权利分配为特征的社会关系。人们在政治关系中的地位与作用由其经济地位所决定,并随经济地位的变化而不断变化与发展。统治阶级为了维护自身利益,必然会通过各种途径、方式来维持现存的社会政治关系格局,以保持本阶级在社会的支配地位。教育在发展社会政治关系中具有以下作用:

首先,教育具有维护社会政治关系的功能。学校教育可以使现存的统治阶级支配地位及社会政治关系格局"合理化",并通过传授系统化、理论化知识向学生灌输相应的思想意识,使未来的社会成员认同、适应既定的社会政治关系格局;学校教育通过培养政治人才,补充统治阶级力量,巩固已有的社会政治关系格局,实现社会政治关系的再生产。

其次,教育还具有发展变更社会政治关系的功能。教育能够促进社会流动,进而引发社会政治阶层的重组和社会政治关系的调整。社会流动是指社会成员可以从某一种社会地位转移到另一种社会地位。在现代社会,社会流动是一种开放型的流动模式,即基于个人后天的努力和成就等因素实现自身社会地位的转移。综观世界各国社会流动发展的趋势,教育在社会流动中起着重要作用,它构成社会流动的必要条件。个人的社会地位、职业选择等在很大程度上都取决于个人受教育的类型与程度。在同一阶级中,教育具有"提升机"的作用,它使同一阶级中不同社会成员的地位发生一系列的变化;在不同阶级中,教育具有"筛子"的作用,通过教育不断选拔和吸收更多的优秀人才进入上层社会。教育通过促进社会流动而促使社会政治关系新格局的形成。当然,教育促进社会流动的功能并非教育能独立完成,其他一些因素如政治干预、体制、社会结构等都在社会流动中发挥着重要的作用。

(三)教育有利于推动社会政治生活

当代政治生活不断趋于民主化。政治民主化不仅取决于统治阶级政治管理水平、科学化、民主化、法制化的实现程度,还取决于全体人民能否关心、参与国家政事,是否享有管理政治生活、经济生活、文化活动和社会生活的平等权利。这些都与国民的文化水平和政治意识相关。历史已经表明,文化、教育的落后,往往是产生和盛行政治上的偏激、盲从、专制主义的原因之一,而教育的兴旺发达,又是政治上实行民主、进步的基础性保证。政治的民主化要求实现教育民主化。"民主再也不能局限于在现存的社会中保护公民不受强暴势力危害的极少一点的法律保障了;与此相关的是,民主还必须满足人们的教育要求,因为不可能、也不会在由于教育不平等所划分的各个阶段之间出现民主和平等的关系。”①

教育民主化实践是推动社会政治变革的重要力量，是政治民主化的加速器。一方面，教育可以提高统治阶级的文化素质，使统治阶层的政治管理趋于科学化。在政治方向相同的情况下，统治阶级的受教育程度越高、文化素质越好，其政治管理科学化程度就越高。另一方面，民主的教育可以提高国民的政治素质，推动他们参与政治的热情和能力，使国民的政治参与趋于大众化。更为重要的是，民主的教育实践影响和培育每个学生的心灵，使他们在民主教育中增强民主的意识，学会过民主的生活，养成民主生活的习惯。

当然，教育不是推进政治民主生活的唯一力量，也不是决定力量。教育民主化是政治民主化的重要内容。没有政治民主化，教育民主化问题很难合理得到解决；但是在一定的政治前提下，也确实存在着教育的民主与专制、平等与不平等、公正与不公正等问题。

教育民主化是民主这一政治范畴在教育领域的体现，它包含了教育的民主与民主的教育两个方面。前者是民主外延的扩大，即把政治民主扩展到教育领域，使受教育成为每个公民的权利和义务；后者是教育内涵的加深，即把专制的、不民主的、不充分民主的教育改造成适合民主原则的教育。教育民主化的核心是实现教育平等，二战以后尤其是20世纪60年代的教育改革主要是围绕这一主题展开的。

在美国，1947年美国总统高等教育委员会发表的《为美国民主社会服务的高等教育》报告明确提出：“我们的目标是使所有的青年人都有平等教育的机会。”报告认为：“美国人应该把教育制度中的任何一个阶段——中学、大学、研究生院或专业学院——都能使生活在国家任何地方的合格人选接受适合于其性向和兴趣的教育而没有不可逾越的经济障碍看作是他们最终的目标。”1954年，美国人力资源与高级培训委员会在《美国的专门人才资源》报告中指出：“民主的理想即平等机会的理想；民主的理想主张每一个人尽最大可能发挥其才能，这既有益于个人，也合于社会的需要。”1957年，在苏联成功发射人造地球卫星的刺激下，美国颁布了《国防教育法》，法案规定设立国防学习贷款基金和专门奖学金，以保证有能力学习的学生不因为经济困难而失去接受高等教育的机会，以确保美国国防对高质量人才的需求。

[资料来源]陈学飞主编：《美国、德国、法国、日本当代高等教育思想研究》，上海教育出版社1998年版，第26～27、166～157页。

① 联合国教科文组织：《学会生存——教育世界的今天和明天》，教育科学出版社1996年版，第8页。

(四)教育有利于促进社会成员政治社会化

政治社会化是指个体逐渐学会现有政治体系所倡导或认可的政治规范和政治行为方式的过程,包括传播政治知识,形成特定的社会政治价值观和提高社会成员参与政治活动的能力等方面的内容。社会成员的政治社会化程度直接关系到一定社会政治制度和政治秩序的稳定。家庭、学校、同辈群体和大众传媒等因素都在影响着社会成员政治化。学校教育是一种专门自觉的、系统深刻的促进人们社会化的过程,对社会成员的政治化起着主导作用。学校教育在国家、政党的教育方针、政策指导下,通过开设各种政治课、思想品德课,开展各种政治活动,组织学生参加政治团体以及教师的言传身教向学生灌输特定阶级的政治思想、文化,促使其实现政治社会化。但是,学校在政治社会化方面的效果有时会低于人们的要求和预期,因为政治社会化效果还会受到学校教育方式、家庭、社会历史等因素的影响。

## 第三节　教育与文化

文化有广义和狭义之分。广义的文化是指人类在社会实践过程中创造的物质财富和精神财富的总和。狭义的文化则指人类创造的精神财富,即是社会的思想道德、科技、教育、文学、艺术、宗教、社会习俗及制度规章等的复合体。教育是文化的表现形式,是文化整体中的一个重要组成部分。文化的部分内容构成教育的内容,而教育活动是传播文化的重要手段之一,是文化活动的构成。文化与教育之间存在一种共生关系。

### 一、文化对教育的影响

文化本身就是一种强大的教育力量和广义的教育活动。特定社会的文化构成了一定的文化环境和氛围,无形却更深刻、更根本地影响着人的思维方式、价值观念和行为方式。即使对未能接受学校教育的人来说,也会经历一个“文化化”的过程,习得语言习惯,塑造举止仪态和形成美丑善恶观念,等等。在这个意义上,人是文化的产物。

(一)文化影响教育目标

文化渗透到学校教育内部深刻地影响教育目标。文化传统中的价值观念和取向等核心内容,极大地影响着人们对教育的认识和教育目的确定。不同类型的文化形成了各自独具特点的教育目标。即使政治、经济制度以及生产力发展水平基本相同的国家,由于其文化传统不同,教育目标也有所不同。比如中国古代社会的主流文化是以儒家为核心的伦理型文化，教育目的是“在明明德，在亲民，在止于至善”，通过修己而正人，达到“明人伦”的目的。西方文化则是一种知识型文化，强调“知识就是力量”，注重通过知识学习达到对真理的认识。

(二)文化影响教育内容

文化影响教育内容构成。文化内容是教育内容的重要组成部分。文化传统典型地反映了一定民族文化的特定内涵，不同民族文化传统塑造不同的教育。例如，中国古代社会长期重农抑商，追求仕途的文化传统，导致教育内容主要以社会典章制度为主，很少有自然科学和生产知识。英国一向崇尚人文精神，古典人文课程占有相当大的比例。

文化发展影响教育内容发展。社会文化的丰富和发展，会促进学校教育内容的丰富和课程结构的变化。当文化发展水平越高、内容越丰富、发展速度越快时，教育内容的选择广度和深度、课程的种类和变革频率也随之增加。

(三)文化影响着师生关系和教育教学方法

文化价值取向也会深刻地影响到教育中的师生关系和教学方法。不同文化传统中的师生关系和教学方法会呈现出巨大差异。比如，中国传统文化把读书和求教看成是获得知识、增长才干的最佳途径。反映到教育上，学校便把教师的系统讲述看作是获取知识的最好途径，倡导“多教多得，少教少得，不教不得”。教师讲、学生听的灌输式就成为学校教学的主体形式。

## 二、教育的文化功能

教育作为文化的一个组成部分，必然要受到文化的制约，文化构成了教育存在和发展的土壤和条件。但是，教育又有其相对独立性，对文化发展与演化起着特殊作用。

(一)教育是文化保存和传递的主要手段

文化保存和传递表现为文化在时间上的延续。文化是人类创造的社会性信息，寓于一定的载体之中，比如工具、建筑等。文化不能以生物遗传方式进行传递，只能通过“社会遗传”，特别是教育的方式得到延续和发展。教育是文化保存和传递的主要手段。

教育中的文化传递具有系统化、集中化、高效化等特点。这是因为学校是专门的文化传授机构，通过有目的、有计划、有组织的活动，使学生迅速、经济、高效地掌握人类创造和积累的文化财富。教育是文化再生的宝库。

(二)教育有利于文化传播和交流

文化的传播和交流，是文化从一个区域到另一个区域的扩散和流动，是文化在空间上的流动。文化传播和交流是文化发展的主要动力。一个民族的文化，只有在与其他文化的交流和碰撞中才能获得生机与活力。衡量一种文化有没有生命力的标志在于这种文化能否容纳外来文化成分,能否吸收和消化新的成分而又不机械搬用、盲目崇外。人口迁徙、战争、旅游、体育竞赛等都是文化传播和交流的途径。教育是文化传播和交流中最积极有效的手段。

教育中的文化传播和交流具有深刻性、高选择性和系统性。教育中的文化传播和交流途径主要有:校际之间的文化交流与传播,比如专家讲学、学术互访、参观考察、资料交流、毕业生工作等;国际之间的文化教育交流与传播,比如客座教授、专门考察、合作研究、学术会议、专家讲学、人员培训、资料互赠等。另外,互派留学生也是各国文化交流的重要方式。

(三)教育有利于文化选择与整理

文化的选择与整理是文化在内容上的择优汰劣和结构上的优化组合。文化构成教育的背景和内容,但并非所有的人类文化都能够进入教育的视野。教育对文化的传递和传播是有选择的。教育尤其是学校教育本质上是一种文化价值引导,它要按照社会和受教育者发展需要,选取文化的精华编成教材,提供适应社会生活发展变化需要的观念、态度与知识、技能,并通过教育评价手段来进一步保证和强化这种选择的方向性。

教育对文化的选择,首先是通过对教育内容的选择来实现。任何教育传递的文化都是经过筛选的。在阶级社会中,教育传播、传递的文化总是一种主流、优势文化,即统治阶级的文化。教育的文化选择在多种文化观念相冲突的历史时期表现得尤为明显和更为重要。其次是通过教师个体文化对教育内容的过滤和重组来实现。“学校的真正性质和方向并不是由地方组织和良好愿望决定,不由学生委员会的决议决定,也不由‘教育大纲’等决定,而是由教学人员决定的。”①严格说来,教育内容也只是一个“文化源”,还需要经过教师的筛选和加工才会转化为学生的个体知识。

(四)教育有利于文化更新与创造

文化的生命不仅在于它的保存和积累,还在于它的创造和更新。没有文化的创造与更新,文化就失去了活力。教育是文化更新与创造的主要手段。任何教育结果都不是简单复制,而必然包含着一种创新,教育通过对文化的积淀、传播和优化,促进文化的更新、创造、发明、发现。人类学研究表明,教育程度越高,文化发明、发现越多,越能适应文化变迁,更易开展文化交流活动。

教育创造文化的方式有:培养大量有创造力的人才;倡导现代文化观念,树立革新传统、大胆开拓、勇于竞争、张扬个性的教育意识,创设产生创造性人才的

---

① 《列宁全集》(第15卷),人民出版社1988年版,第441页。

条件；推动教育国际化、开放化，使文化在交流融合与碰撞中不断实现创新。

## 第四节　教育与人口

教育作为培养人的社会活动，不仅与个体有关，也与社会人口状况有关。人口和教育是有着各自独特的变化规律而又相互作用的两个社会系统。教育以人口为对象，人口的发展又以教育为条件，二者相互影响，相互制约。

### 一、人口对教育的影响

人口是生活在一定社会、地区的个体的总和，其状况包括人口数量、人口质量和人口结构等方面。人口增长速度快慢、数量多寡、质量优劣，以及人口年龄构成、行业和职业构成、分布状况及发展趋向等，都对教育产生直接而深刻的影响。

#### （一）人口数量影响教育发展的规模和速度

人口数量是指人口的规模。人口数量决定着教育事业的可能规模，人口增长速度决定着教育事业发展的应有速度。人口增长过快，对教育的需求也急剧增加。要满足这些人受教育的需求，就要扩大教育规模，加大教育投资，建设更多的学校，增加现有学校的设施，大量补充合格的教师及管理人员等。相反，学龄人口减少时，也会影响教育发展规模和速度。

#### （二）人口质量影响教育质量

人口质量指社会人口总体所反映的身体素质、科学文化素质及道德素质等方面的一般情况。其中，身体素质包括遗传素质和健康状况，是人口质量的物质要素。科学文化素质和道德修养是人口质量的精神要素。人口质量通常是通过文盲率、义务教育的普及率、高中和大学的入学率、每万人口中大学生的比例和每万人口中科技人员的比例等统计指标体系来表现。据人口普查资料，我国人口的各项指标数都较低（见表 3-1）。

**表 3-1　我国第三、四、五次人口普查全国每 10 万人中各种受教育程度人口**　　单位：人

| 年　份 | 大专以上 | 高中和中专 | 初 中 | 小 学 |
|---|---|---|---|---|
| 1982 | 615 | 6779 | 17892 | 35237 |
| 1990 | 1422 | 8039 | 23344 | 37057 |
| 2000 | 3611 | 11146 | 33961 | 35701 |

资料来源：《第五次全国人口普查主要数据》，http://www.stats.gov.cn/tjgb/rkpcgb/。

人口质量对教育质量的影响表现为直接和间接两个方面。首先，直接影响是指入学者已有的水平对教育质量的总影响。其次，间接影响是指年长一代的

素质影响其抚育子女的质量,以及对其子女的早期教育、教育期望和非智力熏陶,使得儿童在入学前就成为各自基础不同的学生,从而影响学校教育质量。年长一代的人口质量影响新生一代的人口质量,这种影响一方面通过遗传来实现,另一方面通过对新生一代的养育过程实现。优生是保证新生一代遗传素质良好的重要条件,科学养育是保证新生一代身体健康成长的重要条件。这两方面的实现,不仅与父母的身体素质有关,也与父母的文化修养水平相关。另外,人口素质还会通过影响师资队伍的素质来影响教育发展水平。

(三)人口结构影响教育的结构和布局

人口结构指人口按照某一性质划分的集合及其不同性质的人口集合之间的比例关系。人口结构包括人口自然结构和社会结构。前者包括人口性别结构和年龄结构,后者包括人口阶级结构、地区结构等。

人口的年龄结构影响教育的纵向结构。年龄结构表明了需要受各级教育的实际人数,进而影响着教育的纵向结构。人口年龄结构的变化带来传统教育结构的金字塔形态的不断变化。如果人口年龄结构中少年儿童所占比重大,意味着接受学校教育的人数多,因此就要相应地扩大学校教育规模,提高普通教育经费的比重,这样才能满足少年儿童受教育的要求。随着全球老龄化现象的出现,我国人口结构中也出现老龄化现象。2005 年底的全国 1%人口抽样调查表明,我国 60 岁及以上的人口为 14408 万人,占总人口的 11.03%,比 2000 年上升了 0.76 个百分点。这就需要发展老年教育事业,开展适合老年人需要的文化教育活动。

人口的职业结构影响教育的横向结构。人口职业结构反映了社会生产力发展水平和社会分工状况,表明产业结构对各类劳动力的需求。产业结构随着现代生产发展而不断发生变化,从而引起劳动力需求的变化。这些变化最终要引起教育结构的变化,要求教育的类别结构、专业结构与之相适应,否则学校教育就难以培养出适应社会需要的各种专门合格人才,导致结构性失业。

**表 3-2　　2000～2005 年我国东、中、西地区公办高校发展情况**　　单位:所

| 年份＼地区 | 东部地区 | 中部地区 | 西部地区 |
|---|---|---|---|
| 2000 | 467 | 325 | 249 |
| 2001 | 548 | 379 | 298 |
| 2002 | 633 | 432 | 331 |
| 2003 | 689 | 485 | 378 |
| 2004 | 770 | 552 | 409 |
| 2005 | 790 | 574 | 428 |

资料来源:《中国教育统计年鉴》(2000～2005),人民教育出版社,2006 年版。

人口的地区分布影响教育的布局(见表 3-2)。一般来说,人口分布平衡,人

口密度均匀，办学规模适度，教育效益就高。但是人口分布过于集中或过于分散，就会给教育事业的发展带来不利影响。

## 二、教育的人口功能

教育以人口为对象。教育在控制人口数量、提高人口素质、调整人口结构、促进人口流动等方面发挥着重要作用。

### （一）教育有利于人口的控制

教育是控制人口增长的手段之一。教育通过影响社会风气、提高人口受教育程度等影响人口出生率，进而实现对人口数量的控制。

国内外许多研究表明，不同受教育程度的人有着不同的生育观：受教育水平较低的群体或个人倾向于不加节制特别是高数量的生育；受教育水平较高的群体或个人倾向于有所节制的比较合理的生育。这是因为：首先，文化素质高的人拥有较为丰富的精神生活。其次，文化素质较高的人拥有较强的理性力量。这种理性力量能够使他们自觉抵制旧的生育观，自觉接受国家的人口政策和节制生育的知识。再次，文化素质高的女性容易获得就业机会，而就业客观上要求她们少生少育。最后，学校教育在提高人口文化素质的同时，推迟了人口的初婚年龄，从而控制了生育率（见表 3-3）。

**表 3-3　　我国不同受教育程度育龄妇女的生育率**

| 受教育程度 | 生育率 | |
|---|---|---|
| | 1981 | 1986 |
| 大　学 | 1.42 | 1.11 |
| 高　中 | 1.88 | 1.82 |
| 初　中 | 2.19 | 2.13 |
| 小　学 | 2.72 | 2.48 |
| 文　盲 | 3.31 | 2.95 |

资料来源：刘铮：《人现代化与优先发展教育》，《人口研究》，1992 年第 2 期。

### （二）教育有利于人口素质的提高

影响人口质量的因素有很多，既有来自上一代人的遗传素质，也有其所处的社会环境和生活条件。教育是提高人口质量的基本手段。一方面，教育是以培养人为目的的社会实践活动。它能够有目的、有计划、有组织、有系统地向青年一代传授科学文化知识和劳动技能，发展智力和体力，培养思想品德的活动，从而提高人的整体素质。另一方面，教育在一定程度上可以对人的遗传素质的改善、社会环境和人们生活观念的改变有所作用。遗传学、优生学等方面的宣传和教育能够提高人们对优生优育的认识,获得相关的知识和能力,为其后代创造更好的发展条件。

(三)教育有利于人口结构的调整

教育可以调整人口的职业结构。主要表现在:教育提高就业人口中的文化、技术水平,从而为提高社会生产的科学技术水平和改变社会经济结构服务。1990年7月,我国通过对大陆30个省区、直辖市64724万在业人口的调查显示,各类专业技术人员、国家机关、党群组织、企事业单位负责人、商业工作人员等比重较1982年都有所上升,其中各类专业人员所占比重为5.31%。① 但是与发达国家相比,仍然还存有一定差距,这一比例只相当于美法的1/3。

另外,教育可以通过影响人的生育观、人口的出生率、死亡率等来调整人口性别结构和年龄结构。

(四)教育有利于人口迁移

人口迁移是指人口在空间位置上的移动。相关研究表明,受教育程度与人口迁移成正相关。这是因为:一是受过较好教育的人不易受本土观念的束缚,他们更想到最适合发挥自己才能的地方去工作。二是迁入城市大多是以资本密集型和知识密集型产业,或是第二、第三、第四产业为经济主体的城市,这就决定了迁入这些城市的人员必然是些具有一定专业技术水平的人。三是教育本身就实现着人口的迁移。现代教育,特别是现代高等教育如同一个人才集散地,它把各地区的人才聚集起来,加以培养,然后根据社会发展的需要、学习者的志愿和特长,再把他们输送出去,从而实现人才的跨区域流动。

上述关于教育与经济、教育与政治、教育与文化以及教育与人口之间相互关系的分析表明,教育不仅受制于社会发展水平,而且还能对社会发挥能动的反作用。教育的社会功能具有间接性、隐含性、潜在性、迟效性、有限性等特点。首先,从教育对社会的作用方式看,很多时候教育并不能对社会直接发生作用。教育主要是通过培养人来实现其社会功能,教育社会功能是教育个体发展功能的结果,是教育的派生性功能。其次,从教育在社会结构中的地位来看,教育作用是有限的。无论教育对社会发展的作用有多大,都不可能直接决定社会的发展,任何社会的教育,都不可能成为决定一个社会的生产方式性质以及政治制度和文化传统的直接和根本的力量。同时,教育并不总是对社会发展发挥积极正向的作用,教育的滞后性、保守性、封闭性都会对社会的发展产生消极负面的影响。另外,教育功能的发挥需要一定的客观历史条件,教育并不能对所有的社会问题都有所作为,不能期望教育能够解决所有的社会问题。最后,从教育与社会其他

① 柳海民主编:《教育原理》,东北师范大学出版社2000年版,第184页。

系统的关系来看，教育具有相对独立性。教育的相对独立性是指教育具有自身相对独立的活动主体、活动范围、活动规律、活动内容等，其地位和作用具有不可替代性。因此，不能单从社会的政治、经济等需要出发，简单照搬政治、经济方法来解决教育问题，还必须考虑到教育内在特有的规律。否则，不仅不利于教育的发展，也不利于社会政治、经济等方面的发展。另外，教育的相对独立性还表现在教育与社会经济、政治、文化等的发展并不同步进行，常常出现不平衡性。在教育与生产力发展方面，教育总体上受生产力发展水平的制约，但并不总是同步，有的国家虽然经济很富裕，但教育并不发达；有的国家虽然经济上比较落后，但教育却很发达。

## 知识要点

1. 教育与经济的关系
2. 教育与政治的关系
3. 教育与文化的关系
4. 教育与人口的关系

# 第四章

# 教育目的

### ☞ 本章导读

教育作为培养人的社会活动，是在理性引导下的有目的的追求。事实上，教育培养什么样的人，怎样为社会培养人，一直是古今中外一切教育活动展开的前提。本章主要阐释了教育目的的含义、功能；明确了教育目的确立的基本依据和基本价值取向；分析了我国教育目的的理论基础，描述了建国后我国教育目的的沿革，并归纳了我国教育目的的演变趋势和基本精神。学习本章旨在使学生明确和掌握教育目的的相关知识，理解教育目的的重要意义；使学生正确理解和掌握我国的教育目的，为以后在实际工作中正确地贯彻教育目的奠定基础。

## 第一节　教育目的概述

### 一、教育目的的含义

教育目的是指教育所要培养的人的质量和规格的总要求，即解决把受教育者培养成什么样的人的问题。教育目的一般由两部分组成。一是对教育要培养出的人的身心素质做出规定，即指明受教育者在品德、智力、知识、审美、体质等方面的发展，以期受教育者形成某种个性结构。二是对教育要培养出的人的社会价值作出规定，即指明这种人符合什么社会的需要或为什么阶级的利益服务。其中关于身心素质的规定是教育目的的核心部分。教育目的是教育工作的方向，是一切教育工作的出发点和归宿。只有全面深刻地理解教育目的，教育活动才会卓有成效。

在日常生活中，教育目的与教育方针、培养目标是经常混用的概念，为了更好地理解教育目的，现将教育目的与教育方针、培养目标的关系作一简单探讨。

（一）教育目的与教育方针的关系

“教育目的”是理论术语，是学术性概念，属于教育基本理论范畴；“教育方针”则是工作术语，是政治性概念，属于教育政策学范畴。教育方针和教育目的都是由国家规定的，都是对教育的基本要求，都是全国必须统一执行的。教育方针是教育工作的宏观指导思想，是总的教育方向。教育方针的结构一般包括三个组成部分：教育性质和教育方向；教育目的，即培养人的质量和规格要求；实现教育目的的基本途径和根本原则。因此，教育方针包括教育目的，教育目的是教育方针的重要组成部分之一。教育目的有时是由社会团体或个人提出的，对教育实践可以不具有约束力；教育方针则是由政府或政党等提出的，对教育实践具有强制性。虽然在理论上教育目的与教育方针有严格的区别，但在实践中两者经常通用。

（二）教育目的与培养目标的关系

教育目的、培养目标和教学目标组成了层次不同的由抽象到具体的教育目的系统。

首先，教育目的和培养目标是抽象性与具体性的关系。教育目的强调的是受教育者的总的质量规格，它是各级各类学校确立培养目标的依据。不论初等学校、中等学校、高等院校，还是理、工、农、医、师等，都要按照这个总的要求培养人。而培养目标是根据教育目的制定的某一级或某一类学校或某一个专业人才培养的具体要求，是国家总体教育目的在不同教育阶段或不同类型学校、不同专业的具体化，是各个学校根据教育目的以及学校的性质、任务对学生身心发展提出的具体标准。

其次，培养目标必须依据教育目的来制定，不能脱离教育目的，而教育目的又必须通过各级各类学校、各专业的培养目标来体现和落实。一个国家的教育目的是唯一的，而培养目标却是多种多样的。

最后，教学目标是教育目的和培养目标在教学活动中的进一步具体化。教学工作是学校教育中最基本的活动类型，教学是实现教育目的的最基本的途径。教学目标的确定，必须反映教育目的的基本要求，接受教育目的的规约。在教学目标的编制中，应尽量结合学生的实际情况，从不同方面、不同层次确定具体的、可操作性强以及便于测量的目标。

**我国全日制普通高级中学培养目标**

普通高中教育是与九年义务教育相衔接的高一层次基础教育。普通高中教育要进一步提高学生的思想道德、文化科学、劳动技能、身体心理素质和审美情趣，培养学生创新精神、实践能力、终身学习的能力和适应社会生活的能力，促进学生个性的健康发展，为高等学校和社会各行各业输送素质良好的普通高中毕业生。

在九年义务教育基础上，普通高中教育的培养目标特别强调：

1. 热爱社会主义祖国，拥护中国共产党，了解中国历史和国情，对国家、民族和社会具有责任感，初步形成正确的世界观、人生观和价值观。

具有民主和法制精神，学习行使公民权利和履行公民义务；积极参与社会公益活动；具有自觉保护环境的意识和行为；具有集体意识和合作精神；具有参与国际活动和国际竞争的意识；具有独立生活的能力；形成健全的人格。

2. 具有适应学习化社会所需要的文化科学知识；形成独立思考、自主学习的能力；具有科学精神，形成科学态度，学会科学方法；能够利用现代信息技术手段进行学习，解决问题；进一步发展创新精神和实践能力，逐步形成适应学习化社会需要进行终身学习的能力。

3. 具有健康体魄和身心保健能力，养成自觉锻炼身体的习惯，掌握科学的锻炼方法；具有良好的心理素质；形成文明健康、积极向上的生活方式。

4. 树立健康的审美观，养成健康的审美情趣，对自然美、社会美、科学美和艺术美具有一定的感受力、鉴赏力、表现力和创造力。

5. 具有与社会生活相适应的职业意识、创业精神和一定的创业能力，形成一定的劳动技能和现代生活技能，能够对自己的生活和发展做出恰当的选择。

[资料来源]《教育部关于印发〈全日制普通高级中学课程计划〉的通知》(2002 年 4 月 26 日)，教育部文件教基[2002]7 号。http://www.npjy.com/newsInfo.aspx3 pkId=494675

## 二、教育目的的功能

教育目的对一切教育工作都具有指导意义，它的功能主要体现在明确教育方向，选择教育内容和教学方法，评价教育效果等方面。

### (一)导向功能

教育目的指引着教育工作的方向，无论对教育者，还是对受教育者，都具有目标导向功能。教育目的为教育者指明了工作方向和奋斗目标，也为受教育对象指明了发展方向，预定了发展结果。教育目的贯穿于教育活动的始终，教育制度的建立，教育内容的选择，教育方法的采用等都必须按照教育目的去进行。任何社会为满足自身发展需要，总是首先确定相应的教育目的，引导教育发展的方向，以便从根本上确保教育的社会性质和人才培养的社会倾向性。如果教育工作偏离了教育目的，就达不到预定的教育效果。

(二)选择功能

人类在长期的社会实践中积累的经验浩如烟海，可供学生学习的知识繁多复杂，需要培养的技能多种多样，需要发展的能力千变万化。我们的教育如何做出选择呢？有了教育目的，就为教育内容的选择确立了基本的范围，使人类的教育活动能够合理地取舍人类丰富的文化知识经验。同时，教育目的也为选择相应的教育途径、方法、形式和手段提供了依据。

(三)激励功能

教育目的是对受教育者未来发展结果的一种设想，具有理想性的特点，这就决定了它具有激励教育行为的作用。它不仅激励教育者通过一定的方式，把教育目的和培养目标转化为学生的学习目的，也激励受教育者自觉地、积极地参与教育活动。在教育活动中，只有当受教育者意识到教育目的对自身未来成长的要求或意义时，才能把它作为努力的方向，不断地按照教育目的的要求发展和提高自己。

(四)评价功能

教育目的既为教育活动指明了方向，又为检查和评价教育活动的质量提供了衡量尺度和根本标准。无论是过程性评价还是终结性评价，都必须以教育目的为根本依据。由此获得的评价结果，一方面可以说明教育实践是否与教育目的吻合，检测教育实践与教育目的的差距；另一方面也可以考究教育目的是否切合实际，为修正或制定新的教育目的提供依据。同时，教育目的只有具体体现在学校教育的各个评价体系之中，才能切实发挥其导向和调控功能。

## 第二节　教育目的的确立

### 一、教育目的确立的基本依据

教育目的是一种指向未来、超越现实的人才培养方针。它所规定的是现实进行的活动，要培养的却是一定时期后参与社会生活的人。教育目的的确定既有主观性，又有客观性。从其提出主体来看，教育目的总是由人制定的，体现着人的主观意志。但就其确定的最终依据来看，都必须根据社会发展的客观需要和受教育者身心发展的客观规律。历史上不同的国家、不同的社会之所以有不同的教育目的，其原因就在于历史总是向前发展的，因而产生了不同的社会需求。因此，教育目的归根结底来自社会对培养人的基本要求，是由一定社会的生产方式决定的。

（一）社会需要是制定教育目的的外在依据

1. 教育目的的确立应符合社会政治经济发展的需要

教育目的属社会意识形态范畴，与社会政治经济有着直接的制约关系。教育目的作为统治阶级人才标准的集中体现，一个社会需要什么样的人，具有什么样的政治倾向和思想意识，需要哪些类型与规格的劳动力，都集中地反映在所制定的教育目的上。在阶级社会中，统治阶级的教育目的又首先表现为要符合统治阶级或执政党的利益和需要。由此可以说，有什么性质的社会政治经济，便会有什么性质的教育目的。不同社会、不同阶级、不同政党的人才标准不同，教育目的便会有所不同。奴隶社会、封建社会的教育目的，其内容和要求可能因时代和国家的不同有所不同，但他们都有着共同的特点：专制的社会决定了教育的专制，统治阶级对教育独享以培养本阶级的继承人，剥夺被统治阶级子弟的受教育权以达到愚民的目的。资本主义倡导教育的民主与公平，但教育中渗透的资本主义天堂论的目的亦明显地体现为教育要为培养具有心甘情愿为资本主义发展奉献终生的人服务。所有这些都是社会政治经济需要对教育目的直接制约的结果。

2. 教育目的的确立应反映生产力和科学技术发展的需求

教育目的的确立直接受制于政治统治集团的主观意志，但也必须反映客观生产力和科学技术发展的实际需要。这是生产关系必须适应生产力发展的基本原理在教育目的上的具体体现。不同社会、不同时代由于生产力和科学技术发展水平不同，对人才规格、类型和标准的需求就有所不同，因此教育目的的具体内容也有所不同。封建社会，生产力和科学技术发展水平很低，教育目的主要指向社会的统治人才。资本主义是生产力和科学技术飞跃发展的时代，科学技术在生产中的广泛应用使得社会对劳动者的受教育程度要求越来越高。同时，社会化的大生产也要求人们加强协作。由此，资本主义的教育目的就不仅仅是培养统治阶级的继承人，还包括培养大批的合格劳动力。例如日本的教育目的，基于社会的改革开放和现代信息技术发展导致的人类空间变小，在教育目的中提出要培养“国际事务中的日本人”。中国改革开放以来，教育目的的具体内容在表述上几经变化，但贯穿于教育目的中的主导思想是始终如一的，即教育必须为社会主义现代化建设服务，培养社会主义事业的建设者和接班人。中国目前最大的任务是社会主义现代化建设，我们的教育就是要培养社会主义现代化建设所需的各类人才。

（二）个体需要是制定教育目的的内在依据

一般说来，一个国家的教育目的除了要符合社会发展的需要之外，还要符合人的身心发展的需要，应是上述两种需要的有机统一。教育目的之所以必须符合人的身心发展的需要，是因为教育服务的直接对象是受教育者，教育是通过培养人来服务社会的。

教育目的的确立主要符合教育对象的身心发展规律，具体体现在：首先，教育目的的确立要符合教育对象的身心发展程度。教育目的作为一种发展指向，必须考虑教育对象能够实现的可能性。其次，要符合教育对象的身心发展变化。科学技术发展的不同时代给予了学生不同的信息量和发展程度，今天的学生与20年前的学生相比，其发展潜能就有着很大的区别。最后，要符合不同类别的教育对象的不同需要。因小学生、中学生、高中生和大学生的需要不同，教育目的也应有所区别。

总之，教育目的的确立既要考虑社会现实，又要把握时代特征，还要符合教育对象的需要。

## 二、教育目的的基本价值取向

价值是客体对主体的效用、意义，归根结底是客体对主体需要的满足。价值是主体和客体之间的一种特殊关系，它存在于主客体相互作用之中，是一种关系范畴，而不是实体范畴。一个事物对于人是否有价值，就是视其能否满足人的某种需要，价值的大小也就是满足人的某种需要程度的大小。

教育目的的价值取向是指教育目的的提出者或从事教育活动的主体依据自身的需要对教育价值作出选择时所持的一种倾向。人们对教育活动的价值选择，历来有不同的见解和主张。就个人发展与社会的关系来说，有的人认为应当把促进个人个性发展作为教育目的，有的人则认为应当把满足社会需要作为教育目的。就个人的发展来说，有的人强调知识的积累，有的人强调智能的增进，有的人强调品德的完善，有的人强调美感的陶冶，有的人强调体、智、德、美的和谐发展，等等。就社会需要来说，有的人注重政治效益，有的人注重经济效益，有的人注重文化效益，等等。

人们由于处于不同的经济地位，有不同的文化背景、实践经验、认识水平、政治倾向、社会理想，对教育目的的认识不同也在常理之中。在有关教育目的价值取向的争论中，根本性的问题就是教育活动应注重个人个性的发展还是注重社会的需要。

(一)社会本位论

教育目的的社会本位论主张确定教育目的应该从社会需要而不是人的本性需要出发,社会需要是确定教育目的的唯一依据。社会本位论主张个人的发展有赖于社会,没有社会需要就谈不上个人的教育和发展;教育除社会目的之外,没有其他目的;教育成果只能以社会功能来衡量。这种教育目的观十分重视教育目的的社会制约性,是值得肯定的。但完全否认教育目的对个体的依存,否认教育对象对教育目的的影响,则是不可取的。其代表人物有中国古代的孔子和国外的斯宾塞、涂尔干、孔德等。

从历史上看,教育目的的社会本位论在古希腊时期就已存在,柏拉图认为良好教育的最高标准就是能够培养出理性至上的"哲学王"。从此以后,教育目的的社会本位论长期占据主导地位。当下的社会本位论主要来自社会学派学者。由于就大多数工业化国家而言,学校教育体制在 19 世纪末开始出现,而几乎与此同时诞生的新学科——社会学的早期理论给社会本位的教育目的论提供了有力的支持。对于社会学家来说,学校不仅是个体行动者相遇的场所,而且是一个政治的空间。教育是培养人的一种社会活动,目的在于使人社会化。法国社会学家涂尔干是教育目的社会本位论的代表人物。他认为,社会才是真实的存在,个人是实现社会目的的工具。他还认为,"教育在使它们得到发展时,初看起来似乎一向只是去迎合个体的本性自身发展的需要",然而,"无论在哪里,教育首先是在满足一些社会需要"。① "教育在于使年轻一代系统地社会化。"每个个体都具有双重人格:"个体我"和"社会我"。"塑造社会我,这就是教育的目的。"②

教育目的的社会本位论的一种极端是国家主义的教育目的论,它视教育为精神国防,强调教育的目的在于培养效忠国家的国民,强调国家利益高于一切。该教育主张,在二战前的德国、日本和意大利得到彻底贯彻,战后对许多国家仍有影响。实际上,教育目的的社会本位论与国家主义教育目的论只有一步之遥。关于这二者之间的关系,涂尔干有过论述。他指出,"如果社会与其周围的社会处于交战状态,它就会致力于按照一个强有力的民族模式来培养人;如果国际竞争具有更加温和的形式,社会就会致力于培养更加全面和仁慈的人"。③

总之,教育作为一种特殊的事业向来为一个国家的统治阶级所重视,成文的"教育目的"在许多情况下包括或者隐含着统治阶级和集团的利益。因此,社会本位论的教育目的或多或少地、客观地存在于当今世界各国的教育实

①②③ 涂尔干:《教育及其性质与作用》,见张人杰:《国外教育社会学基本文选》,华东师范大学出版社 1989 年版,第 11,9 页。

践中。

(二)个人本位论

教育目的的个人本位论主张确定教育目的应从人的本性、本能需要出发，使人的本性和本能得到高度发展。个人本位论主张教育目的不应根据社会需要制定，而应根据个人发展需要制定；一个人应为他自己受教育，而不是为社会需要受教育；教育的个人价值高于社会价值，个人决定社会，而不是社会决定个人；人生来就有健全的本能，教育目的就是使这种本能顺利地得到发展。这种教育目的观，在一定历史条件下有过积极作用，但从根本上来说是不全面的。其代表人物有卢梭、夸美纽斯、福禄贝尔、裴斯泰洛齐及中国古代的孟轲等人。

首开教育目的的个人本位论之先河者，是法国启蒙思想家、教育家卢梭。他所生活的18世纪是产生“孤立个人的观点”的时代，卢梭的“自然教育说”应运而生。他主张以儿童的本性自然发展为教育目的，提倡教育“遵循自然”，把人看作人、“把孩子看作孩子”，让孩子(在教师精心、机智地辅导下)“自己实现自己的意志”，最终由他自己把自己造就成“人”——学习“做人的天职”，发展其自身。① 作为卢梭的继承人，处于18世纪和19世纪之交的瑞士教育家裴斯泰洛齐进一步发展了卢梭的学说，他认为“儿童生来就蕴藏有各种能力和力量的种子，教育就是促使儿童的各种天赋才能的种子得到和谐发展，使儿童成为一个幸福的人”。② 19世纪，由于西方自由资本主义的发展，“爱弥儿式”的教育已经远远不能满足当时教育的需要。作为裴斯泰洛齐思想的继承人，英国社会学家、教育家斯宾塞将裴斯泰洛齐的思想与英国功利主义传统融为一体，形成带有功利色彩的“教育预备说”，主张要教给学生有利于生活的科学知识。斯宾塞的“生活预备说”反映了当时资产阶级通过教育获取使个人幸福的知识与能力的现实要求，成为教育目的个人本位论又一具有代表性的学说。

从19世纪70年代开始，随着自由资本主义开始向垄断资本主义转变，教育目的的个人本位论逐渐受到冷落。到19世纪末20世纪初，随着欧洲“新教育运动”和美国“进步主义教育运动”的兴起，个人本位论才得以以新的姿态受到重视。有“进步主义教育运动之父”之称的美国教育家帕克(Parker, F. W.)继承了卢梭的思想，力主顺应儿童的自然倾向进行教育，认为“一切教育的真正目的，是人，即人的身体、思想和灵魂的和谐发展”，这就要求在教学上使用一种“自然的方法”。个人本位论在当代的代表则是人本主义者。诸多人本主义者用不同

---

① 陈桂生：《教育原理》，华东师范大学出版社2003年版，第190～191页。

② 陈佑清：《教育目的论》，湖北教育出版社1994年版，第68页。

的词语来表达他们心目中教育的最终目标，在罗杰斯那里是“充分发挥作用的人”，[①]在马斯洛那里则是“自我实现”，[②]的人。

从历史发展的脉络上看，从裴斯泰洛齐到斯宾塞，卢梭的个人本位说逐步被“社会化”了。裴斯泰洛齐首先在卢梭的学说中注入了“社会”的成分，形成了以个人为目的、以社会为手段的教育价值趋向。斯宾塞进一步将这种价值趋向加以扩展，形成了典型的“社会化”了的个人本位说。“20世纪开始，持个人本位价值趋向的教育家们大多对教育目的的社会性开始有所接受，但总体上坚持将促使个人获得美好生活视为教育的首要目的。”[③]值得一提的是，这一时期心理学的发展，不仅为教育目的的个人本位论提供了科学依据，还大大地丰富了有关教育目的的词汇，如发展、素质、个性、潜能、自我实现等。同时，个人本位论教育目的的实现强烈要求教师按照个体的心理发展规律来组织课堂教学，使得教育活动从此建立在扎实的心理学基础之上。

（三）走向统一与融合的教育目的论

教育目的的个人本位论和社会本位论是关于教育价值取向的两种极端情况。事实是，人类教育史上并不存在任何一种极端教育目的实践。一种更为准确地理解二者关系的方式是，将个人本位和社会本位看作是教育价值取向的“两极”。这样，教育实践中实际存在并发挥作用的“教育目的”，因不同时代、不同国家及其他不同的情况，如“钟摆”摇曳于对立的“两极”之间。诚如杜威所言，“诸如个人的教育观和社会的教育观这类术语，一般说来，如果离开当时的背景就毫无意义”。[④] 个人本位和社会本位的教育目的论本身无所谓谁是谁非，将之置于特定情境加以考虑才有意义。

在当今时代，即便这种对立和冲突还困扰着无数中外学者，但大多数人还是倾向于两种价值取向的统一与融合。美国宗教哲学教授格里芬（Griffin，D. R.）坚决反对现代范式非生态论的存在观，而提倡生态论的存在观。“生态论的观点认为个人都彼此内在地联系着；因而每个人都内在地由他与其他人的关系以及他所做出的反映所构成。”[⑤]“后现代观念的一项任务就是要创造一种认为

① 罗杰斯：《充分发挥作用的人》，见林方主编：《人的潜能和价值——人本主义心理学译文集》，华夏出版社1987年版，第317～325页。

② 马斯洛：《自我实现及其超越》，见林方主编：《人的潜能和价值——人本主义心理学译文集》，华夏出版社1987年版，第255～265页。

③ 蔡国春：《西方教育目的理论的若干命题探讨》，《徐州师范大学学报（哲学社会科学版）》，2003年第2期。

④ ［美］约翰·杜威著，王承绪译：《民主主义与教育》，人民教育出版社2001年版，第107页。

⑤ ［美］大卫·雷·格里芬：《和平与后现代范式》，见大卫·雷·格里芬主编，王成兵译：《后现代精神》，中央编译出版社1998年版，第224页。

我们彼此相互依存的意识，这种意识深刻地认识到，个人的利益和他（或她）作为其中一个部分的整体的利益是分不开的……只要拥有这种后现代观念，人们就会立刻意识到：为他人的利益、为整体的（社会的、国家的、世界的）利益工作，就是在为自己的利益工作。”①英国著名教育哲学家约翰·怀特（White，J.）在专论教育目的的著作中，提出了“在教育目的中实现社会需要与学生利益之统一”的命题。他认为，“教育目的的中心内容应该是使学生成为一个具有道德自主性的人”，②国家应通过公民道德教育培养学生道德自律和自主的意识和能力，以实现社会利益与学生利益的统一。

## 第三节　我国的教育目的

### 一、我国教育目的的理论基础

马克思主义关于人的全面发展学说是我国社会主义教育目的的理论基础。我国社会主义的教育目的是建立在充分的科学基础之上的。社会主义的先驱者马克思、恩格斯全面研究了社会发展和人类自身发展的规律，建立了人的全面发展学说，论述了人的全面发展及其条件，为我国社会主义教育目的的提出提供了重要理论基础。

#### （一）马克思主义关于人的全面发展学说的思想渊源

在马克思主义关于人的全面发展学说提出以前，历史上就曾有一些思想家和教育家提出过关于人的全面发展的思想。

古希腊哲学家亚里士多德早在二千多年前就提出了身体、德行、智慧和谐发展的思想。17 世纪意大利人文主义教育家维多利诺主张通过智、德、体、美诸育的普遍实施使儿童的身心得到和谐的发展。法国启蒙思想家卢梭、狄德罗和爱尔维修都主张要注重儿童的智力和道德的发展，以期通过“健全的教育”，培养“健全的人格”。瑞士著名教育家裴斯泰洛齐，基于他适应自然的原则，主张教育的目的在于发展人的天性和形成完善的人，在于使人的天赋才能得到充分的和谐的发展，使之成为有智慧、有德行、身体强健、能劳动的人。他的初等教育思想在于“依照自然法则，发展儿童道德、智慧和身体各方面的能力，而这些能力的发

① ［美］大卫·雷·格里芬：《和平与后现代范式》，见大卫·雷·格里芬主编，王成兵译：《后现代精神》，中央编译出版社 1998 年版，第 225 页。

② ［美］约翰·怀特著，李永宏等译：《再论教育目的》，教育科学出版社 1997 年版，第 158 页。

展，又必须顾到它们的完全平衡”。[1] 所谓平衡，即各种能力的协调与和谐发展。

特别值得一提的是早期空想社会主义者莫尔、康帕内拉、欧文、傅立叶等人的全面发展思想。他们主张消灭私有制，实行公有制，建立乌托邦式的社会主义。在莫尔的《乌托邦》里，他设想，在新乌托邦岛上和“太阳城”中，实行公共教育制度，所有儿童入校接受智育、体育、道德教育和劳动教育，实行教育与生产劳动相结合，借以消灭体力智力的差别。到 19 世纪，欧文和傅立叶更明确提出了人的全面协调发展的思想。傅立叶把人的智力和体力的全面发展作为他理想社会中协作教育的主要目的。欧文在设想未来理想社会的儿童教育时则明确要求：“培养他们的智德体行方面的品质，把他们教育成全面发展的人。”在欧文看来，未来社会的新人，从出生到成熟，都应生活在优良的美德环境之中，接受合理的教育，并一直参加劳动，成长为理性与道德力量充分发展的人。马克思对欧文的教育实验及其思想见解给予了高度的评价：“正如我们在罗伯特·欧文那里可以详细看到的那样，从工厂制度中萌发出了未来教育的幼芽，未来教育对所有已满一定年龄的儿童来说，就是生产劳动同智育和体育相结合，它不仅是提高社会生产的一种方法，而且是造就全面发展的人的唯一方法。”

马克思主义批判地吸取了历史先哲们关于人的和谐发展的思想，尤其是直接吸收了欧文关于教育与生产劳动相结合的思想精华，使人的全面发展由空想变成科学，从而创立了马克思主义关于人的全面发展学说。马克思主义关于人的全面发展学说与它之前的人的全面发展的思想的根本区别在于，它是建立在马克思主义人学关于人的本质论和人的发展论的科学基础之上的。马克思说：“人的本质并不是单个人所固有的抽象物，在其现实性上，它是一切社会关系的总和。”[2]人是自然动物，又是社会动物。人的本质属性是由社会关系决定的。因为人的发展是由社会生活条件决定的，是由生产力和生产关系决定的，归根到底，是由社会的物质生活条件决定的。只有根据马克思主义关于人的全面发展学说，我们才可能科学地分析人的全面发展的社会根源，深刻认识人的全面发展的客观依据和历史必然性，明确实现人的全面发展的根本方法和社会条件。因此，它是制订社会主义教育目的必须遵循的理论基础。

### （二）马克思主义关于人的全面发展学说的基本观点

马克思、恩格斯运用历史唯物主义的观点，科学地分析了人的发展与社会物质生活条件的关系，历史地考察了由于社会分工产生脑力劳动和体力劳动的分离和对立，造成人的体力和智力片面发展的过程，论证了大工业生产的发展必然

---

① 裴斯泰洛齐：《天鹅之歌》，见张焕庭主编：《西方资产阶级教育论著选》，人民教育出版社 1979 年版，第 205 页。

② 《马克思恩格斯选集》(第 1 卷)，人民出版社 1995 年版，第 56 页。

要求人的全面发展，阐明了实现人的全面发展的必要条件，在这个基础上指出未来社会必将通过教育培养出全面发展的崭新的人。根据马克思、恩格斯的论述，全面发展的人，也就是智力和体力获得充分的自由发展的人，脑力劳动与体力劳动相结合的人。马克思、恩格斯在考察人的发展时，也很重视人的精神和道德意识的发展。因此，人的全面发展，还包括道德、志趣和个性等多方面的发展。

马克思主义关于人的全面发展的学说内容丰富，其基本观点主要包括：

1. 人的发展同社会生活条件相联系

马克思、恩格斯首先指出，人的发展，从根本上说，决定于人们生活在其中的社会物质生活条件。这就是说，人们在社会生产、生活中，在社会关系中所处的地位不同，得到的发展机会就不同，发展的结果也会随着不同，没有抽象的、离开任何社会关系、任何社会实践的"人的发展"。

2. 人的片面发展是由旧的社会分工造成的

马克思主义的人的全面发展，是针对人的片面发展而言的。马克思和恩格斯认为，造成人的片面发展以及人与人之间发展不平衡的根本原因是社会分工。自古代社会起就出现了直接劳动者、掌管国事、管理生产者和从事文化科学者的社会大分工，这种分工使脑力劳动和体力劳动相分离和对立，造成人的智力和体力的片面发展。一方面是广大劳动人民只从事体力劳动，而没有文化，在政治、法律、科学、艺术等智力活动方面得不到发展；另一方面是少数剥削阶级分子垄断了政治、文化活动，但是一点也不从事体力劳动。从人的身心发展来说，这两种人都是有缺陷的、片面的。

马克思、恩格斯指出，人的片面发展和分工齐头并进。恩格斯在《反杜林论》中这样说，"由于劳动被分成几部分，人自己也随着被分成几部分，为着训练某种单一的活动，其他一切肉体的和精神的能力都成了牺牲品。"农民被土地所束缚，单纯从事农业劳动，其他的能力，都被牺牲了。手工业者为某种手艺所束缚，同样也牺牲了他其他方面能力的发展。

这种片面的畸形的发展，在资本主义手工工场里达到最严重的程度。马克思在《资本论》中指出，"工场手工业把工人变成畸形物，它压抑工人的多种多样的生产志趣和生产才能，人为地培植工人片面的技巧"。[①] 在资本主义手工工场里，由于工人整天从事某道工序的局部操作，严重地摧残了工人的智力和体力的全面发展。

3. 人的全面发展是大工业生产的必然要求

---

① 马克思：《资本论》(第1卷)，人民出版社2004年版，第417页。

分工是人类社会的一大进步。由于分工而造成的人的片面发展是必然的。但是,随着大工业生产的不断发展,特别是日益进步的现代化生产,人的全面发展既是必要的,也是可能的。

马克思、恩格斯认为,一方面,现代工业的技术基础是革命的,由于新的科学技术在生产上的应用,带来了机器设备的不断更新,生产工艺不断改革,使一些行业迅速消失了,另一些行业又迅速产生了,造成了大批工人从一个生产部门转到另一个生产部门。所以,马克思说:"大工业的本性决定了劳动的变换、职能的更动和工人的全面流动性。"①这样,现代生产就要求"用那种把不同社会职能当作互相交替的活动方式的全面发展的个人,来替代只是承担一种社会局部职能的局部个人"。② 另一方面,随着大工业生产的发展,自然科学和工艺学也迅速发展,从而为劳动者通晓整个生产系统的基本原理和基本技能创造了条件。劳动者只要掌握科学知识生产过程的基本原理,就能很快适应新的生产岗位,这就为劳动者不断变换岗位提供了可能,也就为人的全面发展提供了可能。同时,随着大工业生产的发展,劳动生产率也迅速提高,可以缩短劳动时间,使劳动者有充分的闲暇去学习文化科学技术知识和从事体育、文艺、交际等各种活动,从而得到全面发展。

马克思和恩格斯从以上两个方面科学地论证了:大工业生产从客观上提出人的全面发展的必要性和可能性。

4. 培养全面发展的人的方法是教育与生产劳动相结合

马克思主义创始人不仅深刻论述了人的全面发展只有在消灭剥削制度以后才有可能,而且提出了未来社会实现人的全面发展的途径和方法。早在《共产党宣言》中,马克思和恩格斯就指出,"把教育同物质生产结合起来"。接着他们在考察资本主义工厂制度时,从欧文在工厂给工人办学校的实践中,发现了未来教育的萌芽。"未来教育对所有已满一定年龄的儿童来说,就是生产劳动同智育和体育相结合,它不仅是提高社会生产的一种方法,而且是造就全面发展的人的唯一方法。"③

马克思主义关于人的全面发展学说具有重要意义:第一,马克思主义揭示了人的全面发展的含义,为社会主义国家建立全面发展的教育指明了方向。第二,马克思主义揭示了人的全面发展的社会历史进程,为社会主义国家确立全面发展的教育提供了有力证据。第三,马克思主义提出了实现人的全面发展的条件和途径,为实现社会主义教育目的提供了科学的原则和方法。理解马克思主义关于人的全面发展学说对于深刻理解我国教育目的的精神实质,具有重要的

---

①②③ 《马克思恩格斯全集》(第 23 卷),人民出版社 1972 年版,第 534,535,530 页。

意义。

**“人的全面发展”和“人的自由全面发展”**

长期以来,我们在阐述马克思主义人的发展理论时普遍流行的一种提法是“人的全面发展”,却忽略了马克思对于人的本质的论述:“人终于成为自己的社会结合的主人,从而也就成为自然界的主人,成为自己本身的人——自由的人”;“每个人的自由发展是一切人的自由发展的条件”。

这种选择性的理论阐述,对于“培养什么样的人”这一属于教育目的范畴问题的研究,也就基本限定在培养“德智体美等全面发展的人”的框架内。这一点集中体现在我国建国以来对于教育目的的各种提法中。虽然近年来很多学者提出了“人应该和谐发展”、“人应该有个性的发展”等观点,但依然没有根本突破原有的框架。“德智体等方面全面发展”的教育目的,由于缺乏“自由发展”的规定性,导致受教育者的主体地位难以确立,“教师中心论”自然大行其道。受教育者如同“圆形监狱”中的被监管人,最佳的选择就是按照监管人——教育者的意图行事。结果,外在的社会要求难以内化为受教育者的素质,受教育者无法成为自身的主人,无法根据自身意愿、兴趣和特长进行自主发展,更难以有所创新,只能是顺从和模仿,人云亦云。

在马克思主义关于人的发展理论中,“自由”占据着核心的地位。马克思认为:首先,从人的本体论来说,自由自觉的活动是人的本质特征。人的本质是自由的,“自由自觉”是人之为人的“类特性”,“有意识的生命活动把人同动物的生命活动直接区别开来。正是由于这一点,人才是类存在物……仅仅由于这一点,他的活动才是自由的活动”。其次,从自由与人类社会的关系来看,自由是社会文明发展的标志。马克思、恩格斯在考察人类发展史时发现,人类在“文化上的每一个进步,都是迈向自由的一步”。人类的历史就是不断争取自由的历史。最后,从自由与人类发展所追求的最高目标来看,自由具有最高的价值。这从马克思、恩格斯所设想的理想社会形态——共产主义的高级阶段的特征可以体现出来。在那里,“每个人的自由发展是一切人的自由发展的条件”。“人终于成为自己的社会结合的主人,从而也就成为自然界的主人,成为自己本身的人——自由的人”,而社会则是“自由人的联合体”。

20世纪90年代开始,我国教育理论界开始反思“人的全面发展”的概念。有学者认为,在人的发展中“自由”是不可或缺的,还有学者指出，在我国当前的教育形势下，人的自由发展比人的全面发展更重要，“讲‘自由’比讲‘全面发展’有着更重大的现实意义”。自由意味着受教育者作为权利、义务与责任的统一体，可以自主决定接受多高层次的教育（当然在义务教育阶段除外）、受什么样的教育和怎样受教育，包括到哪所学校或教育机构求学、学哪些课程、听哪些教师的课、一生中哪个阶段（时段）去接受教育等，可以用行动来评价学校的好坏、教师的优劣以及课程的适切性等。这样，教育的主动权就掌握在受教育者手中，促使受教育者由“要我学”向“我要学”转变。这是一种理想的状态，也是一个长期的过程，需要不断克服和超越各种不利因素的制约，需要受教育者充分开发自身的潜能，依靠自身的实践和精神升华，使“自己成为自己”。

当然，凸显“自由”在马克思主义人的发展理论中的地位和价值，重视自由作为人的发展手段又是人的发展目的这一双重性质，并不意味着要排斥和抛弃“人的全面发展”观念。人的自由发展与人的全面发展是一体两面的关系，两者互为条件、相互促进，统一于人的发展过程之中。一方面，自由是人的全面发展的重要前提和保证。一个人只有在成为自身的主人、能自由支配自身的情况下，才有可能根据自己的兴趣、爱好、特长和社会的需要去发展自己。另一方面，“人的全面发展也是人的自由的一个重要条件。一个片面畸形发展的人，不可能占有现代化的生产力和普遍交往的社会关系，也就不可能成为真正自由的人”。由此可知，“自由的人”也应是“全面发展的人”。

［资料来源］何小陆、肖卫东：《“人的全面发展”和“人的自由全面发展”——对我国教育目的和人才培养方式的反思》，《教育导刊》，2006年第6期。

## 二、建国后我国教育目的的沿革

我国历史上有许多政治家、思想家和教育家都曾就教育目的发表过见解。如教育在于“化民成俗”；教育在于“使人为善”；教育在于“涵养德性”；教育在于发展人的“良知良能”，培养“君子”、“成人”，等等。早期的教育目的一般都是由个人提出和倡导，然后得到社会的承认并影响整个社会的教育。到了近代，随着教育职能的日益显著和教育规模的逐渐扩大，对教育的管理开始形成相对独立的社会控制系统并纳入到国家行政之中。这时，任何个人都难以用个人的力量来影响规模宏大的教育事业，于是教育目的就开始以国家的名义颁布，并以国家强制力的手段来实施，从而形成了国家的教育目的。

中华人民共和国成立以来，作为教育总指导思想的教育目的经历了一系列变化。由于在我国教育实际工作中起普遍指导作用的是成文的教育目的，即政府文件中规定的教育目的，因此本部分以成文的教育目的为关注点。我国的教育目的60年来几经变化，明文规定的就有近20个。这些成文的教育目的有着明显的阶段性特征。根据教育的服务对象，可将我国建国以来的教育目的划分为五个阶段。①

（一）为“新民主主义服务”阶段

为新民主主义服务的教育目的存在时间短，仅有建国初期的几年。严格地说，它仅作为一种过渡形态存在。

1949年9月，《中国人民政治协商会议共同纲领》规定：“中华人民共和国的文化教育为新民主主义的，即民主的、科学的、大众的文化教育。人民政府的文化教育工作，应以提高人民文化水平，培养国家建设人才，肃清封建的、买办的、法西斯主义的思想，发展为人民服务的思想为主要任务。”②

1949年12月，第一次全国教育工作会议的总结报告中指出，中华人民共和国的教育“目的是为人民服务，首先为工农兵服务，为当前的革命斗争与建设服务”。

随着社会主义改造的完成，新民主主义的教育显然不再适合中国国情，因此，为新民主主义服务的教育目的很快就成为历史。真正的社会主义中国的教育目的随之出现。必须注意，教育“为人民服务”的思想在这一时期就已出现在教育目的表述中。但“肃清封建的、买办的、法西斯主义的思想”、“首先为工农兵服务，为当前的革命斗争与建设服务”这些带有浓厚社会主义改造意味的提法，使得“为人民服务”的思想被掩盖于政治斗争之下。

（二）“为无产阶级服务”阶段

社会主义改造完成后，党和国家领导人开始了对新时期教育目的的不断探索。

1957年，毛泽东在《关于正确处理人民内部矛盾的问题》中指出，“应该使受教育者在德育、智育、体育几个方面都得到发展，成为有社会主义觉悟的有文化的劳动者”。③

1958年，《中共中央国务院关于教育工作的指示》规定，“党的教育工作方针，是教育为无产阶级的政治服务，教育与生产劳动相结合”，④“教育的目的，是培养有社会主义觉悟的有文化的劳动者”。这是共和国历史上唯一一次明确对教育方针与教育目的作了分别陈述。

---

① 参见郭冰：《中国教育目的60年：演变与反思》，《中国教师》，2009年第21期。

②③④ 郭笙、王炳照、苏渭昌：《新中国教育40年》，福建教育出版社1989年版，第2，12页。

1961年的《中华人民共和国教育部直属高等学校暂行工作条例(暂行)》[①]以及1963年的《全日制小学暂行工作条例(草案)》、[②]《全日制中学暂行工作条例(草案)》,[③]把1957、1958年提出的教育目的合二为一,“教育为无产阶级政治服务、教育与生产劳动相结合”,“使受教育者在德育、智育、体育几方面都得到发展,成为有社会主义觉悟的有文化的劳动者”。

1978年,《中华人民共和国宪法》将上述教育目的进一步明确为:“教育必须为无产阶级政治服务,同生产劳动相结合,使受教育者在德育、智育、体育几方面都得到发展,成为有社会主义觉悟的有文化的劳动者。”此次规定的教育目的不是作为指导纲领提出的,而是对前20年教育事业的总结。

宪法对教育目的的规定是该阶段教育目的的完整表述。从时间范围看,“为无产阶级服务”的教育目的在中国存在了20多年,其中经历了中华人民共和国成立后最为动荡的十年——“文化大革命”时期。这期间,教育目的的政治性被滥用,给我国的教育事业带来了巨大损失。有人认为,这是由“为无产阶级服务”的教育目的的自身缺陷所导致的。不可否认,这一教育目的带有浓厚的“左”的倾向,政治色彩过于强烈,但也应看到它在社会主义事业起步期的必要性。

(三)“为社会主义现代化建设服务”阶段

改革开放以后,我国展开了对教育目的的反思与探讨,并进一步修正教育目的。至20世纪90年代初,教育界先后出现了三次讨论教育方针的热潮。

1981年,十一届三中全会通过的《中国共产党中央委员会关于建国以来党的若干历史问题的决议》提出,要“坚持德智体全面发展、又红又专、知识分子与工人农民相结合、脑力劳动与体力劳动相结合的教育方针”。

1983年,邓小平为景山学校题词,“教育要面向现代化,面向世界,面向未来”。[④] 这一题词并不算是标准意义上的教育目的,但它体现出前所未有的新活力,带给中国教育事业的影响绝不弱于任何时期的教育目的。

1985年,《中共中央关于教育体制改革的决定》指出,教育必须“面向现代化、面向世界、面向未来,为九十年代以至下世纪初叶我国经济和社会的发展,大规模地准备新的能够坚持社会主义方向的各级各类合格人才”。“所有这些人才,都应该有理想、有道德、有文化、有纪律,热爱社会主义祖国和社会主义事业,具有为国家富强和人民富裕而艰苦奋斗的献身精神,都应该不断追求新知,具有实事求是、独立思考、勇于创造的科学精神。”

---

① 《高教六十条》。

② 《小学四十条》。

③ 《中学五十条》。

④ 石鸥:《中国基础教育60年》(1949~2009),湖南师范大学出版社2009年版,第28页。

1990年十三届七中全会通过的《中共中央关于制定国民经济和社会发展十年规划和"八五"计划的建议》以及1993年的《中国教育改革和发展纲要》都强调:"教育必须为社会主义现代化建设服务,必须与生产劳动相结合,培养德、智、体全面发展的建设者和接班人。"1995年,上述教育目的被略作调整,载入我国教育的根本大法。《中华人民共和国教育法》规定:"教育必须为社会主义现代化建设服务,必须与生产劳动相结合,培养德、智、体等方面全面发展的社会主义事业的建设者和接班人。"①

这一时期我国教育目的的内涵极为丰富,蕴涵了许多新元素——"三个面向"、"四有新人"等,体现了第二代领导人所提倡的"改革"、"开放"的特色。社会主义建设是这一时期的主题,教育目的的政治性有所弱化,但在1989年以后,"接班人"这一带有较浓的政治性色彩的话语开始出现在教育目的的表述中。从教育目的的影响力和权威性以及演变过程来看,最能够代表这一时期教育目的的是1995年教育法中的表述,遗憾的是,"三个面向"等新鲜内容没有被写进法案。

(四)"为人民服务"阶段

1999年江泽民在第三次全国教育工作者会议上指出:"坚持教育为社会主义为人民服务,坚持教育与社会实践相结合,以提高国民素质为根本宗旨,以培养学生的创新精神和实践能力为重点,努力造就'有理想、有道德、有文化、有纪律'的,德育、智育、体育、美育等全面发展的社会主义事业建设者和接班人。""为人民服务"这一在新民主主义时期曾出现过的话语重新出现在教育目的的表述中,与此同时,"与社会实践相结合"和"美育"首次在教育目的中出现。

1999年《中共中央、国务院关于深化教育改革全面推进素质教育的决定》把教育目的表述为:"以提高国民素质为根本宗旨,以培养学生的创新精神和实践能力为重点,造就'有理想、有道德、有文化、有纪律'的、德智体美等全面发展的社会主义事业建设者和接班人。"2001年《国务院关于基础教育改革与发展的决定》进一步提出:"教育要面向现代化,面向世界,面向未来","坚持教育必须为社会主义现代化建设服务,为人民服务,必须与生产劳动和社会实践相结合,培养德智体美等全面发展的社会主义事业的建设者和接班人"。

2002年,党的十六大报告对我国教育目的进行了完整表述:"坚持教育为社会主义现代化建设服务,为人民服务,与生产劳动和社会实践相结合,培养德智体美全面发展的社会主义建设者和接班人。"这在党的历史上还是第一次,可见党对教育的重视大大提升。

---

① 袁振国:《中国教育政策评论2001》,教育科学出版社2001年版,第381页。

这一阶段的教育目的基本上是在"为社会主义现代化建设服务"基础上的进一步发展，兼有为社会主义现代化建设服务和为人民服务的双重属性。把为人民服务、教育与社会实践相结合写入教育目的，"有利于更加充分地发挥教育促进社会全面进步和人的全面发展的积极作用"。①

（五）"让人民满意"阶段

2006年8月29日，胡锦涛在中共中央政治局进行第三十四次集体学习时强调，"坚持教育为社会主义现代化建设服务、为人民服务，……努力办好让人民群众满意的教育"。② 2007年，党的十七大报告指出："坚持育人为本、德育为先，实施素质教育，提高教育现代化水平，培养德智体美全面发展的社会主义建设者和接班人，办好人民满意的教育。"

从"为人民服务"到"让人民满意"是教育目的的新发展，意义重大。这种发展体现了一种立场的变化："为人民服务"的主体是党和国家，是站在国家的立场上；而"让人民满意"则将评价权利赋予人民，是站在人民的立场上。

教育目的是一定的政治和经济的反映。我国社会主义建设的不同时期，对教育目的的表达虽有所不同，但都力图以马克思主义关于人的全面发展学说为理论基础，反映了我国社会主义教育的基本性质。可以认为，当前我国社会主义初级阶段教育目的的基本精神是，使受教育者在德、智、体、美等方面都得到全面发展，成为有理想、有道德、有文化、有纪律的劳动者。这是我国在社会主义初级阶段对于人才培养的总规格，反映现阶段的要求。

## 三、建国后我国教育目的的演变趋势及基本精神

### （一）建国以来我国教育目的的演变趋势③

1. 关注重心的转移：政治挂帅→经济优先→育人为本

办教育为谁服务？为工农兵服务，为无产阶级政治服务，为社会主义现代化建设服务，为人民服务，再到让人民满意。这一系列转变充分体现了我国教育事业所关注的重心由政治到经济再到人的转变。1978年以前，教育目的被误用，使得为政治服务的教育目的严重政治化，给教育带来巨大损失。1978年以后，对教育目的的反思以及改革开放的影响，使得教育关注的重心向经济倾斜。随着"以人为本"思想深入人心，"为人民服务"这一曾在中华人民共和国建立之初的教育目的中出现的话语又重新出现在我国的教育目的中，并且进一步发展为

① 中国教育年鉴编辑部：《中国教育年鉴2003》，人民教育出版社2003年版，第24页。

② 《坚持把教育摆在优先发展战略地位，努力办好让人民群众满意的教育》，《人民日报》，2006年8月31日，第1版。

③ 参见郭冰：《中国教育目的60年：演变与反思》，《中国教师》，2009年第21期。

“育人为本”,“办让人民满意的教育”。

教育不可避免地具有功利性色彩,政治、经济等功能不可缺少。改革开放以来,教育为社会主义现代化建设服务,培养“建设者”一直是教育目的的重要内容。从表述中可以看到,教育为政治服务的说法已不复存在,代以为社会主义建设、为人民服务。尤其是十六大以后,“办让人民满意的教育”成为教育目的的重要内容:不仅要为人民服务,还要让人民满意,尊重人的程度有所提高,也有利于个人完善的要求实现。十七大报告强调“育人为本”,也凸显了党在教育事业上对人的重视。但不再为政治服务并不代表教育目的的政治色彩消失了,只是重心发生了转移,政治性始终是教育目的无法避免的。

2. 培养对象规格的变化:几方面发展→全面发展

以 1980 年为界,之前的教育目的中提到的都是“德育、智育、体育几方面都得到发展”,之后变为“全面发展”。“全面发展”的说法也经历了两个阶段,在 1999 年江泽民的讲话中将原来“德智体(等)全面发展”的提法发展为“德智体美等全面发展”。换言之,“为社会主义现代化建设服务”阶段要求培养对象达到的规格被阐述为“德智体(等)方面全面发展”,“为人民服务”阶段和“让人民满意”阶段则被阐述为“德智体美(等)方面全面发展”。需要指出的是,早在 20 世纪 50 年代初,“智育、体育、德育、美育全面发展”的提法就曾出现在教育部的文件中,如马叙伦在第一次全国中等教育会议上的讲话、《小学暂行规程(草案)》和《中学暂行规程(草案)》。但将“全面发展”作为教育目的的内容则是 20 世纪 80 年代的事情了,而“美育”直到 20 世纪末才被写进教育目的。

把美育写进教育目的,是对美育作为全面发展的重要组成要素的肯定。“等”字说明了全面发展内涵之深、范围之广。德智体几方面发展—德智体(等)方面全面发展——德智体美(等)方面全面发展这一变化,反映了我国对全面发展内涵的认识逐步加深。

3. 培养对象的变化:劳动者→人才→建设者和接班人

从表面上看,我国的教育目的在培养对象的定位上,经历了从“劳动者”向“建设者和接班人”的转化。但事实上,在 20 世纪 80 年代还出现过另一种说法——“人才”,《中共中央关于教育体制改革的决定》和《中华人民共和国义务教育法》在描述培养对象时使用的就是“人才”一词。培养“劳动者”是 1980 年以前,即“为无产阶级服务”阶段使用的提法。培养“人才”则是 20 世纪 80 年代较为盛行的一种说法,它与“科教兴国”重要战略密切相关,反映了对知识、对人才的尊重和重视。而培养“建设者和接班人”是 20 世纪 90 年代之后的权威说法。它一方面与社会主义现代化建设相关,一方面重新强调了教育目的的政治性。从某种意义上来说,“建设者和接班人”也是“劳动者”,二者没有本质上的差异。

但显然，这种提法更符合实际，也更易于接受。[1]

此外，在"教劳结合"的问题上，我国的教育目的经历了由"教育与生产劳动相结合"到"教育与生产劳动和社会实践相结合"的转变。生产劳动是最主要的社会实践方式，但并非全部。"文化大革命"期间，"教育与生产相结合"被演绎为"教育即生产劳动"，以生产劳动来教育人、惩罚人，严重影响了教育事业的发展。1999 年，"社会实践"首次作为与"生产劳动"并列的内容在教育目的中被强调，既突出生产劳动的主要地位，又不致忽视其他社会实践。当然，由于社会实践包含着生产劳动，新提法是否存在表述上的问题尚需推敲。

（二）建国以来我国教育目的的基本精神

1. 社会主义方向性是我国教育目的最基本的精神

无论是"劳动者"还是"建设者和接班人"，前面都有一个"社会主义"作限制，以及后来的"为社会主义现代化建设服务"，都表明了我国教育目的的社会主义方向性。我国是社会主义国家，无论教育目的怎样调整，社会主义方向性都不会改变。这是教育目的政治性的体现。

2. 培养劳动者，突出劳动或实践的重要性

培养有社会主义觉悟的有文化的劳动者，这是自从 1958 年正式提出教育方针以来一直坚持的一个基本点。教育目的的这一规定既指明了我国社会主义教育的方向，也规定了我国学校培养出来的人应具有的社会地位和社会价值。但是长期以来，人们对劳动者这一概念的理解并不统一。例如：有的人从阶级属性的角度去理解，把劳动者看成是与剥削者相区别的社会成员；有的人从消灭体脑差别，消灭旧式分工的角度去理解，把劳动者看成是能文能武，既能从事脑力劳动又能从事体力劳动的社会成员；也有的人从知识分子与工农群众的差别的角度去理解，把劳动者看成是与知识分子相区别的体力劳动者。以上对劳动者的不同理解导致人们对教育目的理解的不同，在十年动乱时期，"四人帮"正是利用这种认识上的偏差，歪曲教育方针，以达到工农与知识分子对立的目的。

由于对劳动的理解存在偏差，以及"文化大革命"时期的惨痛教训，20 世纪 80 年代以后便以"建设者和接班人"代替了"劳动者"。然而，建设者的本质依然是劳动者，只不过说法更加委婉，抑或说先进。"劳动者"和"建设者"，"教育与生产劳动相结合"和"教育与社会实践相结合"，都是在强调劳动的重要性，反对只享受不奋斗、只索取不奉献、只获利不劳动的行为。作为社会主义教育培养目标的劳动者应当体现社会主义社会全体成员的基本的、共同的特征，应当在反映他

---

① 扈中平：《教育目的论》（修订版），湖北教育出版社 2004 年版，第 188～189 页。

们的阶级属性的同时，反映他们在社会不同领域内所发挥的社会功能。根据这一认识，我国教育所培养的劳动者，应当是社会主义所需要的各级各类人才。这些劳动者尽管有分工的不同，有脑力劳动和体力劳动的差异，但都应该有理想、有道德、有文化、有纪律，热爱社会主义祖国和社会主义事业，具有为国家富强和人民富裕而艰苦奋斗的献身精神，都应该不断追求新知，具有实事求是、独立思考、勇于创造的科学精神。

3. 人的全面发展是我国教育目的的中心内容

从“德智体几方面发展”到“德智体等全面发展”，再到“德智体美等全面发展”，体现出我国教育目的历来都强调人的全面发展。但有关全面发展问题本身一直存在两个争议。一是全面发展的理论依据究竟是马克思主义的人的全面发展理论还是西方历史上的“一切能力和谐发展”的观点。① 根源究竟是什么尚需继续探讨，但其最直接的来源应该是蔡元培“五育并举”或“四育并举”的思想。另一个争论是全面发展中教育各组成部分的关系问题。我国历史上先后存在“智育第一”、“德育首位”、“诸育并举”等观点。②但仅从我国教育目的的表述来看，自从各育被写进教育目的，就一直是德育为首。智育曾短暂地被排于首位，20 世纪 50 年代初有过“智育、德育、体育、美育”的表述。自从 1954 年周恩来强调“德、智、体、美等均衡发展”后，将德育置于智育之前，德育居首位的说法一直延续至今。十七大又单独强调“德育为先”。可见，党和国家坚持“德育首位”。

教育目的中的全面发展要求实际上是对于受教育者素质结构的一种基本规定。这些方面也可以理解为生理的、心理的、思想的和文化的等几个方面。个人发展的生理方面主要指人的体质体力的发展和机能的成熟。健全的体魄是社会主义劳动者应具备的物质基础。没有健康的体魄，就不可能胜任任重道远的社会主义建设的大业。个人发展的心理方面主要指两个方面，一方面是人的感觉、知觉、记忆、想象、思维、情感、意志等心理过程的健康发展；另一方面是在心理过程中表现出来的具有个人特点的、稳定的心理倾向与心理特征，如需要、兴趣、动机、态度、观点、信念、性格、气质、能力等的健康发展。个人发展的思想方面主要指个人的政治、思想、道德品质的发展。它要求受教育者应能从广大人民的根本利益出发处理个人与他人、个人与集体以及个人与社会的关系，应具有社会主义的觉悟，有理想、有道德、有纪律，有献身精神和奋斗精神，同时应养成社会主义社会所提倡的伦理道德规范。个人发展的文化方面主要指个体的知识、能力和文化素养的发展。它要求受教育者应掌握一定的科学文化知识，发展其驾驭自

①② 瞿葆奎：《教育基本理论之研究(1978～1995)》，福建教育出版社 1998 年版，第 623 页。

然、驾驭社会的能力。

为了实现所培养的人的规格要求，教育目的还要对全面发展教育的组成部分作出规定。我国教育目的所规定的教育组成部分，包括德育、智育、体育、美育和劳动技术教育。

德育是教育者按照社会的要求，对受教育者施加影响以形成所期望的政治立场、世界观和道德品质的教育。德育的任务是引导学生树立无产阶级的思想政治观点和世界观，组织和指导学生的道德实践，培养学生的社会主义道德品质。德育体现了整个教育的社会主义性质，对受教育者的全面发展起着定向的作用，因而是全面发展的重要组成部分。

智育是传授系统科学文化知识，形成科学的世界观，培养基本的技能技巧和发展智力的教育。智育的任务是以系统的科学文化知识武装学生，给予基本技能、技巧的训练，使他们具有运用知识于实际的本领，发展他们的智力。智育在帮助学生认识自然规律和社会规律，提高分析和解决问题的能力，掌握从事社会主义现代化建设的实际本领和个性全面发展中起着重要作用，所以智育同样是全面发展教育的重要组成部分。

体育是全面发展体力，增强体质，传授和学习健身知识和体育运动技能的教育。体育的任务是指导学生锻炼身体，全面发展学生的身体素质，教授学生逐步掌握体育运动的基本知识和技能以及卫生保健知识。体力和体质的发展是个性全面发展的生理基础，人们进行生产活动、社会活动、军事活动或幸福地生活都离不开强健的体魄，所以体育也是全面发展教育的重要组成部分。

美育是培养正确的审美观，发展鉴赏美和创造美的能力，培养高尚情操和文明素质的教育。美育的任务是培养学生对自然、社会和艺术的正确的审美观点和感知、鉴赏美的能力，培养他们创造和追求美的能力，发展学生艺术创作的兴趣和爱好。美育能培养学生美好的心灵，陶冶他们的情操，提高他们的精神境界，同时能培养学生的观察力、想象力和创造力，促进智力的发展，因此它构成全面发展教育的一个重要组成部分。

劳动技术教育是传授基本的生产技术知识和生产技能，培养劳动观点和劳动习惯的教育。劳动技术教育的任务是通过科学技术知识的教学和劳动实践，使学生了解物质生产的基本技术知识，掌握一定的职业技术知识和技能，提高动脑和动手能力，养成良好的劳动态度和劳动习惯。在普通学校里加强劳动技术教育，已经成为当前世界教育的潮流，人们已普遍意识到，劳动技术教育是全面发展教育的一个有机组成部分。

德育、智育、体育、美育和劳动技术教育是我国教育目的规定的全面发展教育的有机组成部分，是对人类长期教育实践中积累的培养人的经验的抽象和概括。五育各有自己的特殊任务、内容和方法,对个人发展起着不同的作用,同时又相互依存、相互渗透、相互促进。把五育作为一个统一的整体,才能使受教育者形成合理的素质结构,培养出符合社会要求的全面发展的人才。但仅提“全面”会导致对个性的忽视,事实上,德智体美全面发展也并不能充分体现当今受教育者应有的内涵。

我国的教育目的虽不断发展不断完善,但仍有一些不足之处。比如,有人指出,我国现阶段的教育目的将人定位于“社会主义建设者和接班人”,过于狭窄。我们需要培养建设者和接班人,但不止于此,他首先应该是人——与全人类一样享有普遍权利的“目的人”。我国的教育目的中恰恰缺失了“目的人”,至少是没有把受教育者完全当成目的人。有人提出在教育目的中应使用“公民”来代替“建设者和接班人”。在我国有关精神文明建设的文件和讲话中也可见“公民”的提法,但始终没有被写进教育目的。2001 年《公民道德建设实施纲要》更是对“公民”的重要性加以肯定。这些无疑会对教育目的的表述带来一定影响。“公民”显然比“劳动者”、“人才”、“建设者和接班人”等提法进步。[①] 另外,20 世纪 70 年代以来,世界范围的教育目的经历了从“学会生存”到“学会关心”再到“学会生存、学会认知、学会做事、学会共同生活”,最后到“学会共存”的转变。[②] 但我国的教育目的却一直未与国际接轨,缺少“关心”、“共存”等全球化的气息。我国的教育目的强调中国特色,却忽视了中国特色需要立足于世界。

## ☞知识要点

1. 教育目的、教育方针和培养目标
2. 教育目的的个人本位论和社会本位论
3. 马克思主义关于人的全面发展学说
4. 建国后我国各时期的教育目的
5. 建国后我国教育目的的演变趋势与基本精神
6. 全面发展教育的组成部分

---

① 扈中平:《教育目的论》(修订版),湖北教育出版社 2004 年版,第 193 页。

② 参见张蓉:《从学会生存到学会共存:世界教育目的的变革》,《外国中小学教育》,2009 年第 6 期。

# 第五章

# 教育制度

## ☞ 本章导读

教育活动的持续、深入和有效开展，有赖于教育制度的维系、规范和保障。本章主要探讨了教育制度的基本问题。通过本章的学习，领会教育制度和学校教育制度的含义，了解教育制度的功能和结构，明晰学校教育制度的类型，掌握影响学校教育制度建立的基本依据，初步认识近现代以来我国学校教育制度演变的不同表现形式，重点把握当代中国学校教育制度变革的趋势。

回顾、反思与探索人类教育的发展轨迹，不难发现，其经历了从“非制度化”到“制度化”的演变历程。学校是教育制度化的产物。自诞生之日起，学校就被打上了深深的制度烙印。一方面，学校并非自然的凝结和聚集，而是人为的设置和创造。学校的各个部门和机构，都是教育工作者依据个体发展和社会进步的需要，按照一定的教育标准和价值尺度，凭借各种规章制度组织和建构起来，因而具有鲜明的制度安排特征；另一方面，学校各项工作的运行并非个体的随意行为，而是在既有制度框架下的有序过程。各项教育活动必须在学校规章制度允许的范围之内进行。各种教育制度的存在并发挥其应有作用，是保证教育教学、行政、科研工作顺利开展的保障。

## 第一节　教育制度概述

制度是现代教育的支撑与架构。教育制度在现代教育理论和教育实践中居于十分重要的地位。明晰地把握教育制度的含义、组成要素以及应有功效，既是研究教育制度的基本前提，亦是提升教育效果的重要保证。

## 一、教育制度的含义

教育制度是教育系统中的一个重要组成部分。能否正确地理解教育制度的应有之义，科学地揭示教育制度的内在特点，将直接影响和制约其功能的有效发挥。

### （一）教育制度的定义

对于"制度"一词，我们并不陌生。无论在哲学、心理学、社会学、文化学、人类学和教育学等学科领域中，还是在人类的日常生产和生活中，"制度"是人们最为常见，使用频率较高的一个词语。但是，究竟何为制度，却是一个众说纷纭、莫衷一是的问题。基于不同的研究视域，研究者从多个角度、多个维度对制度作出了多种阐释。从汉语的字面上理解，"制"有外在束缚、限制的意思，"度"有内在尺度、标准的意思。这两个字结合起来，表明制度是从"外"与"内"两个方面规约人们行为的尺度。在《辞海》中，制度有三层意思："（1）要求成员共同遵守的、按一定程序办事的规程。如工作制度；学习制度。（2）在一定的历史条件下形成的政治、经济、文化等各方面的体系。如社会主义制度；资本主义制度。（3）旧指政治上的规模法度。《汉书·元帝纪》：'汉家自有制度，本以霸，王道杂之。'"[①]在西方，"制度"一词源于拉丁文"stare"，有"站立"之意。按照旧制度主义的代表人物康芒斯（John Rogers Commons，1862～1945）的解释，制度就是集体行动控制个体的行动。在诺贝尔经济学奖获得者、新制度主义代表诺斯（Douglass C. North，1920～）那里，制度则被理解为一系列社会博弈的规则、守则和行为的道德规范。美国著名法哲学家、伦理学家罗尔斯（John Bordley Rawls，1921～2002）将制度看作一种公开的规范体系。而法国著名社会学家涂尔干则把制度视作社会现象的一种客观存在。还有的研究者把制度界定为广泛存在的社会传统和风俗习惯，等等。

以上对制度的每一种理解都从不同的视角揭示了制度的基本特征，为我们进一步的研究作了铺垫。但由于时代背景和研究范围所限，这些论述还没有科学、准确、全面地把握制度的共性。对制度的研究和定位仍需我们作进一步的探讨。为了便于对制度的理解和运用，我们尝试从共性的层面来把握制度的概念：制度是基于权利和义务的基础上而形成的要求大家共同遵守的一种定型化、公开化的规则和守则的系统，是引导人们行为的权威性的规范体系。之所以特别强调权利和义务的统一和结合，是因为二者的分离不利于制度理性的发展，而现实生活中单一的规范与强制又不足以构成现代社会的制度理性。

---

① 辞海编辑委员会:《辞海》,上海辞书出版社 1980 年版,第 185 页。

究竟何为教育制度？研究者给出的定义也是丰富多彩的。《中国大百科全书》(教育卷)对教育制度作出了两种阐释：一种解释是“根据国家的性质制定的教育目的、方针和设施的总称”，另一种解释是“各种教育机构系统”。[①]《教育大辞典》对教育制度的界定是“一个国家各种教育机构的体系。包括学校制度(即学制)和管理学校的教育行政机构体系。教育制度是一定社会历史阶段的产物，受一定社会的政治、经济、文化的影响和学生身心发展特点的制约。有的国家把教育制度看作按国家性质确立的教育目的、方针和设施的总称。”[②]也有的研究者将教育制定厘定为协调教育矛盾、解决教育冲突的教育立法或教育契约。还有的研究者认为教育制度是教育规章的集合体，等等。尽管上述观点引导我们从不同方面认识教育制度，有利于扩展教育制度的内涵和外延，但是这些解释仅抓住了教育制度的一个方面，较为笼统、零散和模糊，尚欠全面、系统和深入。

教育制度是制度的亚层次概念，是制度在教育关系中的层次化和具体化。具体而言，教育制度是指一个国家各级各类教育机构及其组织有机结合而形成的系统，以及保证其正常运转的各种管理规章制度的综合。它包括两个互相联接的基本内容：一是各级各类教育机构及其组织的系统，如家庭教育机构、学校教育机构、社会教育构、业余教育机构、成人教育机构以及相应的组织体系。另一个是保障教育机构及其组织有序运行的各种规章和准则，如教育法律、教育政策、教育条例等。教育制度是国家教育方针、教育政策制度化的体现和保证。

(二)教育制度的特征

教育制度既有一般制度所具有的特征，也有自身内在的特点。

1. 历史性与现实性

作为一种客观存在，教育制度是人类活动和创造的产物，是特定时期规范教育、教学、管理等的行事规程和秩序系统，并随着社会的发展呈现出新的内涵与特征，既是一个历史范畴，也是一个现实领域。教育制度的历史性，是指在某一历史阶段所形成的教育制度建设的目标、程序、策略以及与之相匹配的各种规章制度。这些历史积淀的弥足珍贵的经验和教训依然是我们今天研究教育制度的素材和依据。教育制度的现实性，既是对历史上有效教育制度的继承和传播，又是赋予其时代生命活力的返本开新和实时提升。教育制度的历史性和现实性，是对不同时期人们对教育制度有不同偏好、取舍的真实写照和印证。以教育制度历史发展轨迹中的表现形式为例，在特定社会形态中被奉为终极价值理念和规则秩序的某种教育制度，也可能随着社会的发展蜕变为僵化的教条和空洞的

---

① 中国大百科全书编辑委员会：《中国大百科全书》(教育)，中国大百科全书出版社1985年版，第187页。

② 顾明远主编：《教育大辞典》第1卷，上海教育出版社1990年版，第68页。

形式。如在奴隶社会和封建社会的阶级社会中，教育制度凸显出较强的专制性和等级性，而在民主与平等广泛传播的近现代，崇尚公平与正义则是教育制度的题中要义。

2.外显性与内隐性

作为一种社会现象，教育制度以政策、法律、规章、纪律等显性的条文表现出来，也以风俗、习惯、传统、禁忌等隐形的状态潜存着。这表明教育制度是显在性和隐形性的统一体。教育制度的外显性，是体现在各种章程和条文中的人类有意识的智慧结晶，是可见的、有形的、正式的规则系统。以学校中的教育制度为例，如《学生日常行为守则》、《高校学术规范》、《学生行为准则》等。而教育制度的内隐性，并不以文字的形式出现，而是隐存于个体主观意识中的价值取向、传统习俗、伦理规范和道德观念，是无形的、不成文的约定俗成，难以用文字清晰地表达和说明。如教育机构中浓郁的学术气氛、求真求善的研究氛围与和谐融洽的人际环境等。隐形教育制度是显性教育制度的拓展和延伸。教育制度的显在性和隐形性，共同规制和约束着个人或集体的社交行为，二者相结合的逻辑结果构成了人们交往的规则体系。

3.统一性与多元性

教育制度的统一性是指教育的各项规则、准则之间的协调性和一致性，体现共同的价值观和道德精神，对个体均具有普遍的规范性和约束力。反之，如果教育内部的各项规章和制度之间、教育制度和社会的政策、法律制度相互抵触和倾轧，则易造成个体思想的混乱和行为的茫然无从。但是，不同国家、不同地区的教育环境毕竟不尽相同，不同的教育机构都会依据实际情况制定适合自身发展的规章制度。加之，在竞争异常激烈的当今时代，每个教育实体都在打造自己的制度建设品牌以提高知名度，这就决定了教育部门在教育制度建设上的多元性和丰富性。而且，即使在同一个教育部门里，也必然存在着有关个体的、集体的和社会的各种制度形态，这也是多元的教育制度合理性存在的基础与根由。特别需要指出，尽管每个教育部门都具有自主建设教育制度的权利，但必须坚持统一的标准，既要符合国家的教育政策、教育方针和教育法律法规，又不得与社会的主流价值观念和意识形态背道而驰。因此，教育制度的统一性与多元性是统一元主导下的多元。

4.稳定性与发展性

教育制度一旦形成，就具有相对持续的生命力，不会朝令夕改而难以为继。但是，随着时代的进步和教育自身的发展，教育制度不能固步自封，必须紧跟社会的步伐和时代赋予的新任务与新使命，不断地进行调整和变革，以追求高效优化的教育制度，进而适应变化了的客观实际。在教育制度的演进中，一些教育制度被修改、补充和完善，继续在教育过程中发挥着应有的作用，而另一些曾经在当时极具价值或“显赫一时”的教育制度则被罢黜或废止，在特定时期或永久地退出了历史的舞台。教育制度的相对稳定和动态完善，可用制度变迁来加以阐释。对此，恩格斯是这样解释的：“历史上依次更替的一切社会制度都只是人类社会由低级到高级的无穷发展进程中的一些暂时阶段。每一个阶段都是必然的，因此，对它所由发生的时代和条件来说，都有它存在的理由；但是对它自己内部逐渐发展起来的新的、更高的条件来说，它就变成过时的和没有存在的理由了；它不得不让位于更高的阶段，而这个更高的阶段也同样是要走向衰落和灭亡的。”①

## 二、教育制度的结构

制度是由组成制度的各个要素相互影响、作用与结合而构成的有机整体。关于制度的结构，许多学者给出了不同的答案。美国当代政治学家奥斯特罗姆(Elinor Ostrom，1933～)将制度的结构划分为三种：即宪法层次、集体选择层次和操作层次。也有的研究者认为制度包括了制度目标、制度规则、制度组织和制度载体四个基本要素。而诺斯根据制度的不同表现形式，将制度分为三个部分：正式约束的规则、非正式约束的规则和实施机制。实际上就是当前学术界所谈的非正式制度、正式制度和制度的实施机制。我们认为，这种分类以规则着眼，包含了各门学科界定制度的共性，涵盖了制度构成的基本要素，故我们研究教育制度的结构时，也采用这种分类方法。

### (一)非正式教育制度

从教育制度的起源看，非正式教育制度是正式教育制度的最早表现形态，是正式教育制度的源泉。非正式教育制度也被称作非正式规则、软制度。它是人类在长期的教育教学过程中形成的教育理念、人文精神、风俗习惯、伦理道德等对人们产生规约的行为准则。这些教育传统、教育价值取向、伦理规范和道德观念存在于个人的主观意识中，是无形的、不成文的约定俗成。

在正式教育制度形成前，人们之间的教育关系主要由非正式制度进行调节和规范。非正式制度的变迁具有连续性，它的形成是个人教育偏好累加的结果，包含了大量的感性因素，具有持久的生命力。非正式制度的形成过程，也是文化的历史积淀与文化演进的过程，始终带有浓郁的传统文化色彩。因此，在对一个国家的非正式教育制度的研究中，我们可以管窥到这个国家传统教育文化的缩影。诺斯认为，非正式制度由三部分组成：(1)对正式制度的补充、扩展和丰富；

---

① 《马克思恩格斯选集》第4卷，人民出版社1972年版，第212～213页。

(2)社会所认可的行为规范;(3)自我约束的行为标准。在非正式教育制度中,意识形态居于核心地位,是决定行为方式的重要因素。意识形态中包含的教育思维方式和教育价值观念,为教育活动提供了行为选择的信息,从而使人类的教育决策更为有效。按照诺斯的解释,在人类的行为选择中,正式制度的约束作用是有限的,人类大部分的行为选择空间是由非正式制度作出调节的。他指出,在日常的社会生活和人际关系中,无论是在家庭关系中,抑或在社会关系中,还是在经济活动中结成的相互关系中,主体行为的选择差不多都是由习俗、习惯和道德等意识形态领域的东西来规定的。

(二)正式教育制度

与非正式教育制度相对应,正式制度教育也被称为正式规则、硬制度。正式教育制度由非正式教育制度转化而来,是对非正式教育制度的逐渐替代。与非正式教育制度不同的是,正式制度是理性设计的结果,是人类有意识创造的产物,以文字、语言或符号的形式呈现出来。正式教育制度明确规定人们能做什么、不能做什么、何者为善、何者为恶,表现为显性的知识和示范文本,可以通过语言或文字的形式表达、传递和储存。如一个国家的教育法律、行政规章、组织的制度、正式教育契约等。在现代社会生活中,大到整个国际社会和各个国家,小到一个教育机构和团体,都存在着各种各样的正式教育制度。前者如国际教育公约、国际教育条例、国际教育规则和国家的教育制度、教育法律等;后者包括教育机构组织章程、教育部门运行制度、教育督导制度、学校管理制度、教职工工资制度、学生日常行为守则等。

正式教育制度由人规划和执行,可以随时被人为地补充、修正乃至废除。正式教育制度的贯彻执行,需依靠一定的组织架设和强制力量。正式教育制度在教育管理中占有重要地位,是教育行政机关依法执教的有力武器。教育关系越复杂,教育矛盾越尖锐,就越能提高正式教育制度的威信和收益率。但正式教育制度作用的发挥,要受非正式教育制度的影响。“如果一个社会的社会文化传统和人们代代相传的行为习惯乃至社会的意识形态,与这个社会的正式制度和谐一致,则正式制度就可以顺利地发挥作用。相反,如果社会的文化传统、行为习惯、意识形态与正式制度不相契合,甚至处处冲突和矛盾,那么,正式制度再好,也未必能够有效地发挥作用。”①因而,正式教育制度的存在并发挥作用,并不意味着非正式教育制度的消失和灭亡。相反,正式教育制度还需从非正式教育制度中汲取源源不断的发展动力。

(三)教育制度的实施机制

---

① 王跃生:《没有规矩不成方圆》,生活·读书·新知三联书店 2000 年版,第 16 页。

教育制度构成的第三个内容是教育制度的实施机制。它包括相应的教育组织机构、教育管理机构、教育设备和教育工作人员。它是保证人们有效地组织与运作教育制度而规定的一系列条件和操作程序。教育制度的实施机制由实施主体来操纵和控制。教育制度的实施主体既可以是国家、政府,也可以是教育部门和教育机关,还可以是教育工作者。制定教育制度的目的,就是为了更好地运行教育制度,以达到预期的教育计划和教育任务。

判断一个教育机构的教育制度是否有效,不仅要看这个机构的正式教育制度和非正式教育制度是否健全和完善,而且还要看这个教育机构是否有行之有效的教育制度实施机制。之所以将教育制度的实施机制作为教育制度结构的组成部分,这是因为,任何教育制度尤其是正式教育制度,其所包含的准则或规则仅仅给人们提供了教育行为的标准或参照,但并没有规定如何去实行这些标准,也不能保证人们自觉能动地遵守和执行这些规则。这就是说,如果仅有各种各样的规则,但没有执行规则的实施机制,则容易助长有规则而不实施的情况,产生“有法不依”、“执法不严”的不良后果。从这个意义上讲,教育制度的实施机制似乎比制定教育制度更为重要。

### 三、教育制度的功能

教育制度一旦形成,就会在教育组织和教育活动中产生一定的效能,这是教育制度赖以生存和发展的资本,人们不断地创设和使用制度,其目的也正基于此。

#### (一)提供价值导向

教育活动需要有明确、稳定的价值导向。没有科学、合理和公允的价值作为依据,教育必然在各种价值的冲突下支离破碎,推进教育的改革与深化势必成为空话。尤其是在当今这个文化多元的时代,价值对立日趋激烈,传统价值与现代价值、一元价值与多元价值、主流价值和非主流价值之间的矛盾必然会影响和渗透到教育领域,教育价值取舍也势必表现出复杂和多样化的特质。要化解矛盾,确保教育活动的正确方向,价值的选择与稳固显得尤为迫切而重要。教育制度包含了价值,是价值的载体和稳固基点。特定的价值正是通过制度安排的形式被固定下来,成为规范和指引教育活动和教育行为的重要标尺。

任何教育制度都是价值体系的集合。价值体系是一个整体系统,具有支撑、引领教育活动方向的作用。“制度价值观是指制度的决策者(监督者)所倡导,隐含于制度规则和评价标准之中,通过既定的制度安排,对参与制度运行的行为主体的经济行为和选择具有一定程度的制度影响力的价值观念。这种影响力包括:对人们的信念、倾向、主张、态度等的影响;在人们行事过程中对人们行为选择的导向作用;构成个人或群体对事物和行为评价的基本标准、价值判断的影响等。”①这里我们要区分两类不同价值立场的教育制度,一种是基于正义的价值态度,即按照公平、公正的理念设计教育制度。另一种是基于非正义的价值倾向,即为了维护个人的偏好、私利或某个教育团体的利益,置他人、集体乃至国家利益不顾的教育制度安排。要想使教育制度获得持续发展的生命力,必须确定合理的价值取向,建立基于人性基础上的正义的价值观,为人类的教育活动指明行进的方向,驱动整个人类教育的车轮不断前行。

(二)节约教育费用

组织教育活动需要一定的经费投入,如教育组织机构的费用、教育资源配置的费用、教育信息的费用,等等。教育制度节约教育活动的费用主要体现在:

其一,节约教育组织机构运转的费用。教育是在各种各样的组织机构中进行的。合理的教育制度,可以协调家庭、学校和社会之间的矛盾,调动家长、校长、教师、教职员工、社会各界的教育力量参与教育活动的积极性,共同做好学校的教育管理工作。这样,增加了家庭和社会对学校教育工作的支持力度,不仅降低了学校进行教育活动的费用,而且学校卓有成效的教育运作,也节约了家庭和社会组织教育活动的费用。

其二,节约教育的信息费用。教育制度具有信息整合功能,可为教育活动提供明确的信息导向,能使教育工作者获得较为及时、准确和系统的信息,克服了教育中因信息获取困难、信息不明、信息不对称等造成的损失和摩擦成本,减少了教育活动的不可预测性因素,从而降低教育的信息成本。

其三,降低教育资源配置的成本。一方面,为教育资源的合理配置提供有力的制度保证。国家和各级政府通过制度安排,如通过教育基本法、教育法律法规和教育行政部门的相关规定和条文,建立必要的教育投入保障制度,并创设优惠的政策和环境,刺激一些爱国的企业家、实业家捐资兴教的热情,增加教育投资。另一方面,提高教育资源的使用效率。通过制度的规范和制裁,严惩挤占、抢占、挪用教育经费的组织和个人,保证教育经费按政策和规章落实到位。即使在同一教育部门,严格的制度规定也减少了组织成员使用教育资源的随意性,可协调他们在使用经费中的矛盾,恰当配置教育活动所需的人力、物力和财力,减少不必要的浪费,促使教育资源合理流动。

(三)规范教育行为

规范性是制度的重要特征。教育制度是教育行为和交往关系的规范体系。通过教育制度安排,对教育的各层次、各环节和各要素如教育部门和政府机构之

① 谷力著:《现代学校制度生成与变革原理研究》,河海大学出版社2007年版,第4~5页。

间、教育内部上级和下级之间、各种教育机构和教育团体、教育机构与外部社会之间的关系结构进行了规定和整合，成为有效组织教育活动的运行机制。

其一，规范个体的教育行为。教育制度影响个体（包括教育行政管理人员、教育辅导人员、教师和学生等）的行动逻辑，是个体行为的指示系统。教育制度界定了个体活动的范围和边界，其对个体行为的约束和制约，强化了人们对教育规范和行为准则的认同、理解和尊重，有利于形成稳定的心理倾向，从而使自己的行为符合既定规范。

其二，规范教育组织的行为。制度所具有的强制性和权威性，对违背教育规律和背离道德行为的现象具有遏制作用，能够有效减少集体的机会主义行为。如制定教育收费公示制度，向学生和社会公示收费标准、收费项目和收费数额，可治理教育乱收费现象，规范教育收费行为。

其三，协调个体行为和集体行为之间的矛盾。教育制度是人类的设计和创造。人们在制定教育制度时，一般都会兼顾集体利益和教育共同体中每个成员的个人利益，其规定了双方必须共同遵守的规则制度，如平衡利益制度、劳资制度和激励制度等。因此，当个体利益和集体利益发生冲突时，就可以按照教育制度的既有规定进行调节。而且，对教育制度规范的共识，也有利于化解矛盾，引起个体对教育制度的认可与接纳，转化为各自自觉的行为准则，从而增进教育工作者的协作精神和集体意识，促使教育主体间产生一种双向、互动的合作关系，有效避免“上有对策，下有政策”现象的发生。

（四）形成教育秩序

教育制度是教育关系的组织体系。形成教育秩序是教育制度的基本功能。教育秩序是教育组成要素得以凝结在一起的存在方式，是在教育过程中所表现出来的一致性、连贯性、稳定性和规范性。教育活动中的秩序，与自然秩序截然不同。自然秩序是既成的，而教育秩序是生成的，是人类活动的创造。秩序以规则为条件。没有规则就没有秩序。教育制度由规则组成。教育制度作为教育秩序的晴雨表，营造了稳定的文化氛围和教育格局，在教育活动中发挥着重要作用，是教育存在和发展的必要基础和前提条件，对于教育存在具有普遍性原理及其指导意义。

在有序的教育教学活动中，教育工作者以教育规则为尺度，可以有预见地采取教育行动，合理调节和处理自己与他人的关系，保证教育活动顺利进行。因此，制度提供了预期，促使教育主体之间形成互动合作的关系，减少了教育工作各个环节的摩擦和失衡，为教育活动提供了秩序和稳定性。与教育秩序相对应的是教育失序。没有教育秩序，教育活动就不能正常运转。在一个无序、混乱的教育环境中，不仅无法巩固教育制度建设的已有成果，而且还会引发种种冲突与矛盾，制造教育领域内新的不和谐因素，阻碍教育发展的进程。因此，当一定的教育秩序遭到破坏后，教育的正常活动就被中断，教育发展就会停滞乃至倒退。只有在结构稳定、风气良好的教育环境中，人们才更愿意遵章行事，缓解和消除教育中的冲突和无序，加强教育交流与合作，保证教育活动井然有序地进行，不断提高教育教学质量。

## 第二节　现代学校教育制度

近年来，学校教育制度日渐成为教育领域的热点问题和焦点议题。教育改革研究从教育理念的变革、课程内容的更新、师生关系的构建、教育方法的选择、教育环境的优化等方面一直拓展到了完善学校教育制度的领域。这种变化，既对学校教育制度提出了新的内容与要求，也有助于推进学校教育制度健康、稳步发展。

### 一、学校教育制度的含义

学校教育制度简称学制，是指一个国家各级各类学校的体系及其规则系统。它规定了学校的性质、培养目标、教育任务、入学条件、修业年限、就业方向以及它们之间的相互衔接关系。它包括有关学校性质的制度、招生制度、学位认证制度、专业设置制度、就业制度、考核制度等。学制是制度化程度最高的教育形式。班级授课制是现代学校教育制度的核心。

学校教育制度是伴随着学校产生而逐渐形成和发展起来的，是社会经济、政治和文化发展的综合产物。在原始社会，由于生产力发展水平极低，教育还没有从社会的生产和生活中分化出来，既没有专门的教育机构和教育场所，也没有专职的教育人员，因而不可能存在学校，更谈不上学校教育制度的建设。到了原始社会末期和奴隶社会初期，随着生产力的发展、剩余产品和阶级的出现，解放了劳动力，使得一部分人专门从事脑力劳动成为可能。体力劳动和脑力劳动分工现象的出现，为奴隶主阶级专门从事教育文化活动创造了前提条件和奠定了基础，由此出现了专职教育机构和专职教育人员，产生了学校教育，促使教育成为一种独立形态。随着学校教育的发展，为了规范学校教育工作，加强学校教育管理，提高学校教育效益，学校教育制度便应运而生。

制度变迁是制度的替代、转换和创新的过程。关于学校教育制度变迁的理论，是理解学校教育制度内涵不可回避的问题。学校教育制度是一个动态的现实过程，总是处于不断的变化发展之中。那么，是什么力量导致了学校教育制度的变迁？其原因何在？动力何如？我们认为，引发学校教育制度变迁的路径主要有两种:诱致性变迁和强制性变迁。“有两种类型的制度变迁:诱致性制度变迁和强制性制度变迁。诱致性制度变迁指的是现行制度安排的变更和替代,或者是新制度安排的创造,它由个人或一群(个)人,在响应获利机会时自发倡导、组织和实行。与此相反,强制性制度变迁由政府命令和法律引入和实行。诱致性制度变迁必须由某种在原有制度安排下无法得到的获利机会引起。然而,强制性制度变迁可以纯粹因在不同选民集团之间对现有收入进行再分配时发生。”①学校教育制度的诱致性变迁,是教育工作者为了获取教育收益而发起的一种自下而上的制度安排,以自发性为基本特征,表现为通过制度创新,对旧有教育制度的更改或废止。学校教育制度的强制性变迁,是国家、政府及其相关的教育行政机关主导和干预下的自上而下的制度变革,以强制性为基本特征,以加强对学校教育的管理和控制,确保政府或上级教育行政机构的意志得以贯彻落实为旨归。学校教育制度的诱致性变迁和强制性变迁,相互作用,相辅形成,共同影响和制约着学校教育制度的发展。

## 二、现代学校教育制度的类型

按照学校系统的纵向、横向与二者相结合的划分维度,现代学校教育制度主要包括三种类型:双轨型学制、单轨型学制和中间型学制(见图 5—1)。

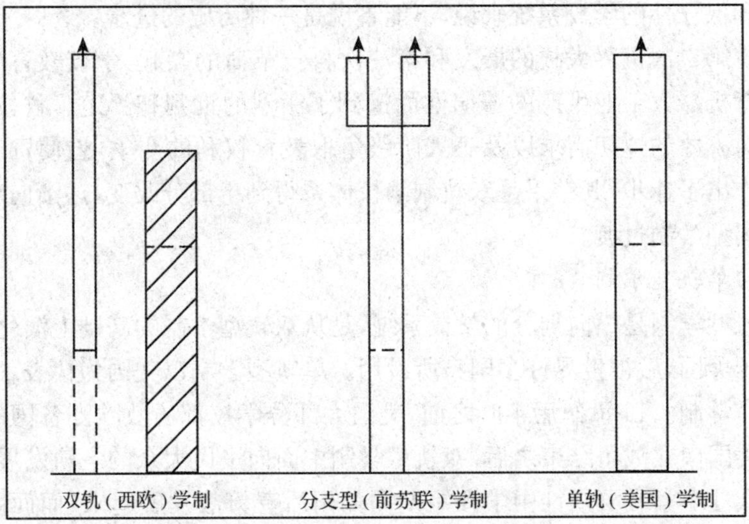


**图 5—1　三种类型学制示意图**

[资料来源]黄济、王策三主编:《现代教育论》,人民教育出版社 1996 年版,第 272 页。

① 林毅夫:《关于制度变迁的经济学理论:诱致性变迁与强制性变迁》,载《财产权利与制度变迁》,[美]R·科斯等著,上海三联书店、上海人民出版社 1994 年版,第 374 页。

（一）双轨型学制

双轨型学制是纵向划分的学校系统，以二战前的英、法、德等西欧国家为代表，因而这种学校系统又被称为“西欧型”或“欧洲型”学制。双轨学制是在18～19世纪特定的历史背景下，为了保障资产阶级子弟的教育特权，同时满足广大劳动人民子女对教育文化需求的条件下而产生的学校系统。自由资本主义社会的学校教育双轨制是指把学校系统分为两轨：一轨面向社会上层阶级，为社会上层阶级的子女服务，教育目的是培养国家所需要的各级官吏及其他高级人才。这一学校系统由大学和中学组成，其发展轨迹是自上而下的，即先有大学，而后才有中学。此类学校收取高昂的学费，提供优质的教育，将劳动人民的子女拒之学校大门之外。另一轨面向平民大众，以满足广大民众对文化知识的需求而设立的带有普及教育性质的学校。这一学校系统由小学和职业学校组成，其发展模式是自下而上的，起点是小学，终点是职业技术学校。这两个学校系统自成体系，既不相通，也不关联，就像两条平行的轨道，因而被称为双轨制。

双轨型学制，严重背离了教育机会均等的理念，僭越了教育民主，剥夺了广大劳动人民子女升入大学的机会和权利。但我们在认识到双轨制的阶级性、等级性和虚伪性的同时，也应看到，双轨制的出现，扩大了教育对象，较之封建社会专制性和保守性的学校系统来说，不能不说是一种历史的进步。

随着第二次世界大战的爆发和第三次科技革命的兴起，学校教育的双轨制由于违背机器大工业生产的普遍性而遭到了激烈的批判和否定。科技革命、社会发展对人才的迫切需求以及工人阶级争取教育权利的斗争，迫使资产阶级在学制上作出了让步，其结果是双轨制学校体系得到了部分改变，逐渐向单轨型学制和中间型学制过渡。

（二）单轨型学制

单轨型学制是横向划分的学校系统，是从双轨型学制的基础上演化而来，最早产生于美国，后被世界许多国家所沿用。单轨型学制以美国为代表，又被称为“美国型”学制。19世纪后半叶之前，美国大部分学校都仿效欧洲各国的双轨型学制。美国南北战争结束之后，双轨型学制中面向平民大众的一轨发展迅速，尤其是群众性小学和群众性中学在短期内如雨后春笋般发展起来，而面向资产阶级和有产阶级的另一轨不仅没有得到应有的发展，反而呈现出颓废的态势，最后逐渐被取代，由此形成了美国的单轨型学制。单轨型学制之所以能够在美国产生，主要是因为美国是一个移民国家，没有特权文化的羁绊。加之美国没有经历封建社会，受封建思想影响较少，民主、平等、自由观念深入人心，因而随着美国各州强迫义务教育法令的相继颁布以及美国公立中学运动的开展，使为社会上层阶级子女服务的一轨逐渐失去应有的优势和地位，直至被另一轨所湮没。单轨型学制是一个自下而上的结构体系，即一个国家的学制是从小学、中学再到大学的相互联接的直线型系统。它将初等教育、中等教育和高等教育衔接起来。其特点是各级各类学校形成一个体系、多种分段，即六三三、五三四、八四、四四四、六六等多种分段。

单轨型学制反映了教育机会均等和教育民主的理念，在原则上保证了所有受教育者都能进入同样的学校接受教育，有利于初中教育和高中教育的普及，促进现代生产和科学技术的发展，具有广泛的适应性和稳定性，因而备受世界各国青睐，对二战后世界许多国家的学制改革和建设起到了一定的积极作用。需要指出，由于教育条件、教育资源和教育水平所限，单轨型学制也存在一些不足，表现为同级学校之间的教育质量相差悬殊，不同级别学校之间的发展失衡等。

（三）中间型学制

介于双轨制和单轨制上述两种学制之间的学制，属中间型学制，又叫分支学制。这是苏联创造的一种学制类型，以苏联为代表。中间型学制同单轨型学制的发展过程一致，也是从双轨型学制发展而来。在十月革命前，沙皇俄国实施的是欧洲的双轨型学制。十月革命后，为了粉碎资本主义教育体系，消除苏维埃社会主义教育发展的障碍，当时的苏联建立了单轨的、统一的社会主义学校教育体系。在其后的发展过程中，为了适应当时教育的需求，又恢复了原文科中学的某些积极因素和职业学校单设的传统，形成了既有单轨型学制特点，又有双轨制学制特征的中间型学制。中间型学制既不同于欧洲的双轨性型制，也有别于美国的单轨型学制。因为它在入学的前一阶段（小学和初中）实行单轨，到后一阶段（普通高中、中等职业技术学校）才实行分叉。普通高中的毕业生经考试合格后升入大学接受高等教育，而中等职业技术学校的毕业生则有两种选择：一种是大部分毕业生选择就业（工作三年之后也可升学），另一种是少数优秀毕业生可直接进入对口的高等学校就读。中间型学制的特点是上通（高等学校）下达（初等学校），左（中等专业学校）右（中等职业技术学校）畅通。

中间型学制兼顾了教育公平和教育效益，注重教育的普及与提高，兼有上述两种学制的优点。然而在实际运作过程中，在各阶段的衔接及其分支的程度上存在一定的缺陷，如普通教育体系较为完备，水平较高，而职业教育却没有得到重视，条件较差，发展较慢，质量较低等。

### 三、建立现代学校教育制度的依据

现代学制的建立和发展，是现代社会经济发展水平、政治结构、科学文化发展状况、受教育者的身心特点和年龄特征等多种因素相互作用的产物。

(一)现代学制的产生和发展受制于生产力发展水平

一方面,生产力的发展水平为学校教育制度提供了可能的人力、物力、财力等物质资源。在生产力极其低下的古代社会里,由于没有充足的物质资源,要想建设体系完善的学校教育制度是不可思议的。毛泽东指出:"我们不能饿着肚子去'正谊明道',我们必须弄饭吃,我们必须注意经济工作。离开经济工作而谈教育或学习,不过是多余的空话。"上文所谈及的双轨型、单轨型、中间型三种学制,就是适应特定时期生产力水平的产物。尤其是人类社会进入21世纪,微电子技术、、通信技术、生物工程、光导纤维等新的科学技术的异军突起和广泛运用,为生产力的发展开辟了广阔的道路,同时也为学校教育制度的改革和完善提供了更加雄厚的物质条件。

另一方面,经济发展水平制约着学校教育的普及程度。任何事物的产生、发展和壮大都是一个历史发展的过程。学校教育自不例外。学校教育机构的设置、经费的投入、招生规模、办学体制等,都和社会的经济发展水平直接相关。现代教育的普及程度随着经济发展水平的提高得以不断发展。在基础教育领域,义务教育的普及年限越长,表明该国的经济发展水平越高。如由于国情和经济发展水平等因素的影响,我国仅普及了9年义务教育,而一些经济发达的国家已经普及了12年义务教育,如新西兰、德国和比利时,还有一些国家和地区则实行6至9年不等的义务教育。在高等教育领域,其发展也经历了由"精英化"到"大众化",再到"普及化"的发展历程。目前,在世界范围内,高等教育已经基本实现了大众化,而要达到普及化的水平,则还需更高的生产力水平与之相匹配。

(二)现代学制的制定要受一定社会制度的制约

一方面,社会关系决定着学校教育制度的性质。在阶级社会里,学校教育制度体现了统治阶级的利益和意志,服从或服务于统治阶级的需要,具有明显的阶级性。在剥削阶级占统治地位的社会里,如奴隶社会、封建社会和资本主义的社会体系下,学校教育制度主要面向统治阶级的子女,为剥削阶级的政治统治和经济发展服务,具有专制性和保守性。而在社会主义生产方式下,学校教育制度则面向广大劳动者的子女,体现了社会主义性质,服务于无产阶级政治,具有平等性和民主性。

另一方面,政治结构制约着学校教育制度的变革。学校教育制度反映并受制于政治结构。政治结构对学校教育制度的改革起着阻碍或促进的作用。一般而言,无论是实行中央集权制政治结构的国家,还是实行地方分权制政治结构国家,抑或实行中央集权与地方分权相结合政治结构的国家,统治阶级往往通过制定教育方针、修改教育政策或废止学校教育制度，加强对教育的控制。如对教育目的、学前教育领导权和被领导权等方面的规定和限制，从而决定学校教育制度的发展方向和路径。

（三）现代学制的建立受人口状况的影响

一方面，人口状况影响学校教育的发展规模。教育是培养人的社会活动，人是教育活动的出发点和落脚点。人口的数量决定着教育的社会需求。人口的数量不断增长，教育需求相应地大幅度上升，从而必然要求社会设置充足的教育机构，大规模地发展学校教育。人口数量的稳定下降，势必对教育的需求产生抑制作用，从而导致部分学校的合并或倒闭。因此，发展教育事业，建立学校教育制度，必须依据和反映人口的实际状况。

另一方面，人口结构影响学校教育结构的调整。人口结构影响和制约着初等教育结构、中等教育结构、高等教育结构和成人教育结构的调整和变化。年轻型人口结构的国家，适龄儿童在人口总数中所占的比例较高，因此初等教育和中等教育在整个学校教育结构所占比重较大；成年型人口结构的国家，接受成人教育和继续教育的人口比重也会上升；老年型人口结构的国家，为满足老年人的需要，丰富老年人的精神文化生活，提高老年人的生活质量，必然要扩大老年教育的覆盖面。从世界的范围看，人口结构老龄化趋势日渐明显，在教育结构体系中重视老年教育，进一步强化老年教育已成为世界教育的发展趋势。

（四）个体的身心发展是确立现代学制的重要因素

一方面，个体身心发展的阶段性决定了教育的阶段性。个体身心的发展是有阶段的，表现为在不同的年龄阶段会表现出某些稳定的、共同的年龄特征和心理特点。个体不同的发展阶段对应不同的教育阶段，直接影响着学校教育制度的建立。按照个体身心发展的特点，可把人的一生划分为幼儿期、童年期、少年期、青年期、中年期和老年期。在每一个阶段，学校教育制度的设计都要体现相互衔接的原则，遵循受教育者身心发展的阶段性，与各发展阶段相对应，不能强求统一。世界各国将教育划分为初等教育阶段、中等教育阶段、高等教育阶段、继续教育阶段及其不同的学制设置，便是鲜明表征。

另一方面，个体身心发展的差异性影响学校教育制度的设计。个体身心发展的差异性表现为两个方面：一是外部的差异，表现为身高体重的差别、体质的优劣和生理机能的强弱等方面。另一个是内部差异，表现为认知能力的不同，爱好兴趣的不同、思维发展水平的不同等。个体身心发展的差异对学校教育制度提出了不同的要求。学校教育应重视个别差异，依据差异性特点，采取弹性的教育教学制度，或是设置相应的特殊学校、聋哑学校等，对个别受教者进行特殊培养，或是按照受教者的兴趣、需要与特长，设计更具针对性的教学方式和组织制度，使他们在原有的基础上得到最佳的发展。

## 第三节　我国学校教育制度的变革

### 一、我国学校教育制度的历史沿革

#### (一)近代中国学制的演变

我国古代的学校教育制度，产生于先秦时期的夏商周，发展于秦朝两汉，完善于隋唐两宋。近代学制的建立始于清朝末年民国初年。1840 年鸦片战争后，中国逐渐沦为半殖民地半封建社会。在内外交困的情形下，为了应对西方列强的入侵和维护摇摇欲坠的统治，清王朝不得不对传统的封建学校教育制度进行了改革，采取用“废科举、兴学校、改学制”的措施，相继颁布了壬寅学制、癸卯学制、壬子·癸丑学制与壬戌学制。

1. 壬寅学制

1902 年，清政府颁布了由管学大臣张百熙制定的《钦定蒙养学堂章程》、《钦定小学学堂章程》、《钦定中学学堂章程》、《钦定高等学堂章程》、《钦定京师大学堂章程》与《考选入学章程》等一系列学堂章程，即《钦定学堂章程》，亦称“壬寅学制”(见图 5—2)。该学制抄袭日本学制，从纵的结构将学校系统分为三段七级：第一段为初等教育，包括蒙学堂 4 年、寻常小学堂 3 年、高等小学堂 3 年。蒙学堂旨在“培养儿童有浅近之知识，并调护其身体”。小学堂旨在“授以道德知识及一切有益身体知识”。第二段为中等教育，即中学堂 4 年。中学堂以“俾肆力于普通学之高深者，为高等专门之始基”为宗旨。第三段为高等教育，包括高等学堂或大学预科 3 年、大学堂 3 年以及年限不定的大学院。高等学堂和大学预科为“中学毕业后欲入大学专门者预备”。大学堂以“激发忠爱、开通智慧、振兴实业”为宗旨。大学院以研究为主，旨在培养特异人才。从横的方面，与高等小学堂平行的有简易实业学堂，与中学堂平行的有中等实业学堂、实业科与师范学堂，与高等学堂平行的有高等实业学堂、师范馆与仕学馆。

壬寅学制是我国教育史上的第一个近代学制，也是我国近代第一个比较系统的法定学制。由于学制本身的缺陷以及清政府的犹豫不决，学制未及实施便被 1903 年的癸卯学制所取代。

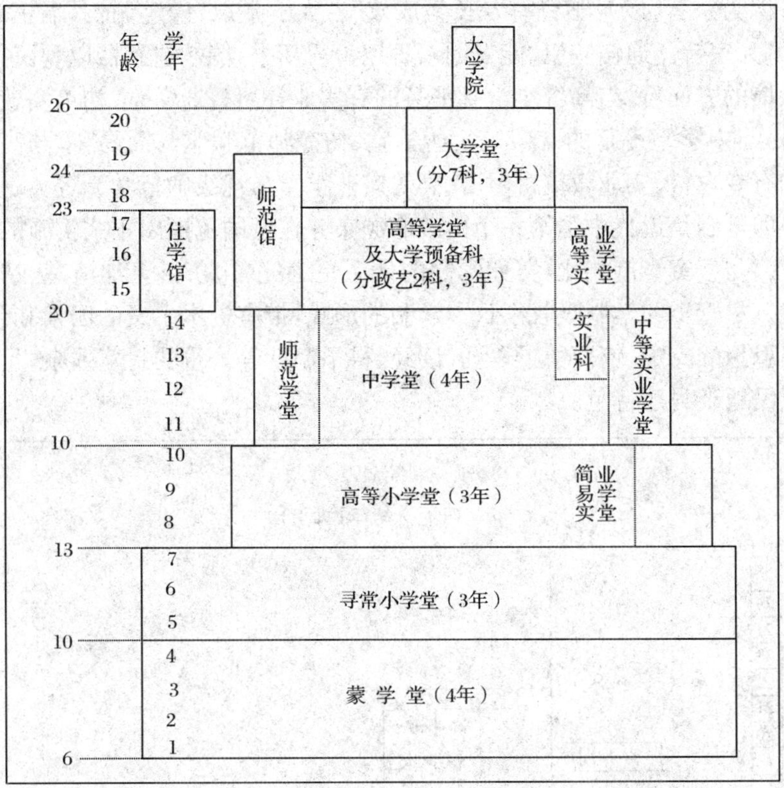


**图 5—2　壬寅学制示意图**

［资料来源］李国钧、王炳照总主编：《中国教育制度通史》第 6 卷，山东教育出版社 2000 年版，第 300 页。

2. 癸卯学制

1903 年，清政府又颁布了由张之洞、张百熙等人拟定的《奏定学堂章程》，也称“癸卯学制”（见图 5—3）。癸卯学制以“中学为体，西学为用”为指导方针，以“尊君、尊孔、尚公、尚武、尚实”为宗旨，按三段七级设学：第一阶段为初等教育，包括三级，共 13 年，即蒙养院 4 年、初等小学 5 年、高等小学 4 年。蒙养院以“发育儿童身体，渐起其心智，使之远与浇薄之恶风。习于善良之规范”为宗旨，初等小学堂以“启其人生应有之知识，立其明伦理爱国家之根基，并调护儿童身体，令其发育”为宗旨。高等小学堂以“培养国民之善性，扩充国民之知识，强壮国民之身体”为宗旨。第二阶段为中等教育，仅一级，共 5 年，即中学堂 5 年。中学堂以“施较深之普通教育，俾毕业后不仕者从事于各项实业、进取者升入各高等学堂均有根柢”为宗旨。第三阶段为高等教育，包括三级，共 11～12 年，即高等学堂或大学预科 3 年，大学堂 3～4 年，通儒院 5 年。高等大学堂或大学预科以“教大学预备课为宗旨，以各学皆有专长为成效”。大学堂以“谨遵谕旨，端正趋向，造就通才”为宗旨。通儒院以“能发明新理以著成新书，能制造新器以利民用”为宗旨。从横的方面看，与高等小学堂平行的有实业补习普通学堂、初等实业学堂与预备科，与中学堂平行的有中等实业学堂、初等师范学堂与简易科，与高等学堂平行的有专攻科、实业教员讲习所、高等实业学堂与优级师范学堂等。

癸卯学制是近代中国第一个由政府颁布并在全国范围内正式实施的学校教育制度。与壬寅学制相比，癸卯学制的体系更为完备，条目更加清楚，禁戒也更加严格。尽管癸卯学制吸收了日本学制的形式，带有资本主义的因素和色彩，但受封建思想的支配，依旧留了尊孔、读经、科举制度等大量的封建残余，具有明显的半殖民地半封建特色。

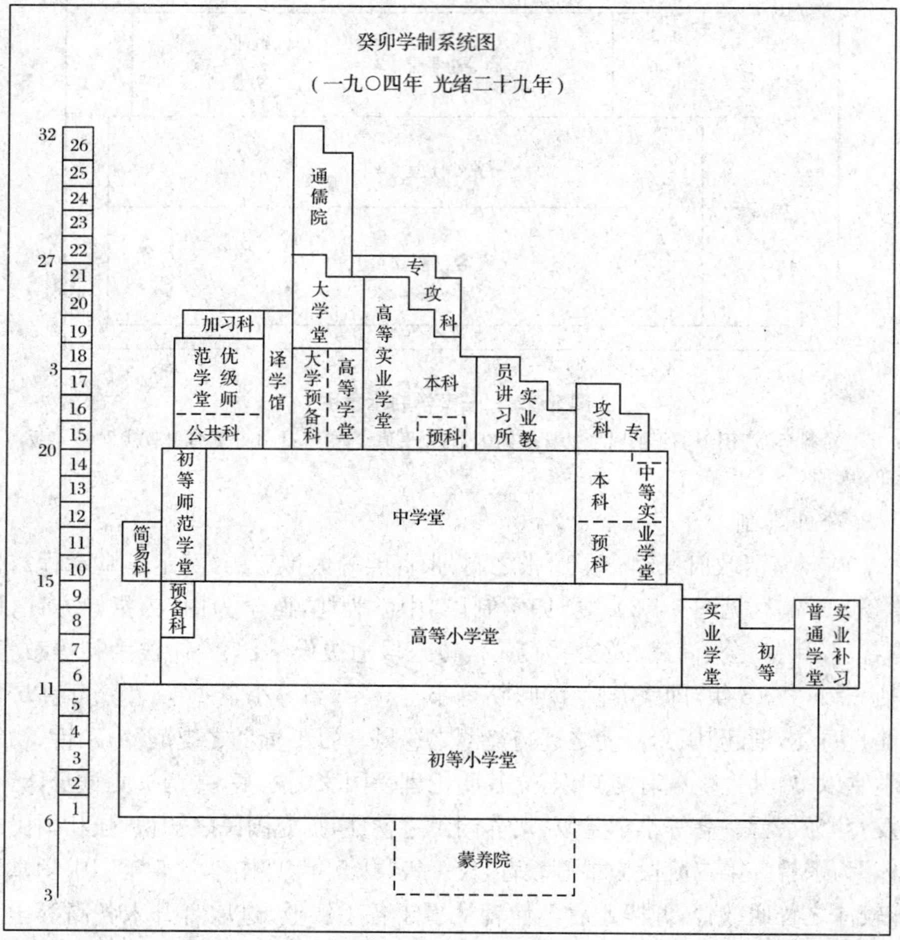


**图 5—3　癸卯学制示意图**

［资料来源］王汉澜、王道俊主编：《教育学》，人民出版社 1999 年版，第 150 页。

3. 壬子·癸丑学制

1912 年,南京国民临时政府成立。临时政府任命蔡元培为教育总长,着手进行教育改革。1912～1913 年,南京临时政府相继颁布了《学校系统令》、《小学校令》、《中学校令》、《师范教育令》、《专门学校令》和《大学令》等一系列有关学校系统的法令,对旧学制进行了改造,形成一个新的学校系统,称为"壬子·癸丑学制"(见图 5－4)。该学制从纵的方面分为三段四级:第一段为初等教育,共二级,包括初等小学校 4 年、高等小学校 3 年。小学校以"留意儿童身心发育,培养国民道德之基础,并授予以生活所必须之知识技能"为宗旨。第二段为中等教育,仅一级,包括中学校 4 年,并专设女子中学校。中学校以"充足普通教育,造就健全国民"为宗旨。第三段为高等教育,不分级,包括大学预科 3 年、本科 3～4 年和不定年限的大学院。大学"以教授高深学术、养成硕学闳材、应国家需要"为宗旨。从横的方面看,与高等小学堂平行的有实业补习学校、专修科、副科、乙种实业学校与补习科,与中学校平行的有专修科、别科、甲种实业学校、师范学校与小学教员讲习所,与大学平行的有专门学校、高等师范学校、专修科与选科。

壬子·癸丑学制以美国的学制为蓝图,取消了尊孔读经的内容,确立了女子教育在学制中的地位,体现了反封建的精神和男女平等的思想。新学制的颁布,也促进了中小学的兴建。据有关统计数据表明,截至 1915 年,全国共有小学 105665 所,比 1911 年增加了 2 倍,中学 403 所,比 1911 年增加了 1 倍。

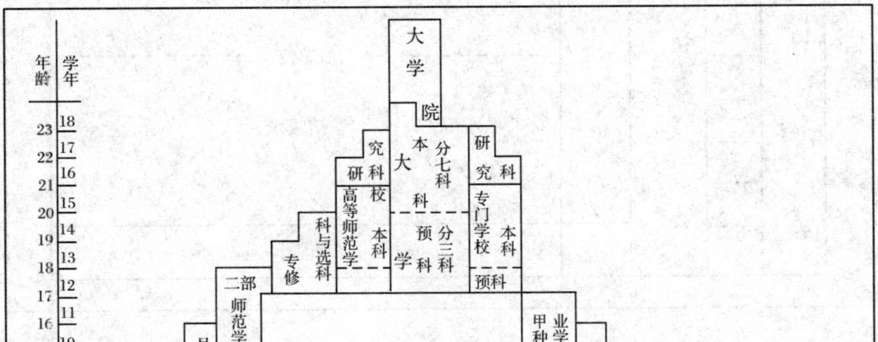


**图 5—4　壬子·癸丑学制示意图**

[资料来源]孙培青主编:《中国教育史》,华东师范大学出版社 2000 年版,第 362 页。

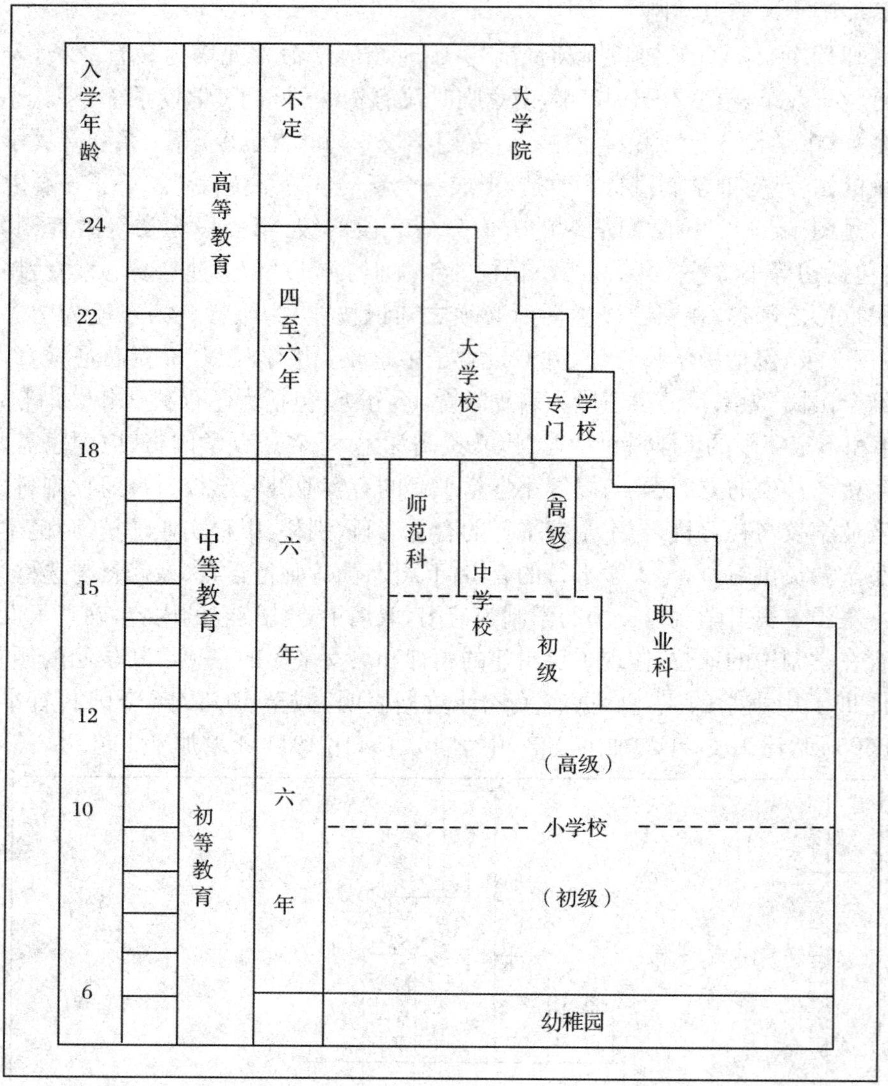


**图 5—5　壬戌学制示意图**

［资料来源］李国钧、王炳照总主编：《中国教育制度通史》第 7 卷，山东教育出版社 2000 年版，第 51 页。

4. 壬戌学制

1922 年，在亲美的全国教育联合会主持下，中华民国北洋政府颁布了《学校系统改革案》，仿效美国的“六三三”学制制定了新的学制改革方案，史称“壬戌学制”，也叫 1922 年学制（见图 5—5）。这个学制以发扬平民教育精神、谋求个性发展为指导思想，提出了新学制的七条标准：适应社会进化之需要；发挥平民教育精神；谋个性之发展；注意国民经济力；注意生活教育；使教育易于普及；多留各地方伸缩余地。主体结构依然为三段七级。整个学制分为初等教育、中等教育和高等教育三段。初等教育分为初级小学4年和高级小学2年；中等教育也分为初、高两级，包括初级中学3年，高级中学3年；高等教育分为三级，包括专门学校、大学校和大学院，修业4～6年不等。

1922年新学制的制定，表明我国近代学制的建设由模仿日本转为仿效美国，由重视军国民主义教育转向强调平民主义教育，是中国近代教育史上影响最深的一次学制变革，标志着近代中国学制建设的体系基本完成。壬戌学制的颁布和实施，标志着中国具有资产阶级性质的学校教育制度已经确立。该学制虽经几次修订，但主体结构没有根本改观，一直沿用到建国初期。

（二）建国后至“文革”前的学制变革

建国后至“文革”前，我国的学制建设并非一帆风顺，而是经历了曲折的发展道路。从1951年新学制的建立，到1958年学制的改革和1964年两种教育制度出台的这段时期，我国学校教育制度建设尽管存在诸多问题，但主流是健康的、积极的。

1. 1951年新学制的制定

建国以后，为了适应经济建设、政治发展的需要，党和政府高度重视学校教育制度建设。1951年10月，中央人民政府政务院颁布了《政务院关于改革学制的规定》，建立了中华人民共和国新学制，次年在全国各地有计划地推广实行（见图5－6）。1951年学制分为四段六级。整个学校系统分为幼儿教育、初等教育、中等教育和高等教育四个阶段，包括幼儿园、初等教育、中等教育（包括小学、青年和成人初等教育）、高等教育、各级政治学校和政治训练班、特殊教育（包括各级补习学校、函授学校及聋哑人、盲人特殊教育）六个部分。新学制的特点有：（1）保障了广大人民尤其是工农干部受教育的机会和权利，体现了教育为工农服务的方针；（2）新学制明确规定把高等学校分为大学、专门学院和专科学校，并明确了各级各类职业技术学校和专门学院在学制中的地位，保证了技术人才的培养；（3）在中国教育史上，新学制首次提出了由国家统一分配工作的大学生就业制度，为社会主义革命和建设提供了大批人才。

1951年学制是新中国建国以来第一个正式公布并实施的学制。新学制批判地吸收了原有学制中的积极因素，反映了经济和社会发展的新要求，标志着我国的学校教育制度的建设进入了一个新的发展阶段。

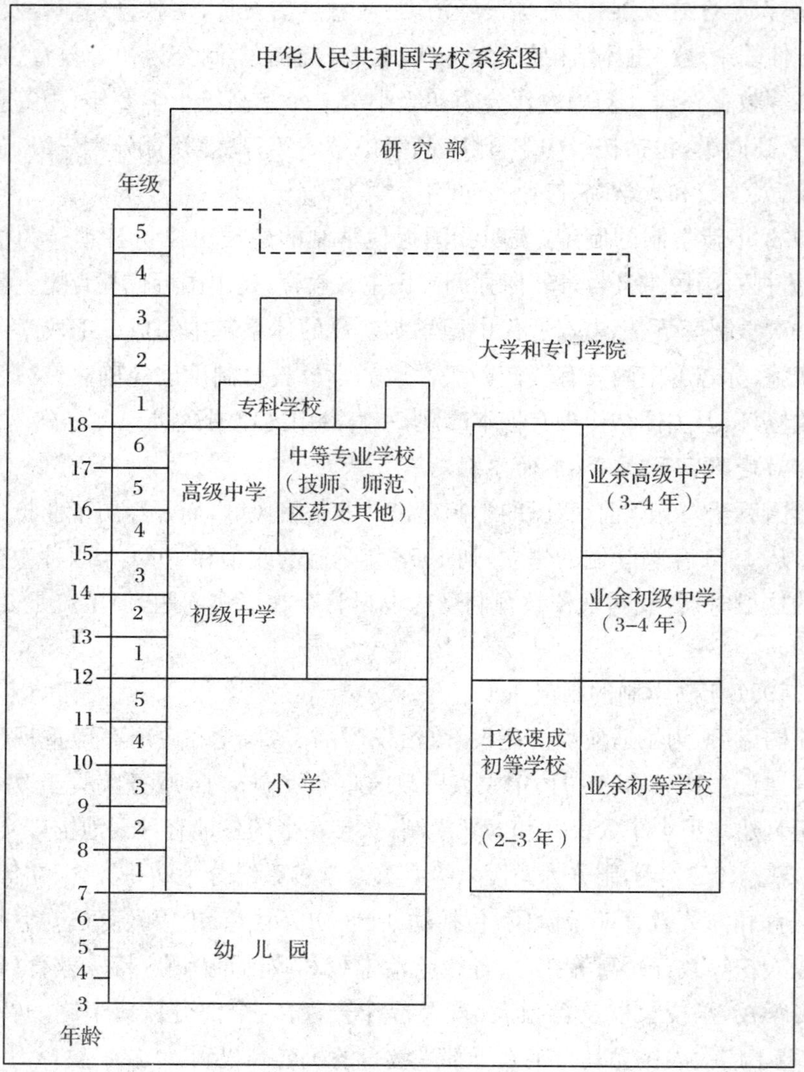


**图 5—6 1951 年学制示意图**

［资料来源］王汉澜、王道俊主编:《教育学》,人民出版社 1999 年版,第 152 页。

2.1958 年的学制改革

1956 年,我国完成了生产资料所有制的社会主义改造,以公有制为基础的社会主义生产关系已经建立起来,迫切需要建立与之相适应的新的教育指导方针和学校教育系统。1957 年,毛泽东主席发表了《关于正确处理人民内部矛盾的问题》的重要讲话,提出了党的教育方针,“我们的教育方针,应该使受教育者在德育、智育、体育几方面都得到发展,成为有社会主义觉悟的有文化的劳动者”。为了解决广大劳动人民日益增长的教育需求和落后的教育现状之间的矛盾，1958年，中共中央、国务院公布了《关于教育工作的指示》，提出了“两条腿走路”的方针和“三个结合、六个并举”的具体原则。“三个结合”是指在发展教育事业的过程中要采取统一性与多样性相结合、普及与提高相结合、全面规划与地方分权相结合的原则。“六个并举”是指在办学形式上，实行国家办学与厂矿、企业、农业合作社办学并举，普通教育与职业技术教育并举，成人教育与儿童教育并举，全日制学校与半工半读、业余学校并举，学校教育与自学并举，免费的教育与不免费的教育并举。

从总体上看，1958年学制改革基本符合我国的国情，调动了各方面办学的积极性，有利于推动教育的进步。但是，由于受到“左”的思想的左右，在实施过程中犯了歪曲事实、注重形式、急躁冒进、追求功利等弊病，使得学校教育制度严重背离了生产力发展水平和社会客观现实，造成教育质量严重滑坡。

3. 1964年两种教育制度、两种劳动制度的实施

1964年，中央政府推行刘少奇同志提出的两种教育制度、两种劳动制度的主张。按照刘少奇同志的解释，新中国应该有两种主要的学校教育制度和劳动制度。一种是已经存在的全日制的学校教育制度和工厂、机关的劳动制度，另一种是半工半学的学校教育制度和半工半读的劳动制度。在刘少奇同志的实地考察和指导下，天津、上海、北京等地先后试办了一批半工半读学校，接纳了大量农村、城市的学员，培养了大批有知识、有文化的劳动者，成效显著，显示了两种教育制度强大的生命力。1965年，根据教育部的不完全统计，全国有半工半读学校4000多所，学生人数80多万。在全国434所全日制高等院校中，开办半工半读试点专业的有177所，学生达4.4万人。66所高等农业院校中，已有37所院校实行半农半读，半农半读的学生占在校生总数的15%。307所中等农业学校中，220所学校实行半农半读，学生占在校生总数的52%。

两种教育制度、两种劳动制度的思想，是刘少奇同志把马列主义理论教育同我国国情和具体教育实际相结合的产物，是教育与生产劳动相结合的典范，对于调动各方面办学的积极性，普及教育，普遍地提高广大劳动人民的知识水平和文化素质，消灭脑力劳动和体力劳动的差别，具有深远的意义。

（三）“文革”时期对学制的破坏

1966～1976年是全国性的“十年动乱”的“文革”时期。“文革”时期是我国学校教育制度的劫难期，学校教育制度建设一度被中断。

1966年5月，中共中央政治局扩大会议通过了《中国共产党中央委员会通知》（简称《五·一六通知》），明确提出要高举无产阶级“文化大革命”旗帜，彻底

批判教育界所谓“学术权威”的资产阶级反动立场，摧毁教育界和其他文化领域中的“资产阶级司令部”，向走资本主义道路的当权派“夺权”，标志着“文化大革命”正式爆发。同年8月，中共中央八届十一中全会通过了《中共中央关于无产阶级“文化大革命”的决定》(简称《十六条》)，明确提出了改革旧的教育制度，尤其是要彻底改变资产阶级统治学校的现象。“宁要没文化的劳动者，不要有文化的剥削者。”在各类学校中，“学制要缩短，课程设置要精简。教材要彻底改革，有的首先删繁就简。学生以学为主，兼学别样。也就是不但要学文，也要学工、学农、学军，也要随时参加批判资产阶级的文化革命斗争”。① 在中等教育领域，由于对“两种教育制度、两种劳动制度”的批判和否定，半工半读的中等技术学校和职业中学被迫全部停办。盲目发展普通中学的后果，使得中等教育几乎完全变成了普通教育，直接导致了中等教育结构的单一化。在“学制要缩短，教育要革命”的口号中，初中和高中都缩短为两年。在高等教育领域，大学的学制也被缩短到两年和三年。而且，文科大学的存在价值惨遭否定，理工大学的有效教学和管理模式也被抛弃，造成文科大学和理工大学的片面、畸形发展。此外，“文革”时期还取消了全国统一的学制，废除了统一的招生考试制度，实行工农兵“上大学、管大学和改造大学”的教育制度，中小学的“红卫兵”也纷纷开始了夺取学校领导权的斗争，大中小学出现了“外行领导内行”的现象，使得学校工作秩序遭到了严重破坏，背离了教育发展的规律，给整个教育事业造成了非常恶劣的后果。

“文化大革命”的十年浩劫，使我国的学校教育制度遭到灾难性破坏和摧残，走上了畸形、偏激之路，其消极影响是深远的。

(四)改革开放以来我国学制的变革

“十年动乱”期间，我国学制遭受到建国以来最严重的挫折和损失。直到“四人帮”被粉碎之后，党的十一届三中全会的召开，教育战线拨乱反正，在各级各类学校整顿恢复的基础上，开始了学制的调整和改革，从而使我国的学制建设走上了科学化、规范化和合理化的发展道路。

1. 1985年的《中共中央关于教育体制改革的决定》

改革开放后，教育体制改革越来越成为迫切需要解决的战略性任务。1985年5月，中共中央国务院颁布了《中共中央关于教育体制改革的决定》。其中有关学校教育制度的主要内容包括：

一是教育体制改革的根本目的是提高民族素质，多出人才、出好人才。

---

① 中央教育科学研究所编：《中华人民共和国教育大事记》(1949～1982)，教育科学出版社1984年版，第405页。

社会主义现代化建设必须依靠教育，教育必须为社会主义现代化建设服务。社会主义现代化建设的关键在于人才。要实现社会主义现代化建设的宏伟蓝图，必须培养有理想、有道德、有文化、有纪律的各级各类社会主义建设人才。

二是实行九年义务教育。

义务教育是现代文明的重要标志。要改变我国基础教育落后的面貌，推进富强、民主、文明的现代化社会主义国家建设，必须加强基础教育改革，把发展基础教育的责任交给地方，有计划、有步骤地实行九年制义务教育。

三是调整中等教育结构单一化的倾向，大力发展职业技术教育。

要采取各种切实有效的措施，使职业教育有一个较大的发展。力争在5年左右的时间，使各类高中阶段的职业技术学校的招生数量和在校学生人数相当于普通高中的招生数和在校生人数，以此扭转中等教育结构不合理的状况。

四是改革高等学校的招生计划和毕业生分配制度，扩大高等学校办学自主权。

在国家统一的教育方针和计划的指导下，改变以往高校学生全部按国家计划统一招生和毕业生国家包分配的做法，采用以下三种形式：其一，实行国家计划招生，本人选报志愿、学校推荐、用人单位择优录用的制度；其二，用人单位委托招生，毕业生应按合同规定到委托单位工作；其三，招收少数自费生，毕业后可以由学校推荐就业，也可以自谋职业。

五是加强对教育的领导和管理，保证教育改革顺利进行。

要尊重教育的规律和特点，对学校实行分级管理。基础教育管理权属于地方；中等职业技术教育主要由地方负责，各种职业技术学校要由各单位和部门自办、联办或与教育部门合办；高等教育实行中央、省（自治区、直辖市）、中心城市三级办学的体制。

通过改革，初步形成了适应改革开放的现代学校教育制度，为国民经济发展和现代化建设奠定了良好的教育基础。

2.1993年的《中国教育改革和发展纲要》

1993年2月，中共中央、国务院颁布了《中国教育改革和发展纲要》（以下简称《纲要》）。《纲要》对教育面临的形势和任务、教育事业发展的目标、战略和指导方针、教育体制改革、教师队伍建设以及教育经费等方面作了详细的规定。《纲要》指出，尽管建国40多年来我国的教育取得了显著的成绩，但依旧无法满足经济和政治发展的需要。要建立适应社会主义市场经济体制和政治体制、科技体制改革需要的教育体制，更好地服务于社会主义现代化建设。《纲要》中涉及学校教育制度的主要内容有：

一是推进办学体制的改革。在办学体制上，要改变过去单纯由政府包揽办学的格局，逐步建立以政府办学为主、社会各界共同办学的体制。

二是深化中等以下的教育体制改革。在中等以下的教育体制改革上，要进一步落实和完善分级办学、分级管理的教育体制。中等及中等以下各类学校实行校长负责制。

三是深化高等教育体制改革。在政府与高校的关系上，要扩大高校的办学自主权，由政府过去对高校的直接行政管理，转变为政府宏观管理、高校自主办学的教育体制。

四是加强教育法制建设。加强和改进教育的立法机制和工作方法，制定综合配套的教育法律和法规，尤其是要抓紧草拟基本的和当前急需的教育法律、法规，建立和健全教育的执法监督体系。

五是改革和完善教育投资体制，增加教育投入。要逐步建立以国家财政拨款为主，以征收用于教育的税费、社会捐资集资、设立教育基金等为辅的多渠道筹措教育经费的制度。

1993 年的学制改革，提出了新时期我国教育改革与发展的行动纲领，是贯彻落实教育优先发展战略的重要举措，是推进教育现代化的重要内容，为教育更好地服务于社会主义现代化建设开辟了广阔的发展道路。

3. 1999 年的《面向 21 世纪教育振兴行动计划》

为了贯彻落实科教兴国战略，扎实推进教育改革和发展，提高国民的整体素质，1999 年，国务院批准颁布了《面向 21 世纪教育振兴行动计划》(以下简称《计划》)，为新世纪的教育发展指明了方向。《计划》的主要目标是：到 2000 年，全国基本普及九年义务教育，基本扫除青壮年文盲，大力推进素质教育；完善职业教育培训和继续教育制度，城乡新增劳动力和在职人员能够普遍接受各种层次和形式的教育与培训；积极稳步发展高等教育，高等教育入学率达到 11%左右；瞄准国家创新体系的目标，培养造就一批高水平的具有创新能力的人才；加强科学研究并使高校高新技术产业为培育经济发展新的增长点做贡献；到 2010 年，在全面实现“两基”目标的基础上，城市和经济发达地区有步骤地普及高中阶段教育，全国人口受教育年限达到发展中国家的先进水平；深化改革，建立起教育新体制的基本框架，主动适应经济社会发展；高等教育规模有较大扩展，入学率接近 15%，若干所高校和一批重点学科进入或接近世界一流水平；基本建立起终身学习体系，为国家知识创新体系以及现代化建设提供充足的人才支持和知识贡献。

为了实现这一目标，《计划》还提出了以下具体措施：实施“跨世纪素质教育工程”，提高国民素质；实施“跨世纪园丁工程”，大力提高教师队伍素质；实施“高层次创造性人才工程”，加强高校科研工作，积极参与国家创新体系建设；继续并加快进行“211 工程”建设，大力提高高等学校的知识创新能力；创建若干所具有世界先进水平的一流大学和一批一流学科；实施“现代远程教育工程”，形成开放式教育网络，构建终身学习体系；实施“高校高新技术产业化工程”，带动国家高新技术产业的发展，为培育经济新的增长点做贡献；贯彻《高等教育法》，积极稳步发展高等教育，加快高等教育改革步伐，提高教育质量和办学效益；积极发展职业教育和成人教育，培养大批高素质劳动者和初中级人才，尤其要加大教育为农业和农村工作服务的力度；深化办学体制改革，调动各方面发展教育事业的积极性；依法保证教育经费的增长，切实增加教育的有效投入；高举邓小平理论的伟大旗帜，加强高等学校党的建设和思想政治工作，把高等学校建设成为社会主义精神文明建设的重要阵地。

《计划》是在贯彻《中华人民共和国教育法》及《中国教育改革和发展纲要》的基础上，结合教育发展的实际而提出的跨世纪教育发展的宏伟蓝图，为新世纪教育的改革与发展指明了前行的方向。

4.2010 年的《国家中长期教育改革和发展规划纲要(2010～2020 年)》

为了进一步推进教育优先发展的战略，深化教育体制改革，提高教育的现代化水平，全面推进教育事业的协调和可持续发展，2010 年 6 月 21 日，中共中央政治局召开会议，审议并通过了《国家中长期教育改革和发展规划纲要(2010～2020 年)》。会议强调，各级党委、政府要高度重视教育事业的发展，切实加强和改进对教育工作的领导，精心组织、认真实施《国家中长期教育改革和发展规划纲要》中的各项任务措施，在全党、全社会形成拥护、关心、支持和参与教育发展的良好舆论氛围和社会环境。与学校教育制度相关的基本内容有：

一是教育改革和发展的战略目标是，到 2020 年，基本实现教育现代化，基本形成学习型社会，进入人力资源强国行列。

为实现这一目标，要基本普及学前教育，巩固提高九年义务教育水平，推进义务教育均衡发展，在此基础上实现更高水平的普及教育；形成惠及全民的公平教育；坚持教育的公益性和普惠性，保障人民享有接受良好教育的机会；建成覆盖城乡的基本公共教育服务体系，实现基本公共教育服务均等化，缩小区域差距；提供更加丰富的优质教育；构建体系完备的终身教育；健全充满活力的教育体制。

二是教育改革和发展的战略主题是，坚持以人为本、推进素质教育，提高学生的社会责任感，培养学生的创新精神和实践能力。

坚持德育为先，加强社会主义核心观教育，引导学生形成正确的世界观、人生观、价值观，增强学生的爱国情感和创新精神；加强公民意识教育，增强德育工作的针对性和实效性；坚持能力为重，培养学生勇于探索的创新精神和善于解决实际问题的实践能力；坚持全面发展。要提高学生的整体素质，将学生培养成为德、智、体、美全面发展的社会主义建设者和接班人。

三是深化人才培养体制改革。

更新人才培养观念，树立全面发展观念、人人成才观念、多样化人才观念、终身学习观念和系统培养观念；创新人才培养模式，探索学思结合、知行统一、因材施教等多种培养方式；改革教育质量评价和人才评价制度，实施由政府、学校、社会各方面共同参与的多主体的教育质量评价制度；改进社会人才评价及选用制度，建立以业绩为重点，由品德、智力、知识、技能等因素共同构成的综合性人才评价指标体系。在人才选拔、使用中重视实践能力的考核，摆脱单纯追求学历的片面性人才选用标准。

四是推进和完善考试招生制度改革。

克服“一考定终身”的考试弊端，积极探寻招生与考试相对分离的办法，逐步形成分类考试、综合评价、多元录取的考试招生制度；通过完善初中就近免试入学的具体办法、完善学业水平考试和综合素质评价、规范优秀特长生录取程序与办法等措施，完善中等学校考试招生制度；逐步实施高等学校分类入学考试、建立健全有利于专门人才与创新人才选拔的多元录取机制等措施，完善高等学校考试招生制度；通过公开高校招生名额、招生章程和政策、招生过程和结果、公开自主招生原则和办法等措施，完善考试招生信息发布制度。

五是建设现代学校制度。

明确政府和学校在学校教育中各自的权限和职责，完善“政校分开”与“管办分离”的教育管理制度；政府及其部门应改进管理方式与方法，落实和扩大学校办学自主权；高校要坚持和完善党委领导下的校长负责制，健全和完善具有中国特色的现代大学制度；坚持和完善普通中小学和中等职业学校的校长负责制，健全和完善中小学学校管理制度。

六是深化办学体制改革。

在深化公办学校办学体制改革的基础上，积极鼓励各行业、部门和企业等社会力量参与公办学校办学，提高办学质量；大力支持民办教育，办好一批有特色、高质量、高水平的民办学校；设立专门教育行政机构，负责民办教育的组织、协调和管理工作，完善民办学校法人治理结构，依法加强对民办教育的管理。

七是完善教育经费投入制度。

将义务教育全面纳入财政保障范围，实行国家和各级政府分项目、按比例分担的教育经费投入制度；非义务教育实行以政府投入为主，受教育者、行业和企业及其他社会力量等多途径、多渠道合理分担培养成本的教育投入制度；设立助学金和奖学金制度，健全和完善国家资助政策体系，确保学校办学经费的稳定来源和持续增长。

八是推进依法治教。

加快教育法制建设进程，建立较为完善的具有中国特色的社会主义教育法律体系。落实教育行政执法责任制，全面推进依法行政；开展普法教育，建立健全符合法律规定的各项学校规章和制度，大力推进依法治校；建立相对独立的教育督导机构，健全教育督导制度，加强督导检查，严格落实问责制，完善督导制度和监督问责机制。

《国家中长期教育改革和发展规划纲要》是我国进入21世纪以来制定的第一个教育规划。该规划的制定并实施，对于办好人民满意的教育，满足人民接受良好教育的需求，全面实现小康社会的目标，建设富强、民主、文明、和谐的社会主义现代化国家具有决定性的意义。

## 二、我国现行学校教育制度的结构

我国现行的学制，在1995年颁布的《中华人民共和国教育法》第二章中得到了确认。

> 第二章　教育基本制度
>
> 第十七条　国家实行学前教育、初等教育、中等教育、高等教育的学校教育制度。国家建立科学的学制系统。学制系统内的学校和其他教育机构的设置、教育形式、修业年限、招生对象、培养目标等，由国务院或者由国务院授权教育行政部门规定。
>
> 第十八条　国家实行九年制义务教育制度。各级人民政府采取各种措施保障适龄儿童、少年就学。适龄儿童、少年的父母或者其他监护人以及有关社会组织和个人有义务使适龄儿童、少年接受并完成规定年限的义务教育。
>
> 第十九条　国家实行职业教育制度和成人教育制度。各级人民政府、有关行政部门以及企业事业组织应当采取措施，发展并保障公民接受职业学校教育或者各种形式的职业培训。国家鼓励发展多种形式的成人教育，使公民接受适当形式的政治、经济、文化、科学、技术、业务教育和终身教育。
>
> 第二十条　国家实行国家教育考试制度。国家教育考试由国务

院教育行政部门确定种类，并由国家批准的实施教育考试的机构承办。

第二十一条　国家实行学业证书制度。经国家批准设立或者认可的学校及其他教育机构按照国家有关规定，颁发学历证书或者其他学业证书。

第二十二条　国家实行学位制度。学位授予单位依法对达到一定学术水平或者专业技术水平的人员授予相应的学位，颁发学位证书。

第二十三条　各级人民政府、基层群众性自治组织和企业事业组织应当采取各种措施，开展扫除文盲的教育工作。按照国家规定具有接受扫除文盲教育能力的公民，应当接受扫除文盲的教育。

第二十四条　国家实行教育督导制度和学校及其他教育机构教育评估制度。

[资料来源]《中华人民共和国教育法》

我国现行的学校教育系统分为幼儿教育、初等教育、中等教育和高等教育四个层次。

(一)幼儿教育

幼儿教育的实施机构主要是幼儿园和各种学前班，招收3～6、7岁的幼儿入园。幼儿教育是指遵循幼儿生长发育的基本特点和规律，运用科学的方式和手段，实行保育和教育相结合的原则，对幼儿进行身体养育、智力开发和道德启蒙教育，从而促使幼儿身心得到和谐发展的社会活动。幼儿教育是学校教育的基础。在幼儿教育中，要提高幼儿的健康意识和健康水平，促进幼儿机体的协调发展、增强幼儿的体质；增进幼儿对周围环境的认识，发展他们的智力和口语表达能力，培养他们良好的学习兴趣与习惯；使幼儿从小就养成良好的道德品质和行为习惯等，为顺利实现幼小衔接奠定良好基础。

(二)初等教育

实施初等教育的机构主要是全日制小学，招收6～7岁儿童入学，修业年限为5～6年不等。小学实施初等义务教育，是基础教育的有机组成部分。初等教育是为儿童打下文化知识基础和做好初步生活准备的基础教育，其任务是对儿童实施德、智、体等方面协调发展的教育，为儿童顺利进入中学做好准备。1978年教育部修订并颁发了《全日制小学暂行工作条例》(试行草案)，明确规定了小学的培养目标："使学生具有爱祖国、爱人民、爱劳动、爱科学、爱护公共财物等品德；拥护社会主义，拥护共产党；使学生具有初步的阅读、写作和计算的能力，具有初步的自然常识和社会常识，培养良好的学习习惯；使学生的身心得到正常的发展，具有健康的体质，培养良好的生活习惯和劳动习惯。”同级的还有成人初等学校，实施成人初等业余教育，以语文和算术为学习的主要科目。

（三）中等教育

中等教育的实施机构较为复杂，包括全日制普通中学、职业中学、农业中学、技工学校、各类中等专业学校和成人中等学校等。全日制普通中学分为初中和高中两个阶段，修业年限一般为6年，初中3年，高中3年，也有部分地区的学制为7年，即初中4年，高中3年。全日制普通中学肩负着为国家培养后备劳动力量和为高一级学校输送合格新生的任务。全日制小学教育和全日制初中教育构成目前我国的九年制义务教育；职业中学修业年限为2～3年，招收初中毕业生，主要对学生进行专门的职前训练，为国家培养劳动力量和技术后备力量；农业中学修业年限2～3年，一般招收初中毕业生，主要为农村培养各种急需人才；技工学校修业3～4年，招收初中毕业生，以培养技术工人为目标；中等专业学校修业3～4年，一般招收初中毕业生，主要培养各种中级专门技术人才；成人中等学校修业3～4年，招收初中或高中毕业生，以培养中级的专门业务人才和技术人才为目标。

（四）高等教育

高等教育属于正规学校教育的最高层次，主要包括全日制高等学校和成人高等学校。高等学校是实施专业教育的机构，主要任务是培养高级专门人才、进行科学研究和促进社会经济发展。全日制高等学校又分为全日制专科学校、全日制大学和研究生院，分别进行专科教育、本科教育和研究生教育。全日制专科学校和全日制大学招收应届高中毕业生和同等学力者。专科学校修业年限2～3年。全日制大学为4～5年，毕业后授予学士学位；成人高等学校包括广播电视大学、管理干部学院、教育学院、职业技术学院、职工高等学校、农民高等学校、独立设置的函授学院和普通高校所属的继续教育学院等，以具有高中文凭或同等学力的在职从业人员为培养对象，采用脱产、业余和函授三种学习形式，学习年限为2.5～5年不等，毕业后颁发由国家认可的相应的学历证书。另外，我国还实行由国家统一举行的高等教育自学考试制度，自学者考试合格后，可获得专科或本科毕业证书；研究生院招收硕士研究生和博士研究生，部分高校设有研究生院。硕士研究生修业年限为2～3年，招收具有大学本科毕业学历和同等学力的人员，完成学业后授予硕士学位。博士研究生修业年限为3～4年，招收具有硕士学位者和同等学力的人员，毕业后授予博士学位。

我国现行的学制如下（见图5—7）：

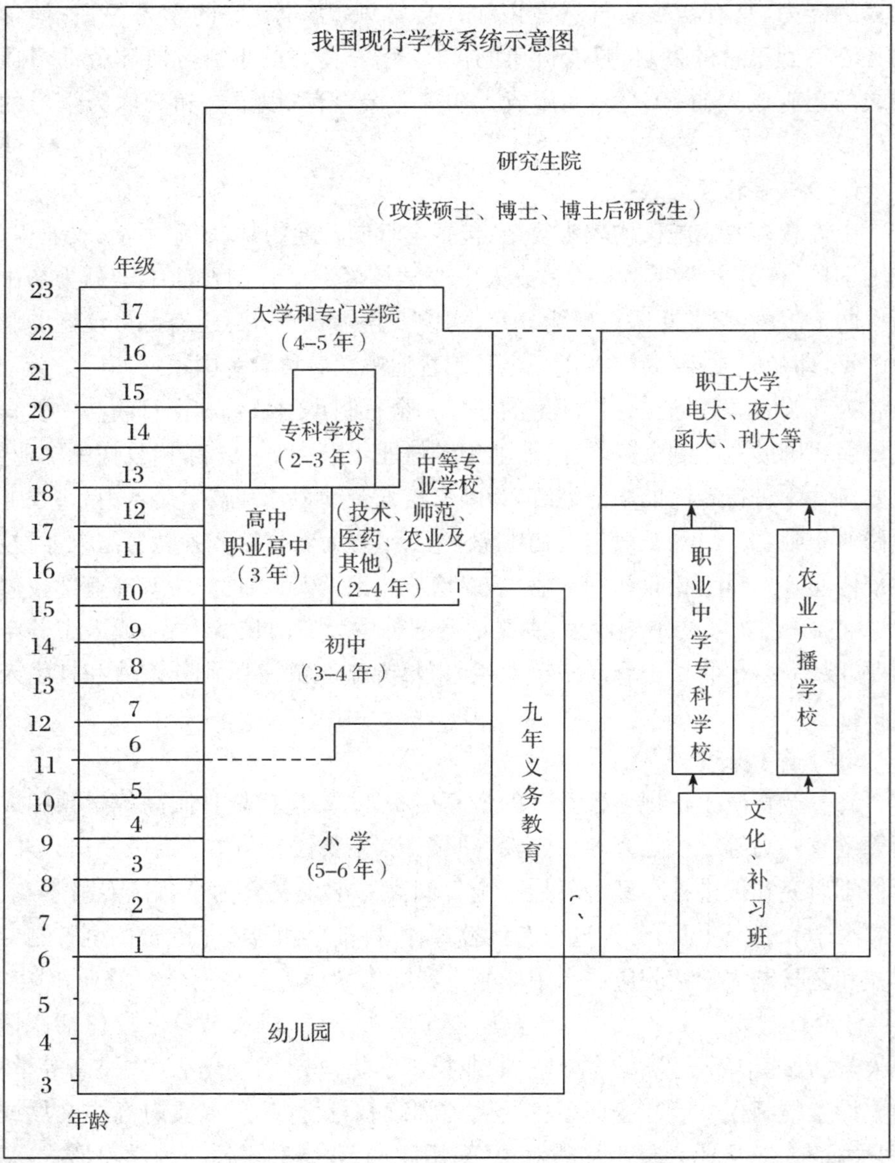


**图 5—7　我国现行的学制示意图**

［资料来源］王汉澜、王道俊主编:《教育学》,人民出版社 1999 年版,第 151 页。

1997 年 8 月,联合国教科文组织第 29 届大会批准实施《国际教育标准分类》(修订稿),对学制的结构也作出了详细的规定和阐释。需要说明的是,联合国教科文组织对教育阶段的界定和划分,并非要求在世界范围内实行统一的学制,并不否认世界各国依据本国国情自主选择教育体制的可能性。“《国际教育标准分类法》无意对教育做出全面的定义，更不会硬性规定一种国际通用而标准化的哲学概念、教育目的或教育内容，也不想反映教育对文化方面的影响。的确，对任何一个国家来说，仅文化传统、地方习俗、社会经济情况之间的相互作用就足以产生一个在许多方面都是那个国家特有的教育概念：试图强加一个通用的定义是无济于事的。”①

**教育级别一览表：如何确定某项教学计划的级别**

| 教学计划的内容标准 | | 级别名称 | 代码 | 补充标准 |
|---|---|---|---|---|
| 主要标准 | 次要标准 | | | |
| 有教育的特征；在校或在中心进行；最低年龄要求；年龄上限 | 教学人员的资格 | 学前教育 | 0 | 无 |
| 开始系统地学习读、写、算 | 进入国家指定的小学课程学习；义务教育开始 | 初等教育，或基础教育第一阶段 | 1 | 无 |
| 按科目教学；全面学习基本技能和为终身学习打基础 | 在大约6年初等教育后入学；从初等教育开始在9年内完成的教育阶段；义务教育结束；几个教师开设专业课 | 初级中学教育，或基础教育第二阶段 | 2 | 后续教育或去向的种类；教学计划定向 |
| 一般入学资格；起码入学要求 | | 高级中学教育（高中） | 3 | 后续教育或去向的种类；教学计划定向；从《国际教育标准分类法》3级开始的累计持续时间 |
| 入学要求；内容；年龄；持续时间 | | 非高等的中学后教育 | 4 | 后续教育或去向的种类；教学计划定向；从《国际教育标准分类法》3级开始的累计持续时间；教学计划定向 |

① 《联合国教科文组织发布〈国际教育标准分类〉第二次修订稿》，《教育参考资料》，1997年第2期。

续表

<table>
<tr><th colspan="2">教学计划的内容标准</th><th rowspan="2">级别名称</th><th rowspan="2">代码</th><th rowspan="2">补充标准</th></tr>
<tr><th>主要标准</th><th>次要标准</th></tr>
<tr><td>一般入学资格；所获证书的种类</td><td></td><td>高等教育第一阶段（不可直接获得高级研究资格）</td><td>5</td><td>教学计划的种类；高等教育的理论累计持续时间；国家学位和资格结构</td></tr>
<tr><td>以研究为目标的内容；提交论文或学位论文</td><td>将毕业生培养成为高校教师和研究人员</td><td>高等教育第二阶段（可获得高级研究资格）</td><td>6</td><td>无3级*即（高级）中学教育</td></tr>
</table>

* 3级即（高级）中学教育

［资料来源］《国际教育标准分类法》（修订稿）

## 三、当代中国学校教育制度变革的趋势

当今时代，随着经济转轨和社会转型，知识急剧增长，科学技术日新月异，社会的各个方面都经历着持续而深刻的变革，教育领域亦是如此。目前，学校教育正朝着现代化、国际化、开放性和标准化的方向发展，赋予学校教育制度新的内涵。当代中国的学校教育制度必须顺应这一潮流，对自身作出变化和调整，以适应个体发展和社会进步的需求。

### （一）学校教育与社会的联系更为密切

教育具有社会功能，服务社会是教育的重要职能。教育通过为社会培养各种人才，进而推动社会的发展，这是教育作用于社会最基本的表征。教育对社会所起的作用，也就是教育要促进社会的进步，与社会对教育的需求密切相关。在古代社会，如奴隶社会和封建社会，由于剥削阶级垄断教育，使得受教育只是少数人的专利，教育目的也主要是局限在政治的范畴，社会经济、文化和科技的发展对教育的需求相对较低，学校教育与社会的联系并不紧密。

历史发展到近代社会，学校教育与社会的联系空前加强。机器大生产的普遍化，迫切需要相应的技术工人和熟练劳动者，这使得接受教育成为个体的必需，不少国家陆续制定了义务教育法，开始实施义务教育。义务教育法的实施，使得接受教育不再是某些人的特权，而是每一个人必须承担的义务，这样，教育就成为社会公共事业的有机组成部分之一，密切了学校教育与社会的联系。在现代社会，学校教育与社会的关联更加紧密。教育社会与社会化教育，是学校教育与社会联系更加普遍与直接的具体体现。教育社会化直接表现为教育对象的

全民化，学校教育不但从时间上贯穿于个体发展的每一个阶段，而且从空间上扩展到全社会，即每个社会成员在人生的任何阶段都有机会和条件接受学校教育。学校教育不能仅仅依据自身的状况而制定人才培养计划，必须结合社会的实际需求来设计人才培养模式和教育结构；社会化教育，是指教育不再是学校等专门教育机构的事业，而是整个社会的公共事业，表现为社会各行各业都有权举办各种形式的教育活动，承担相应的教育职能。它赋予全社会成员双重身份，即受教者与施教者，从而实现受教者与施教者双重角色的有机统一。在当代中国，学校教育培养人才的水平和质量，直接影响着我国改革开放和社会主义现代化建设的步伐，关乎社会的繁荣和进步。反之，改革开放的纵深推进，社会的不断发展，也为学校教育培养高质量的人才奠定了不可或缺的基础和条件。这种良性循环，也表明学校教育与社会的联系日益紧密。

（二）学制的弹性化、开放性的特征日趋明显

实行弹性化、开放性的学校教育制度，是世界各国学制发展的共同选择。18世纪末，德国最早提出了“选课自由”的思想，打破了统一的计划教学模式，开创了选课制的先河；1825 年美国弗吉尼亚大学也开始试行选课制，允许学生选修教育计划外的课程；1947 年，日本开始全面推行学分制，规定本科学生只要修满124 个学分就可毕业，等等。尤其是当代，世界各国从本国的教育需求出发，制定了更加灵活的教学计划和管理制度。

建国以来，由于受计划经济体制的影响，我国的学制建设高度集中统一，学习模式划一，修业年限一律，学制结构单一，构成了一个脱离社会实际生活的相对封闭的体系。如果说这种学制是当时社会特定的产物，那么，随着社会的发展，其弊端日益暴露无遗，它无法满足受教育者对教育选择的多样化和个性化的要求，不利于实现各级各类学校教育之间的相互衔接和贯通，无法适应改革开放和社会主义现代化建设对教育的新需求，等等。为了扭转这种窘境，1999 年中共中央、国务院颁发了《关于深化教育改革，全面推进素质教育的决定》，提出了实行弹性化、开放性的学制的思想，“高等学校和中等职业学校要创造条件实行弹性的学习制度，放宽招生和入学的年龄限制，允许分阶段完成学业。”其后，各高校和中等职业学校相继修订各自的学校教育制度，建立了必修课、选修课和任意选修课相结合的课程结构，采用了半工半读、工学交替、分阶段完成学业的多样化教育途径，实行基本学制不等、可提前毕业或延缓毕业等有一定伸缩性和灵活性的学校教育模式，以增强学校办学的活力，适应现代社会对人才培养的要求。如在研究生教育方面，北京大学、清华大学等高校实行 2～4 年的弹性的、灵活的学制。此外，我国与世界上其他国家在学历和学位上的相互认可，也是学制上弹性化和开放性的反映。

(三)高等教育的大众化、普及化

高等教育的大众化、普及化是世界高等教育发展的必然趋势。按照目前世界上公认的马丁·特罗教授关于高等教育发展的"三段论"指标，高等教育毛入学率低于适龄人口的15%时，属于为精英化教育阶段，达到15%～50%时，进入大众化阶段，达到50%及以上，则进入普及化教育阶段。美国是世界上第一个实现高等教育大众化的国家。法国、英国和日本等国随后也实现了高等教育大众化的目标。而美国、加拿大、芬兰和韩国等国的毛入学率则达到或超过了50%，已经进入了高等教育的普及化阶段。

自20世纪90年代末期开始，我国高等教育逐步向大众化的轨道迈进。在1999年的《面向21世纪教育振兴行动计划》中明确规定，要扩大高等教育招生规模，"高等教育入学率由1997年的9.1%，提高到2000年的11%左右。普通高等学校生师比由1997年的10∶1提高到2000年的12∶1，独立设置的普通高校平均在校生规模达到4000人左右"，到2010年，高等教育的入学率接近15%。此外，在《关于深化教育改革，全面推进素质教育的决定》中也对高校的扩招作了进一步的阐释，"通过多种形式积极发展高等教育，到2010年，我国同龄人口的高等教育入学率要从现在的9%提高到15%左右"。这两个文件的出台，为我国高等教育的大众化铺平了道路。从1999年开始，我国高等教育进行了跨越式发展。1998年全国普通高校招生数为108.36万人，在校生数为642.99万人，毛入学率为9.76%；2000年在校生人数为939.85万人，毛入学率达到了15%，已经达到了大众化的水平；2003年高等教育在校生人数为1847.27万人，毛入学率达到了17%；2004年，我国普通高校在校生人数突破2000万人的大关，成为世界上规模最大的高等教育。而到了2005年，在校生数为2500万人以上，毛入学率为21%。从1998年的642.99万人，到2006年的2500万人以上，我国高校在校生人数在8年间增长了近4倍，毛入学率也由9.76%增长为22%。由此看来，我国高等教育已经踏入了高等教育大众化的门槛，正在向普及化的方向发展。

**历年全国高等学校在校学生增长表**

| 年份 | 在校生数（万人） | 增长率（%） | 研究生（万人） | 增长率（%） | 本专科生（万人） | 增长率（%） | 成人高教（万人） | 增长率（%） |
|---|---|---|---|---|---|---|---|---|
| 1998 | 642.99 | — | 19.89 | — | 340.88 | — | 282.22 | — |
| 1999 | 742.27 | 15.44 | 23.36 | 17.45 | 413.42 | 21.28 | 305.49 | 8.25 |
| 2000 | 939.85 | 26.62 | 30.12 | 28.94 | 556.09 | 34.50 | 353.64 | 15.76 |
| 2001 | 1214.47 | 29.22 | 39.32 | 30.94 | 719.07 | 29.31 | 455.98 | 28.93 |

续表

| 年份 | 在校生数（万人） | 增长率（%） | 研究生（万人） | 增长率（%） | 本专科生（万人） | 增长率（%） | 成人高教（万人） | 增长率（%） |
|---|---|---|---|---|---|---|---|---|
| 2002 | 1512.52 | 24.54 | 50.10 | 27.42 | 903.36 | 25.63 | 559.16 | 22.63 |
| 2003 | 1847.27 | 22.13 | 65.13 | 30.00 | 1108.56 | 22.72 | — | — |
| 2004 | 2133.56 | 15.50 | 81.99 | 25.89 | 1333.50 | 20.29 | 419.80 | — |
| 2005 | 2300 以上 | — | 97.86 | 19.36 | 1561.78 | 17.19 | 435.33 | 3.70 |
| 2006 | 2500 以上 | — | 110.47 | 12.88 | 1738.8 | 11.34 | 524.88 | 20.57 |
| 1998～2006 | — | 361.6 | — | 555.41 | — | 510.09 | — | 185.98 |

[资料来源]教育部历年《全国教育事业发展统计公报》。

（四）普通教育和职业教育的一体化趋势日益增强

职业教育是使个体获得从事某种职业或生产劳动所需的职业知识和职业技能的一种特殊教育形式。由于职业教育面向社会和市场，注重职业技能培训，重视个体实际工作能力的培养，为社会提供大量专门的技术工人和劳动者，直接为生产力发展和经济增长服务，因而备受各国政府的偏爱。联邦德国曾将职业技术教育视作“秘密武器”、“德国经济发展的柱石”。在二战时期，日本推行“振兴产业教育计划”，摆脱了经济困境。20 世纪 60 年代，日本职业教育在整个高级中等教育体系中所占的比重高达 60%，而同时期联邦德国和苏联也分别达到了 57.7%和 43.3%。1958 年美国颁布的《国防教育法》也提出了普通教育和职业教育相结合的教育思想。1981 年德国通过制定《职业教育法》，规定了职业教育应该成为公共事业，促进普通教育发展的目标和任务。目前，世界上不少国家在普通中学开设职业指导课，如美国、英国和俄罗斯等。促进普通教育和职业教育朝着综合、统一的方向发展，是世界各国学校教育制度改革的长期任务。

职业教育是我国教育事业的重要组成部分。普通教育的职业化和职业教育的普通化，是当前我国学制改革中出现的一个新变化。现代社会对高层次、复合型人才的需求，使得职业指导、职业培训不再是职业院校的专门行为，也成为普通教育机构的社会活动。同样，职业院校也不能仅仅局限于职业技术专业训练，而应加强通用的基础知识教育。加强普通教育机构与职业教育的联系，在普通教育阶段引入和加强职业技术教育，在职业院校中增加普通教育课程，促进普通教育与职业教育相互渗透与配合，构建普通教育与职业教育相互畅通的“教育立交桥”，在我国的教育立法中也有所体现。1996 年颁布的《中华人民共和国职业教育法》，通过立法的形式保证了普通教育和职业教育的相互沟通、协调发展。

为了进一步贯彻落实《中华人民共和国职业教育法》和《中华人民共和国劳动法》,2002 年国务院又颁布了《关于大力推进职业教育改革与发展的决定》,明确提出了"要以中等职业教育为重点,保持中等职业教育与普通高中教育的比例大体相当,扩大高等职业教育的规模"、"企业举办的职业学校和职业培训机构应积极面向社会开展职业教育和培训"、"加强中等职业教育与高等职业教育,职业教育与普通教育、成人教育的衔接与沟通,建立人才成长'立交桥'"等主张,为形成普通教育职业化和职业教育普通化的一体化教育体系疏通了道路。

(五)现代学制逐渐朝着终身化的方向发展

终身教育是指个体在人生的各个阶段中所受诸种教育的总和,是个体所受的各种各样的教育类型的综合。终身教育是现代教育的发展方向,是世界各国学制改革的共同目标。1965 年,时任联合国教科文组织教育局继续教育部长的法国教育家保罗・朗格朗首次提出了"终身教育"这个术语。他指出,教育不应随着学校学习的终结而终止,而应该贯穿于生命过程的始终。1972 年,联合国教科文组织国际教育发展委员会在《学会生存》的报告中提出"终身教育是学习化社会的基石"的主张,推动了终身教育在世界范围内的发展。1981 年,日本中央教育审议会在咨询报告《关于终身教育》中,提出促进终身教育体系形成的教育发展原则。1976 年,美国通过了《终身学习法》。1990 年,日本制订了《终身学习振兴法》,为建立终身教育体系提供了法律保障。此外,瑞士、法国、俄罗斯等国也通过立法的形式,确立了教育改革的终身教育思想。

在世界范围内的终身教育思想的推动下,1995 年我国颁发的《中华人民共和国教育法》作出了"国家适应社会主义市场经济发展和社会进步的需要,推进教育改革,促进各级各类教育协调发展,建立和完善终身教育体系"的规定,奠定了终身教育的法律地位;1999 年《面向 21 世纪教育振兴行动计划》也提出,到 2010 年要基本建立起终身学习体系;党的十六大报告则把形成"全民学习、终身学习的学习型社会,促进人的全面发展",作为落实终身教育思想的重要指南,视作全面建设小康社会的教育奋斗目标。为了构建终身教育体系,我国在普及九年义务教育、稳步推进普通高中阶段教育和高等教育发展的基础上,大力发展继续教育和成人教育,加强了对在职人员的教育和培训,以满足他们更新知识结构、提高自身能力的需求。近年来,我国兴办了各种进行终身教育的学校,如老年大学、函授大学、开放大学、广播电视大学、短期大学和网络学校等,为受教育者提供了更为充分、多样的教育条件和机会,实施了全方位、全过程的再教育和再学习,促使个体树立自觉学习和终身学习的教育理念,从而确保终身教育顺利开展。

## 知识要点

1. 教育制度的特点

2. 教育制度的功能
3. 学校教育制度
4. 学校教育制度的类型
5. 确立现代学校教育制度的依据
6. 我国现行学校教育制度的结构
7. 当代中国学校教育制度变革的趋势

# 第六章
# 教育艺术

## 本章导读

教育具有艺术的特质,教育的艺术性使得教育过程更具特色、魅力和活力。本章主要阐述了教育的艺术性、教育艺术的基本内容、教育艺术风格的内涵及其形成过程。通过本章的学习,初步形成教育既是一门科学,又是一门艺术的基本认知,进而明确教育艺术的内容要素,理解教师教育艺术风格的内涵及其形成和发展,重点掌握教育艺术与教育科学的关系,以及教师运用教育艺术的具体要求。在学习过程中,要树立辩证的思维取向和意识观念,逐渐学会运用对立统一的观点,体会、剖析和把握教育科学与教育艺术之错综复杂的关系。

教育是人类活动的重要组成。自从有了教育活动,教育艺术也随之诞生。在人类社会历史发展的长河中,古今中外的哲学家、思想家和教育家为我们留下了宝贵的教育艺术遗产。重温和运用这些教育艺术思想,并为其注入现代气息,有助于提高教育教学质量,促进教育的健康、持续发展。

## 第一节　教育艺术概述

在上述的各章节中,我们主要是将教育作为一门科学来进行阐释和论述的,本节着重分析和探讨教育的艺术性。缘何说教育是一门艺术?怎样理解教育艺术?教育艺术与教育科学的关系究竟如何?对这些问题的回答,可为我们深入地理解教育的艺术性提供有益的借鉴和启示。

## 一、教育是一门艺术

教育不仅是一门科学，而且是一门艺术。作为科学，教育是系统逻辑化的产物。作为艺术，教育是在动态中生成和发展的。之所以说教育是一门艺术，主要体现在以下几个方面：

### （一）教育具有艺术的内涵

教育是艺术的构成基因，是艺术内涵的有机组成。艺术的内涵有三：一是指“技能”和“技艺”；二是指富有创造性的工作方式与方法；三是指反映创作者思想感情的意识形态。1632 年，夸美纽斯在标志着教育学开始成为一门独立学科的宏伟巨著——《大教学论》中旗帜鲜明地指出，教学是把一切事物交给一切人的全部艺术，并对之作了详细解释：“这是一种教起来准有把握，因而准有结果的艺术；并且它又是一种教来使人感到愉快的艺术，就是说，它不会使教员感到烦恼，或使学生感到厌恶，它能使教员和学生全都得到最大的快乐；此外，它又是一种教的彻底、不肤浅、不铺张，却能使人获得真实的知识，高尚的行谊和最深刻的虔信的艺术。”①被誉为“20 世纪伟大的哲学家”、诺贝尔文学奖获得者、英国教育家罗素（Bertrand Russell，1872～1970）也认为，传授知识是教育的任务之一，但知识的传授并非轻而易举，而要讲究技巧和方法。他指出，教育就是传授知识的复杂艺术。现代教育流派的代表人物，美国实用主义哲学家、教育家杜威继承并丰富了上述主张，他深刻地指出，教育不仅具有科学性的一面，而且具有艺术性和文化性的一面，教育就是科学、艺术和文化的有机统一体。苏霍姆林斯基在深入研究教育和艺术之关系的基础上，撰写了《教育的艺术》一书。在该书中，苏霍姆林斯基写到，艺术是教育的源泉，在教育中必须讲求艺术，否则，必然导致教育的低效甚至失败，等等。以上这些观点，均揭示了教育所具有的艺术内涵：为了提高教育成效，教育工作者不仅要掌握熟练的教育技能和技巧，而且必须运用创造性的教育工作方式和方法。此外，由于教育是培养人的社会实践活动，因而必须依据一定的社会要求和受教育者的身心特点，表达特定的社会价值取向和教育工作者的思想情感。

### （二）教育具有艺术的特征

艺术具有形象性、情感性、审美性和超越性的特征。教育同样兼备这些特征。借助语言、动作、表情和实物等进行形象的教育，可以给受教育者以逼真的感受，唤起他们头脑中的有关意象，丰富他们的感知表象，促进思维活动的深刻性和灵活性，实现新旧知识融会贯通；以情动人、以情感人是教育的基本特征。

---

① ［捷］夸美纽斯著，傅任敢译：《大教学论》，教育科学出版社 1999 年版，第 1 页。

在宽松、和谐的教育气氛中，师生之间充分的情感交流，使学生体验到学习的乐趣和幸福，而教师也感受到教的成功的满足感与成就感，师生之间达到情感的共鸣，实现既定教育目的；美，不仅是艺术的追求，而且也是教育的向往。教育的审美性突出地表现为，教育场景、教育用语、教育过程、教育姿态、板书设计都要给学生以美的熏陶和享受。它可以激发和强化学生学习的动机和愿望。正是在欣赏美、发现美和创造美的过程中，学生学习的积极性和主动性得以不断增强；超越不仅是艺术的生命，而且也是教育的生命。没有超越，教育必然因循守旧，就会成为死水一潭。关于教育的创造性，苏联教育家巴班斯基一语中的：教育的一个典型特征就是不允许有千篇一律的现象。教育的创造性表明教育是一个动态的生成过程，而不是既定的预设的模式。"教育有法，但无定法"就是对教育的创造性特征的鲜明反映和生动体现。

（三）教师具有艺术家的素质

高尔基（Максим Горький，1868～1936）指出，按其天性来说，人天生就是艺术家。人具有审美的情趣和创造美的艺术天赋。诚如马克思所言，按照美的规律和方式进行生产和实践，是人认识世界和改造世界的重要活动。教师职业，古老而神圣。被誉为"人类灵魂工程师"的教师，其所从事的教育工作本身是一个充满艺术气息的创作过程。面对每一个鲜活的、有着不同思维和性格特征的学生个体，要求教师必须了解学生心理特点，运用教育智慧创设学生主动参与的教育情境，巧妙地运用各种教育技能和技巧，激发学生学习的兴趣，因材施教，使他们在原有的基础上得到最佳发展。倘若教师迷恋于"永恒的技能"和"正确的技巧"而因循守旧，简单比附，机械重复，致使教育过程因缺乏艺术性而失去魅力，无以引发师生情感共鸣和思维共振，无助于学生道德、个性和社会性的发展，教育效果也由此大打折扣。教师具备艺术家的能力与修养。教师能够通过创造性的劳动满足学生求真、向善和审美的精神需要。教师的教育生活就是艺术家的生活。对于可塑性极强的学生而言，教师不仅要向学生传授基础文化知识，进行基本技能训练，而且要培养学生良好的个性品质，塑造年轻一代美好的心灵。在启迪学生心智、陶冶学生情操、净化学生心灵的教育活动中，教师成为名副其实的协调人际关系的艺术家。教师"能成为艺术家，人类关系的艺术家，成为人的问题这个艰难领域的美的创造者"。①

以上这些观点与主张表明，教育应该而且必须成为一门艺术。

## 二、教育艺术的含义

关于对教育艺术的定义，概括起来主要有以下几种：

---

① ［美］克莱德·E·柯伦著，周南照译：《教学的美学》，《教育研究》，1985年第3期。

（一）教育艺术即教育技艺

持这一观点的研究者认为，教育艺术是指教育工作者为了完成教育任务，达成教育目标而熟练地、灵活自如地运用各种技能和技巧的总和。如《教育大辞典》的定义为，教育艺术是一种达到娴熟、精湛境界，"能巧妙地获得创造性教育成效的技艺"。[①] 这种观点虽然看到了"艺术"和"技艺"的共同特征，但"艺术"和"技艺"毕竟不是同一个事物，把二者等量齐观、混为一谈，其局限是显而易见的。

（二）教育艺术即教育审美

按照这种主张，美是教育艺术的生命。没有美，也就没有真正的教育艺术。教育艺术就是以美为目标，遵循美的规律和按照艺术审美的原则设计教育活动，从而给受教育者以美的体验和精神上的享受。这一定义准确地把握了教育艺术的审美特征，但是把教育艺术仅仅限定在美的范畴，忽略了教育艺术的其他特征，内容尚显薄弱与单一。况且，如果仅以增进美作为教育目标，很可能会因过分的审美观赏而牺牲教育效率，导致教育质量大幅度下降。

（三）教育艺术即教育表演

一些研究者从教育活动过程的视角出发，认为表演是教育艺术存在的基本方式。教育艺术就是教育工作者借助语言、表情和动作等形式，通过自我表现、自我展示和自我投射等角色扮演，反映社会生活，塑造与设计教育形象，表达表演艺术家思想感情的一种社会意识形态。由于这种解释立足于教育活动的艺术属性——反映社会生活并表现社会意识形态，具有一定的合理性，但并非在任何教育表演中都存在教育艺术，因而过分泛化、扩大了教育艺术的概念。

（四）教育艺术即教育创造

与从教育活动过程的维度有所不同，"教育艺术即教育创造"是从活动结果的层面来定义教育艺术的。依据这种思想，教育艺术就是运用一定的教育方式和手段，有目的、有计划地分析和解决教育问题的创造性工作。"达到了某种要求的创造性工作便是艺术。当创造使创造者的感情升华到完善的境界，当创造的匀称美不仅给创造者而且也给观看这一成品的其他人带来了快乐的时候，这种创造便是艺术。"[②]这种认识的贡献是兼顾了教育艺术的创造价值和审美价值，不足之处在于弱化了教育技能技巧在教育艺术中的地位和作用。

综合以上认识，我们认为，教育艺术是指教育工作者遵循教育规律和美的规律，综合灵活地运用各种教育手段、方式和技艺，在教育过程中表现出来的具有教育价值和审美价值双重维度的一种创造性、感染力的艺术。

---

① 顾明远主编：《教育大辞典》第1卷，上海教育出版社1990年版，第20页。

② ［美］克莱德·E·柯伦著，周南照译：《教学的美学》，《教育研究》，1985年第3期。

## 三、教育艺术与教育科学的关系

教育艺术与教育科学既有联系，又有区别。二者对立统一地存在于教育活动中。对此，19 世纪法国著名文学家古斯塔夫·福楼拜(Gustave Flaubert，1821～1880)在其代表作《包法利夫人》中作了最好的诠释："越往前进，艺术越要科学化，同时科学也要艺术化。两者从山麓分手，回头又在山顶汇合。"

### (一)教育艺术与教育科学的联系

1. 教育科学是教育艺术的基础和依据

教育科学研究的目的，在于探寻教育的本质，揭示教育的规律，进而服务或指导教育实践。教育科学可为教育艺术的研究和探索指明方向，提供科学的理论基础和依据，提升教育艺术的理论高度和科学化水平，避免教育艺术改革的随意性，提高教育艺术决策的科学性，增强教育艺术改革的可行性，保证教育艺术沿着正确的轨道和方向前行。再高超的教育艺术，其运用也应"随心所欲而不逾矩"，必须以一定的教育理论为基础，必须符合教育科学所揭示的教育规律和教育原则。没有科学的教育理论作指导，教育艺术必然是盲目的、肤浅的实践。

2. 教育艺术是教育科学的具体实施和体现

教育科学的价值需要凭借教育艺术来体现，教育科学的功能也要靠教育艺术来表现。在教育活动中，由于教育工作者不同的艺术风格和艺术表现，即使是类似的教育场景、相同的教育对象，同样的教育内容和教育设施，教育影响和教育效果也并非总是同一的，有时甚至大相径庭。能够熟练自如地运用教育艺术的教育工作者，增强了教育的趣味性和审美性，有助于提升教育实效。反之，如果教育工作者不具备教育艺术修养或对教育艺术运用不当，极易陷入事倍功半的教育窘境。

3. 教育科学与教育艺术具有相似的研究对象

教育科学和教育艺术都有自己的研究对象，二者的共同点在于都注重对人的研究。毋庸置疑，教育的研究对象是以人为中心的教育现象和教育事实。教育要促进个体的身心发展，必须研究特定年龄阶段受教育者的心理特点和年龄特征，并密切联系社会实际，围绕受教育者的生活开展相应的教育活动。艺术以艺术现象为研究对象。而艺术现象诸如音乐、美术、舞蹈、戏剧、文学和电影等，都是人的发明和创造，均是对人类社会生活的浓缩和映射。这就要求艺术必然要把社会生活的主体——人及其活动作为研究的对象。因而，教育被称为"人学"，艺术也被称为"人学"。人，既是教育研究的对象，也是艺术研究的对象。

(二)教育艺术与教育科学的区别

1.教育科学和教育艺术的反映方式不同

教育科学借助人类的理性反映教育发展过程中固有的、必然的和稳定的内在联系。教育中的理性是教育主体通过抽象思维,对教育问题进行加工提炼后而获得的逻辑体系。它以抽象的方式作用与反映世界,重在以理服人。教育艺术依靠感性来反映客观世界和主观世界,是扬弃理性思考的感性体悟。教育艺术关注个体的情感世界,包含了大量形象的、感性的、非认知的因素,推崇以情感人。

2.教育科学和教育艺术的研究范畴不同

按照马克思主义的基本原理,真、善、美是人类认识与改造世界的三种范畴,分别体现了人的认识活动领域、实践活动领域与审美活动领域及其活动的产物。科学求真,道德趋善,艺术唯美。教育科学崇尚真理和真知,是致力于透过教育现象,反映教育的本质和规律的知识体系,是人类智慧的结晶。教育科学回答的是"是什么"和"为什么"的问题,属于"真"的范畴;教育艺术是教育美在教育过程中的体现,倾注了大量的审美趣味和感性智慧,归于"美"的领域。

3.教育科学和教育艺术的研究方法不同

教育科学和教育艺术有所不同。教育科学主要运用科学的研究方法,如教育文献法、教育实验法、教育观察法、教育案例法、教育叙事法、教育调查法等,旨在通过教育的概念、范畴和原理等的厘定,揭示教育的一般规律,具有普遍性、客观性和理论性的特点。教育艺术主要采用艺术的研究方法,如教育模仿、教育体验、教育欣赏和直接感知等,以取得创造性的教育效果为目标,以具体性、情感性和实践性为基本特征。

## 第二节　教育艺术的内容及其运用

教育艺术的内容多元而丰富,体现在教育活动的各个环节,如教育的语言艺术、教育的情感艺术、教育的启发艺术、教育的组织艺术、教育的评价艺术和教育的合作艺术等,我们无法一一穷尽。本节主要介绍教育教学过程中最为普遍、最为基本的五种内容,即教育的语言艺术、教育的情感艺术、教育的暗示艺术、教育的幽默艺术以及教育的合作艺术。

### 一、教育的语言艺术

教育的语言艺术是指教师善于运用富有审美价值的口头语言、书面语言和体态语言，向学生传授知识、培养技能，进而丰富、陶冶学生语言美感的教育艺术。教育的语言艺术主要包括口头语言的艺术、书面语言的艺术和体态语言的艺术。关于体态语言的艺术，由于和后文的教育幽默艺术具有众多相似之处，所以这里不再画蛇添足。

(一)口头语言的艺术

口头语言是思维的物质外壳，是主体通过听、说的形式，交流信息，表达感情，加强人际沟通的重要工具。在教育过程中，教师口头语言运用的恰当与否，将直接影响教育教学效果的优劣。同样的教育条件和教育任务，有的教师由于利用了具有感染性和启发性的语言，给学生以浓郁的审美感受，能够引发学生的兴趣和求知欲，因而教育效果明显。有的老师尽管滔滔不绝，旁征博引，但由于忽视语言艺术，因为无法调动学生学习的动机与愿望，甚至对教育教学产生反感和厌恶之情，效果甚微。所以，口头语言的艺术性直接关乎教育的质量。“言之无文，行而不远”，讲的就是这个道理。

(二)书面语言的艺术

作为一种信息载体，书面语言是口头语言的有益补充，是教师运用语言的手段表达和创造审美形象的一种艺术方式。与口头语言不同，书面语言是口头语言的视觉形式，它突破了口头语言的时空限制。但书面语言必须借助文字这个媒介，经过教育主体的阅读和书写才能发挥作用，较口头语言而言，书面语言采用了高度凝练的语言结构方式，表述更为严谨和科学。听说读写宜并重。教师要合理地运用口头语言和书面语言，不能顾此失彼。书面语言既包括内容美(如内容充实、语言精练、思想深刻等)，也包括形式美(如排列有序、布局合理、结构完整等)。从审美的视角审视书面语言，必须坚持语言内容和语言形式的有机统一。教育活动中的书面语言艺术主要包括板书艺术和文本教材中的文字艺术。

教师在运用教育的语言艺术时，应注意以下几点：

1. 语言要言简意赅

恩格斯指出，简明扼要的语言，容易使人理解，也易让人牢牢记住，变成行动口号，而这是单纯的枯燥说教和烦琐的阐释绝对做不到的。高尔基也认为，简洁的语言中蕴涵着最伟大的哲理。教师在教育过程中使用简洁明快、通俗易懂的教育用语，既能切中肯綮、突出重点，又能表达无穷的思想，达成“言有尽而意无穷”的意境。

2. 语言要形象生动

苏霍姆林斯基指出，教师是通过语言与学生的心灵、理智打交道的。教师简洁、明快、生动的语言风格，可以给学生以“如闻其事”、“如见其人”、“如临其境”

的感觉，有助于启迪学生思路，引申和理解语言中所蕴涵的道理。有经验的教师总是利用形象优美的艺术性语言打动学生的心灵，激发学生的学习热情，实现“要我学”到“我要学”的转变，这对提升教育效果是大有裨益的。

3. 语言要幽默含蓄

在《反对党八股》一文中，毛泽东同志曾把“语言无味，面目可憎，像个瘪三”列为党八股的罪状之一。这充分说明了语言修饰和语言表达的重要性。教师幽默活泼、趣味横生的教学用语，既能避免空洞、乏味、平庸的说教，还可以厚积薄发，深入浅出，化抽象为具体，化深奥为浅显，在释疑答惑中给学生一种情景交融的感受，使他们在轻松愉快的氛围之中习得知识和经验。

## 二、教育的情感艺术

教育的情感艺术是指教师在教育过程中创造性地运用情感的鼓舞和感召力量，激发学生丰富的想象力和情绪情感体验，唤起学生的情感共鸣，使学生在和谐、愉悦的教育气氛中得到心灵陶冶和精神升华的创造性活动。情感是教育艺术的重要表现因素，任何教育艺术都包含着特定的情感，以情感人是教育艺术的基本属性。依据情感的表现形式，教育的情感艺术可分为积极的情感艺术和消极的情感艺术。

### （一）积极情感的艺术

积极情感是个体表现出来的乐观、开朗、热忱和饱满等情绪状态。积极情感在教育艺术中具有独特的价值。德国教育家第斯多惠（F. A. W. Diesterweg，1790～1866）指出，教育的艺术不在于传授知识的多少，而在于激励、鼓舞与启迪。教师对学生的关爱、赞赏、鼓励和表扬，可激发学生的上进心，是引起学生积极情感的重要基因。教师创设师生促进情感交流的教学场景，利用积极的情感艺术感染和影响学生，可使他们产生轻松、愉快的情绪体验。在积极情感的支配下，学生的学习情绪饱满，心理活动达到最佳状态，取得满意的教育效果。诚如美国教育家布卢姆所指出：“一个带着积极情感学习课程的学生，应该比那些缺乏热情、乐趣和兴趣的学生，或者比那些对学习材料感到焦虑和恐惧的学生，学习的更加轻松、更加迅速。”①反之，如果学生体验不到学习的乐趣，缺失兴奋、激动与欢欣的心情，就会产生沮丧、冷漠的态度，将学习看成一种负担，教学效果也就可想而知。

### （二）消极情感的艺术

消极情感是指个体的不安、焦虑、抑郁、烦闷与恐惧等态度倾向和心理体验。

---

① ［美］布卢姆等著，邱渊等译：《教育评价》，华东师范大学出版社 1986 年版，第 479 页。

消极的情绪使学生灰心丧气、悲观失望和自暴自弃，是学生健康成长的绊脚石。教师要准确掌握和合理运用化解学生消极情感的艺术，利用健康、肯定的情感战胜消极、负面的情绪体验，培养和激发学生主动、愉悦的情感态度。在化解学生消极情绪的过程中，教师一定要依据消极情绪的不同表现，采取有针对性的对策和措施，对于胆怯、自卑情感占据上风的学生，教师要鼓励和激发他们的好胜心，让他们发现自己身上的"闪光点"，对于学生的点滴进步也要适度地进行表扬，培养他们的信心，帮助他们树立积极的自我概念、自我表现和自我肯定；对处于不安、恐惧消极情绪包围的学生，教师要以积极、饱满的情绪感染学生，要给予他们充分的安全感和信任感，逐步摆脱紧张和压力；对于骄傲自满、自高自大的学生，教师要进行"谦受益，满招损"的教育，等等。此外，教师一定要时刻注意，切忌在学生面前不经意地将自己的负面情绪流露出来，以防对学生的消极情绪产生"推波助澜"的作用。

教育工作对情感艺术的要求，主要包括以下几个方面：

1. 晓之以理，动之以情

列宁精辟地指出，没有人的情感，就从来没有，也不可能有人对真理的执著追求。这既说明了情感艺术在个体认识活动中的不可或缺性，也表明了情感与真理的密切关联性。在实际的教育中，教师一方面要通过讲事实、摆道理，让学生明辨是非，要以理服人。另一方面，要唤醒和激发学生的情感，增强教育活动对学生的吸引力，要以情动人。只有用讲道理的形式向学生传授真知，用充满感情的方式触动学生的心灵，才能使学生在探求真知中情绪愉快、态度积极、兴致极高、乐在其中，情感能获得最大的满足，实现情理交融的理想境界。

2. 善用赞美，少用批评

俗话说，良言一句三冬暖，恶语伤人六月寒。情感教育的研究成果也表明，得到别人对自己的赏识是人性最基本的原则。作为教师最大的过失莫过于对学生没有爱和赞美，最大的悲哀莫过于失去了对学生的爱和赞美。学生的心，敏感而脆弱，他们都希望从教师那里得到认可、赞赏、同情、关心和爱护，希望得到来自师长的爱。教师过多的指责和批评约束了学生学习的信心和积极性，使他们总觉得自己处处不如别人，精神上的麻木加重学生的厌烦情绪和自卑心理，严重时导致他们产生"破罐子破摔"、自暴自弃的心理。反之，假如学生活在鼓励中，他就学会自尊和自信，就有勇气和信心由后进变为先进。这就需要教师对学生"多一份赞扬，少一份批评"，让期望、赞美和赏识成为学生前进的动力。著名的"罗森塔尔效应"难道不是一个很好的佐证吗？

### 罗森塔尔效应

远古时候，塞浦路斯王子皮格马利翁喜爱雕塑。一天，他成功塑造了一个美女的形象，爱不释手，每天以深情的眼光观赏不止。看着看着，美女竟活了。

1963年，罗森塔尔和福德告诉学生实验者，用来进行迷津实验的老鼠来自不同的种系：聪明鼠和笨拙鼠。实际上，老鼠来自同一种群。但是，实验结果却得出了聪明鼠比笨拙鼠犯的错误更少的结论，而且这种差异具有统计显著性。对学生实验者测试老鼠时的行为进行观察，并没发现欺骗或做了其他使结果歪曲的事情。似乎可以推断，拿到聪明鼠的学生比那些拿到笨拙鼠的不幸学生更能鼓励老鼠去通过迷津。也许这影响了实验的结果，因为实验者对待两组老鼠的方式不同。

1968年，两位美国心理学家来到一所小学，他们从一至六年级中各选3个班，在学生中进行了一次煞有介事的“发展测验”。然后，他们以赞美的口吻将有优异发展可能的学生名单通知有关老师。8个月后，他们又来到这所学校进行复试，结果名单上的学生成绩有了显著进步，而且情感、性格更为开朗，求知欲望强，敢于发表意见，与教师关系也特别融洽。

实际上，这是心理学家进行的一次期望心理实验。他们提供的名单纯粹是随便抽取的。他们通过“权威性的谎言”暗示教师，坚定教师对名单上学生的信心，虽然教师始终把这些名单藏在内心深处，但掩饰不住的热情仍然通过眼神、笑貌、音调滋润着这些学生的心田，实际上他们扮演了皮格马利翁的角色。学生潜移默化地受到影响，因此变得更加自信，奋发向上的激流在他们的血管中荡漾，于是他们在行动上就不知不觉地更加努力学习，结果就有了飞速的进步。这个令人赞叹不已的实验，后来被誉为“皮格马利翁效应”或“期待效应”或“罗森塔尔效应”。

[资料来源]http://baike.baidu.com/view/41398.htm? fr=ala0_1

3.换位思考，移情训练

孔子云：“己所不欲，勿施于人。”只有进行换位思考，认识、理解、分享他人的情绪情感体验，方能步入他人的情感世界，使交流双方产生强烈的情感共鸣。在教育实践中，教师要引导学生进行换位思考，培养和提高学生的移情能力。移情是教育主体之间进行交往的情感基础。没有移情，教育主体间就不会有彼此尊重、认同的情感分享。在移情训练中,教师要注意培养学生善于控制自己情绪的自制力,时刻注意学生表现出的情绪障碍,并设法加以消除。教师要通过角色扮演、情景表演、案例分析和日常交谈等形式,让学生站在别人的角度上体验他人感受,一方面使他们产生自豪、羡慕、向往的愉悦体验,培养、巩固良好的情绪,另一方面,又要让学生体验愧疚、羞耻、愤慨等消极情绪,将负性、否定的情绪体验转化为健康、肯定性的情感体验,努力培养和提高学生积极、乐观的情感品质。

### 三、教育的暗示艺术

教育的暗示艺术是指教师在教育过程中创设一定的教育情境,利用眼神、表情、动作、体态以及其他符号形式,通过含蓄、间接的手段,在学生无对抗、无抵制的状态下,促使他们心理和行为发生变化的一种艺术活动形式。教育的暗示艺术主要有心理的暗示艺术、榜样的暗示艺术和环境的暗示艺术。

#### (一)心理暗示的艺术

易受暗示是人的心理特性,它在人们的日常交际和工作中起着非常重要的作用。诺贝尔奖金获得者、俄国心理学家、生理学家巴甫洛夫认为,暗示是人类最简单、最典型的条件反射。教育要促进学生心理的健康发展,而学生健康心理的发展离不开暗示,心理暗示是一种教育艺术。在教育过程中,不少教师过分注重直接的知识传授和技能训练,重在“注入”与“灌输”,而忽略了心理暗示艺术的作用。殊不知,这是一种简单而错误的做法。苏霍姆林斯基深刻指出:“任何一种教育现象,孩子在其中越少感觉到教育者的意图,它的教育效果就越大。我们把这条规律看成是教育技巧的核心,是能够找到通向孩子心灵之路的基础”。① 运用恰当的心理暗示,可触动、焕发和振奋学生的心灵,充分开发和挖掘他们挺进和探索未知的心理潜能,使学生在不知不觉中受到教师的影响和熏陶,缩小师生之间的心理差距,表现出与教师期望相符的心理和行为反应。

#### (二)榜样暗示的艺术

榜样的力量是无穷的。对学生而言,教师的榜样就是无声引导和有力暗示。教师的一言一行、一举一动都会给学生留下深刻的影响,促使他们产生效仿的意识和行为。“其身正,不令而从,其身不正,虽令不从。”教师必须严以律己,以身作则,以身示教,为学生树立良好形象。值得注意的是,教育活动中除了教师的榜样暗示以外,更为重要的一种榜样暗示来自于学生。由于同学之间的年龄特

① [苏]苏霍姆林斯基著,赵玮等译:《帕夫雷什中学》,教育科学出版社 1983 年版,第 14 页。

征、心理水平、知识结构、教育经验相似，心理差距较小，很容易接受彼此之间的暗示。孔子曰："三人行，必有我师焉。择其善者而从之，其不善者而改之。"教师要善于栽培优秀学生，积极转化和辅导落后学生，为其他同学树立学习和效仿的榜样。一如陶行知所言，教师的使命是要运用优秀学生感化落后学生，用落后学生的优点感化优秀学生的缺点。此外，教师也要注意利用社会上其他骨干和先进人物作为楷模，以他们崇高的品质、先进的事迹激励、鼓舞和教育学生。一言概之，教师、同伴和社会上其他人物的榜样作用是培养学生正确的态度、高尚的理想和良好行为习惯的有效暗示。

（三）环境暗示的艺术

环境对于个体具有微妙的暗示作用，可以强化或改变他们的意识和行为。"近朱者赤，近墨者黑"、"蓬生麻中，不扶而直；白沙在涅，与之俱黑"、"染于苍则苍，染于黄则黄，所入者变，其色亦变"、"孟母三迁"等谚语或典故均表明了这一点。任何教育活动都是在一定的环境情景中展开的，均离不开环境的影响和制约。良好的环境暗示会对个体产生积极的影响。环境暗示包括物理环境暗示和社会环境暗示。物理环境是我们生活其中的外围环境，包括人类的生存环境和生态环境。如教育场所中清新的空气、明媚的阳光、适宜的班级规模、井然有序的器材布置、整洁美观的校园建筑等，无不给学生以舒适、愉悦、充盈之感，塑造和影响着学生的态度和价值观，对他们的心理产生良好的暗示用作。社会环境是指与人的需要密切相连的各种物质关系和思想关系的集合。如和谐融洽的人际关系、团结协作的集体精神、求真务实的作风、浓郁活泼的学习氛围、健康向上的校园文化等，也使学生体会到安全感、自尊感、温暖感和幸福感，这本身就是一种鼓舞人心、催人奋进的暗示环境，可产生"此时无声胜有声"的效果。

教师在运用教育的暗示艺术时，应注意以下几点：

1. 创设和营造和谐、愉悦的教育气氛

暗示是在没有对峙、没有批评的条件下刺激学生的潜意识，进而使之产生相应的情绪和心理反应。生动活泼、热情活跃的教育气氛是取得有效暗示效果的前提条件。学校、教师要努力创设多种积极暗示的良好育人环境，为学生呈现富有知识性和趣味性的暗示教材，让学生感受学习过程中的乐趣和兴趣，增加勇气、信心和力量。始终保持乐观、喜悦、自信的精神状态，往往会收到意想不到的暗示效果。而且，学生在愉快、和谐的教育气氛中学习，会消除他们心理和生理上的疲劳，缓解紧张感、压力感和恐惧感，确保暗示信息吸收和巩固的质量。正是在这种意义上，巴班斯基指出："教师是否善于在上课时创设良好的精神心理气氛，有着重大的作用，有了这种良好的气氛，学生的学习活动就可进行得特别富有成效,可以发挥他们学习可能性的最高水平。"①

2.把暗示教育与直接传授结合起来

在教育中,尽管暗示教育能够产生直接说教所不能达到的效果,但并非任何场景下都能使用暗示教育。如对于教育概念、教育原理或教育公式等内容的学习,直言不讳的讲解和阐释可以使学生在短时内获得大量的信息,既习得了新知识,也巩固了旧知识,教育效率自然得到提高。此外,对于一些渴求获得为人处世、待人接物等方面的知识,但由于水平有限而引发认知结构冲突和失衡的学生而言,开宗明义的告知则是最有效的方式。明确告诉学生何种行为可取,何种行为不可取,何者为善,何者为恶,这对提高学生的认识,规范学生的行为具有一定的积极意义。因此,教师不宜滥用暗示,而要根据实际情况,恰到好处地采用不同的教育艺术形式,坚持暗示教育和直接传授相结合的原则,使二者相互补充,相得益彰,以加深学生对所学内容的理解和领会。

3.引导学生学会运用暗示艺术进行自我调节

长期接受暗示教育的学生,如果总是不假思索地欣然接受来自教师和其他教育工作者的刺激,虽能起到缓解学生负面情绪、避免厌学心态和逆反心理、实现"亲其师,信其道"等目的,但倘若缺乏积极的自我调节和自我认同,难免会陷入缺乏主见、丧失自信、优柔寡断、犹豫不决的思维混乱之中,进而人云亦云,随波逐流,养成盲从和依赖心理,延缓和阻碍学生自主行为能力的发展,形成不良的个性品质和行为习惯,与暗示教育目标背道而驰。为此,教师在使用暗示教育潜移默化地影响学生的同时,也要教导、帮助和指引学生掌握运用暗示艺术调节自我,提高学习的自觉性、主动性乃至自我暗示、自我教育的意识和能力,真正实现自我成长和自我发展。"教是为了不教"则是典型显照。

### 四、教育的幽默艺术

教育的幽默艺术是指教师运用诙谐、滑稽的语言、表情和动作等教育方式,营造一种情趣横生、含蓄隽永、引人发笑而又令人回味深长的艺术情境,引发学生积极主动地思维,有效掌握知识和技能,形成良好个性品质的教育过程。作为一种具有鲜明审美功效的艺术手段,教育幽默艺术的表达方式主要有口头语言幽默的艺术、书面语言幽默的艺术、表情幽默艺术和动作幽默的艺术等,这里着重介绍表情幽默的艺术和动作幽默的艺术。

#### (一)表情幽默的艺术

教师的表情幽默是一种重要的教育策略和教育艺术,具有传情、达意和审美

① [苏]巴班斯基著,张定璋等译:《教学过程的最优化》,人民教育出版社1984年版,第164页。

的功能。教师的表情幽默包括面部表情幽默、语言声调幽默和身体姿态幽默。富有幽默表情的教师深受学生的欢迎。教师丰富奇巧的面部表情、使人忍俊不禁的语言声调表情和出乎意料的身体姿态表情,都会给学生一种美的享受和熏陶,使学生神经松驰、欢欣鼓舞、情绪高昂,以轻松愉快的心情徜徉在知识的海洋中,优质而高效地完成学习任务。善于运用表情幽默艺术的教师,较之表情单一、冷漠呆板的教师,更易于激发学生的探究兴趣和创新意识,启发学生参与教学活动的积极性,拉近师生之间的心理距离,实现师生思维的共振,加强师生之间的交流、理解和融合。诚如苏霍姆林斯基所指出:“如果教师缺乏幽默感,就会筑起一道师生互不理解的高墙:教师不理解儿童,儿童也不理解教师。”①

(二)动作幽默的艺术

教师的动作幽默既是一种重要的教育因素,也是一种巨大的教育力量。教师的动作幽默包括手势幽默、头势幽默和身势方面的幽默。教师新颖别致、各具特色、引人入胜的幽默动作,是配合教育口头语言的一种体态语言,具有描述或解释教育信息,表达潜在情感之效,可以将教育意图以微妙的方式传递给学生,有助于激发学生的注意力和浓郁的学习兴趣,产生一定的感悟与启迪,使教育化难为易,对于增强教育效果具有十分重要的作用,是一种必不可少的教学辅助手段。如教师用翘起大拇指的手势幽默方式,对学生的良好行为或取得的成绩进行认可、称赞或鼓励,远比直接的口头表扬更易激发和强化学生的上进心;教师用鼓励性点头或理解性点头的头势幽默方式,与学生进行交流和沟通,向他们传递“很好,继续说下去”、“对,我完全认同你的观点”等信息,不仅节省了教学时间,而且生动直观,学生印象深刻;用优雅的举止、富有动态之美的身势幽默方式,活跃了教育气氛,使学生在温馨充实的教育情景中领略到了含蓄深邃的意义,从而产生不可低估的教育力量。

教师在教育活动中运用幽默艺术,要遵循以下基本要求:

1. 注意搜集教育幽默的素材

教师运用教育幽默的前提是要有大量的幽默素材。一方面,教师要善于向书本尤其是向艺术类书籍学习,有意识地积累具有幽默意味的格言、警句、俗语、顺口溜、绕口令、歇后语、笑话、典故、漫画、喜剧、相声等;另一方面,教师要面向实践,善于观察,勤于记录,拓宽搜集幽默素材的途径。生活是幽默艺术的源泉。要在日常生活中时刻在心,处处留意,不断找寻、挖掘、筛选实际生活中的幽默素材。此外,教师还要创设幽默场景或自己编写幽默故事,学会加工幽默和创造幽默,以加强开发和利用幽默资源的力度。如此,具有了丰富的幽默素材,教师才

① [苏]苏霍姆林斯基著,周蕖等译:《给教师的一百条建议》,天津人民出版社 1981 年版,第 12 页。

能根据教育的实际所需，灵活地、得心应手地使用幽默艺术。

2. 掌握运用教育幽默的适度性

教育幽默的使用并非随心所欲，也非越多越好，而要适宜和适中。要把握好幽默的适度性，需要教师不断反思和提升自己的教育幽默艺术水平，做好下述工作：其一，教育幽默必须符合既定的教育目的，为教育目的服务。幽默本身并非目的，而是实现教育目的的手段，切忌张冠李戴，将目的和手段混淆；其二，教育幽默要服从或服务于教育内容，需有助于学生巩固、深化所学内容。不能仅注重幽默的表现形式而忽视幽默的教育意义，必须将教育形式和教育内容有机结合起来；其三，教育幽默要符合学生的心理特征，适应学生的认知特点、思维水平和接受能力的要求。这就要求教师依据不同的教育对象选用有针对性的幽默艺术，以提高幽默的教育效果。

3. 重视培养学生的幽默感和幽默能力

教育幽默艺术成效的彰显，是幽默主体教师与幽默的接收者生双方共同活动的凝结体。教师要想成功地运用幽默艺术，必须得到来自学生的积极配合和支持。如果学生不懂或对幽默艺术知之甚少，对来自教师的幽默无动于衷或无法理解，则使教育效果大打折扣。这就要求教师在提高自己幽默艺术素养的前提下，也要注意开发学生的审美观念和发散性思维，培养和提高学生的幽默意识和水平，使他们能够睿智地理解来自教师的幽默艺术，搭建起师生相互沟通的桥梁与纽带。

## 五、教育的合作艺术

教育合作艺术是指充分调动师生参与教育活动的主动性和自觉性，在积极互动的过程中相互启发，相互补充，形成一个学习共同体，分享彼此的经验和体会，实现教育主体之间协同活动、共同提高的艺术活动过程。教育合作艺术的基本内容包括师生合作的艺术、师师合作的艺术和生生合作的艺术三个方面。

### （一）师生合作的艺术

师生之间的合作，既是现代教育的强烈诉求，也是教育教学规律的反映。传统教育忽视师生之间的合作，教学方式是以教师为中心的注入和灌输，教育变为“传授——接受”的单项活动，教师的一家之言成为教育的“金科玉律”，教师用自己的声音淹没了学生的声音，学生只能被动地、消极地洗耳恭听，其在教育过程中充当的仅是“静坐者”、“旁观者”、“默默听众”的角色，严重地削弱了教育效果。现代教育不仅强调师生合作，而且尤为重视师生之间的合作艺术。师生合作艺术的关键是消除师生合作的心理障碍，树立民主、平等和谐的师生关系。师生合作是基于师生共同的兴趣、需要和志向基础上的默契配合的过程。苏联著名教育家、合作教育学的代表阿莫纳什维利认为，合作教育学的思想和教育艺术体现为“使儿童成为教师、教育者、家长在对他们进行教育、教学、教养和形成他们个性中的、有利害关系的战友、志同道合者，成为教育过程的平等参加者，成为对这一过程的成果报关心和负责态度的人”。[①] 师生之间的合作艺术包括认识的合作艺术、情感的合作艺术和适应能力的合作艺术三个方面。

（二）师师合作的艺术

教师之间的合作是教育受制于学生身心发展规律的体现，也是教师专业化发展的客观要求。每一个学生都是活生生的、有鲜活生命的个体。正如世界上没有两片相同的树叶一样，也不存在性格、个性完全相同的两个学生，即使是同卵双生子也不例外。教育必须适应学生的个别差异，进行有针对性的教育，充分发挥他们各自的潜能、优点和特长，促进儿童在原有的基础上得到最优的发展，这不是任何一个教师所能胜任的，需要加强教师之间的合作。此外，教师的专业化发展也对教师的专业能力、教学水平和教育技巧等方面提出了新的要求，迫切需要打破教师“孤军作战”的工作格局，加强彼此间的协作与交流。教师之间的合作艺术包括自愿性、自发性、双边性和创造性等特点。教师之间的合作艺术包括集体备课艺术、合作教研艺术、教育主体沙龙合作艺术等。巧妙地运用这些合作艺术，可节省教育资源，减轻教师负担，实现教师之间的优势互补，提高教师的教育水平和教育质量，深入推进教师教育的改革和发展。

（三）生生合作的艺术

学习是学生的主要任务。学生之间的合作主要是学习合作。学生之间的合作互动使教师不再是唯一的教育信息源。学生本身就是一种宝贵的教育资源。这对于贯彻“以生为本”的教育理念，切实尊重和落实学生的主体地位以及发挥学生的主体性具有积极意义。“独学而无友，则孤陋而寡闻。”学生之间的合作学习，能够使学生形成良好的认知品质，有效克服“自我中心”和“个人主义”，正确认识到教育合作和教育竞争的关系，自觉地与集体保持一致，以教育竞争带动教育合作，通过教育合作促进教育发展。陶行知先生认为，作为教师，不应忽视或遗忘同学互相感化的作用，良好教育的一个重要特征就是运用同学去感化同学、朋友去感化朋友的教育方式。苏霍姆林斯基也明确指出，教师的职责之一就是加强学生之间的合作学习，使他们能够相互影响，相互启迪，这是一种重要的教育技巧和教育艺术。在合作学习过程中，要通过分组式学习、互助式学习、互动式学习、讨论式学习等手段，开展学生自评、小组评议、组内互评等活动，培养学生的合作探究精神和竞争意识，与他人分享学习的成功和喜悦，使学生学有所

① ［苏］阿莫纳什维利著，朱佩荣译：《合作教育学的基本原理》，《外国教育资料》，1990 年第 5 期。

乐、学有所得。

教师在运用教育的合作艺术时，应注意以下几点：

1. 激活合作意识，培育正确的合作理念

合作意识的合作理念，是教师必须具备的基本素质。激发和强化教师的合作动机，使之树立健康、正确的合作理念，需要认真做好以下几个方面的工作：其一，培育互动的师生观。教师要把学生当作认识与活动主体，用发展的观点认识学生，树立“弟子不必不如师，师不必贤于弟子”的教育观念，要把教育视作师生相互作用、充满和谐、教学相长的具有创造性的艺术活动过程；其二，培育互补的师师合作观。教师要冲破合作过程中较强的防范意识和“刻意的合作”、“形式的合作”、“表面的合作”等思维定势，认识到相互间的广泛交流与协作会产生互利、共进、双赢的重要意义，提高合作意识，主动、自觉地投入到与其他教师的相互合作的活动之中，彼此欣赏、相互借鉴、互相接纳；其三，树立健康的生生合作观。教师要将生生合作视为教育资源开发的重要内容，充分意识到生生合作对于增进学生情感、培养学生的集体观念和合作态度、锻造学生良好个性品质的意义，鼓励、支持、协调和指导学生开展多种多样的合作活动。

2. 营造相互信任的教育氛围，努力创设良好的教育合作环境

信任是合作的前提。没有信任就没有真正意义上的合作。师生之间、师师之间、生生之间的彼此信任，可以减轻或消除师生在参与合作活动中的抵制心理和压力，这是教育合作的出发点，也是一条重要的教育真理。在合作互动中，教师如果低估学生的能力，就会出现事事干涉、越俎代庖、包办代替的教育行为，阻碍生生合作和师生合作的有效开展。教师之间若心存隔阂，没有归属感和与依靠感，则会在合作中阴奉阳违，甚至导致合作流于形式；学生之间如果分歧严重，矛盾重重，缺乏彼此之间的理解和的尊重，合作的意识和动机自然淡薄，即使是在教师强烈要求下的合作活动，也难以齐心协力。师生之间只有给对方以充分的信任，才能在思想感情上产生共鸣，才能朝预期的教育合作目标奋进。教育合作是教育智慧的聚合。要创造有利于推进合作活动顺利开展的教育情景，需要师生双方协同活动，共同努力，充分发挥自己的聪明才智，营造相互信任、接纳的宽松心理环境，尤其是要使对方能够欣赏自己，悦纳自己，排除对方参与合作的心理压力，形成合作的态度和习惯。

3. 贯彻兴趣与需要的原则，调动师生参与合作的积极性

兴趣和需要是合作活动的一条重要原则，兴趣是最好的老师。合作活动对学生是否有吸引力，学生对合作活动是否充满好奇和信心，是否能够始终如一地投入，是决定合作活动能否顺利进行的重要因素。所以，教师在组织教育活动时，一定要依据学生的知识基础、兴趣爱好和个性特征，调动他们参与教

育活动的主动性和能动性，让学生真正成为教育活动的合作者和参与者，提高生生合作、师生合作活动的成效。对于教师而言，教育合作研究的发起者也要兼顾其他参与者的精神和情感需要，满足他们的合理心理需求，激发合作研究者的共同愿望和信念，让他们体验到合作的浓厚乐趣和兴趣，唤醒他们探索的求知欲望和合作行为，让合作研究成为教师自觉主动的追求，而并非外在压力下的强制被动行为。唯有如此，教师之间的合作才会持久而稳定，才能收获意想不到的精彩。

4. 进行平等的对话，促进师生间的互动与交往

进行平等对话是师生间合作的前提和条件。学生是一个正在成长、发展中的个体。尽管学生在合作过程中需要教师的帮助和引导，但师生的交往要建立在平等的基础上。在师生关系上，要实现“师道尊严”到“亦师亦友”的转变。在与学生的交往过程中，本着尊重、平等与理解的原则，教师不应以交往的主宰者、权威者和评判者的身份左右交往活动，不把学生当作“未知者”来对待，也不将自己的“成人思维”强加于学生而对他们发号施令，而是把学生当作一个平等的朋友和伙伴，了解学生的内心世界，用能够被学生领会、接受和理解的话语与学生交流，如此的对话才能发挥实际效用。对于教师之间的合作，青年教师应虚心向知识渊博、经验丰富的老教师学习。老教师也不应操纵话语霸权，更不易盛气凌人，要摆脱论资排辈、摆老资格、端老架子的旧有习惯思维的束缚，从以老带新、以新促老的高度出发，不以权威来压制年轻教师的言论，给年轻教师表达自己思想和观点的权力，与年轻教师进行心灵的对话，精心培养年轻教师。此外，老教师也不应仅仅满足于已获得的合作知识与经验，要扬弃封闭的自我观念，虚怀若谷，认真倾听来自年轻教师和学生的“不同声音”，接受来自他们的质疑和监督，不断反思和总结自己合作教育的成与败，提升合作教育水准，与年轻教师和学生一道成为合作艺术的积极创造者和意义的探索者，让教育合作始终处于一种开放的、动态的生成状态。

## 第三节　教师的教育艺术风格

教师的教育艺术风格，是指教师在整个职业生涯中，通过认知、反思、探索、提炼与升华等社会艺术实践活动，形成与自己个性特征相符的特定教育理念、教育技艺、教育风度的稳定结合和综合表现。任何一个优秀的教师，都有自己独具特色的教育艺术风格。形成自己的教育艺术风格，是走向成功教育的保证，是每一位教师的不懈追求。

## 一、教育艺术风格的基本特点

深入地把握教育艺术风格的基本特点，既有助于理解教育艺术风格本身的含义，也有益于促进教师教育艺术风格的形成和发展。

（一）独特性

教育艺术风格的独特性是指教师表现出来的与众不同的教学机智、教育语言、教育思路、审美倾向以及教学风度等。独特性是教育艺术风格的本质特点，是教师教育个性的核心。由于每个教师都有着与他人不同的求学、教育与生活经历，这使得他们在品德修养、知识阅历、思维倾向、生活习惯以及审美情趣上都表现出了一定程度的差异性，这就决定了教育艺术风格的独特性。教育艺术风格总是伴随着教师自身的个性特征而表现出鲜明的自我特色与自我风采。

在教育实践中，倘若教育艺术风格缺乏独特性，往往使学生感到味同嚼蜡，学习过程变得索然无味，致使教育效果大大打折。因此，教育艺术风格的独特性是展现教育活动的艺术魅力，激发学生学习动机的重要因素。此外，独特的教育艺术风格也会对学生学习风格的形成和个性的发展产生积极的影响。

（二）多样性

教育艺术风格的多样性是教育艺术风格独特性的拓展和延伸。由于每个教师在教育艺术风格上都有不同的选择和偏好，这就使得教育艺术风格各具特色、各有千秋。在整个教育领域中，对于教师整体而言，各种蕴涵个性化特征的教育艺术风格，相互配合，有机协调，使得教育艺术风格呈现出多样性的特征；对于教师个体而言，教育艺术风格也具有多层次、多侧面发展的表现。针对不同的教育素材和教育对象，教师个性化的教育风格也会表现为理智型、激昂型、柔和型、新奇型、活泼型、幽默型等多种形式。

在多样性的教育艺术风格中又体现出一致性，教育艺术风格是统一前提下的多样。任何教育艺术风格，都无法超越其所处时代的经济基础、政治制度和文化背景的共性制约，因而必然表现出同一性。辩证地把握教育艺术风格的一致性和多样性，有利于避免顾此失彼的弊病，推动教育艺术的繁荣和发展。

（三）稳定性

教育艺术风格的稳定性，是指教师基于一定的教育理念，在长期的教育活动中所形成的持续的、一贯的教育面貌。它表现为教师教育思想的深刻、教育技艺的娴熟、教学方法的独特、教育风格的鲜明以及教育个性的自我完善。稳定是教师教育艺术风格成熟与定型的标志。反之，如果教师在艺术风格的追求中缺乏明确的教育理念，无以表现稳定的教育行为和与众不同的个性特点，这说明教师还处于对教育艺术风格的探索期，尚未形成符合自身个性的独特的、稳定的艺术风格。

稳定并非固守，稳定是相对意义上的稳定。教育艺术风格的稳定性，并不意味着教师在教育艺术风格的运用中机械重复、徘徊不前，而是“稳定中求变化，变化中求稳定”。倘若教师背离了变化的理念与思维，教育艺术风格也必将陷入因循守旧的囹圄而失去存在和发展的必要性，进而退出教育的最后阵地和舞台。

（四）发展性

教育艺术风格既具有相对稳定性，又具有发展变化性。如果说相对稳定性是对教师教育艺术风格已臻于成熟的概括，那么发展变化性则是对教师教育艺术风格的转化或精益求精的反映。人生有涯，学无止境。教师的教育艺术风格要经过教师长期的教育研究与实践探索才有望形成。同时，随着时代的变迁和社会的发展，教师的教育艺术风格还需依据实际状况，不断除旧布新、吐故纳新，以此满足时代对教育的要求以及教师专业发展的需求。实现超越与发展，已成为每个讲究教育艺术风格的教师的自觉、主动的追求。

教育艺术风格的发展性，表明教师的教育艺术风格是一个开放而非封闭、动态而非静止的系统。教师要顺应时代潮流，树立发展的观念，增强献身教育的坚定信念，充分挖掘自身的潜质，在不断的学习、借鉴和相互比较中，提升教育艺术境界，实现自我突破，不断提升和完善自身的教育艺术风格。

## 二、影响教育艺术风格的因素

教师教育艺术风格的形成，既受制于外界社会客观因素的制约，又受制于教师个人主观世界的影响。

（一）社会客观因素

1. 社会文化环境

教育艺术风格是在一定的社会文化环境下形成的。社会文化环境直接制约着教师教育艺术风格的性质和方向。在一定意义上讲，有什么样的社会文化环境，就有可能产生与之相对应的教育艺术风格。如在我国的春秋战国时期，尽管社会处于动荡不安的大变革时期，但由于此时形成了思想开放、学术自由的良好社会文化氛围，出现了学术上的“百家争鸣”，教育艺术风格也呈现出千姿百态、百花齐放之势。而在西欧的中世纪则是一个宗教神学统治一切的“黑暗时代”，宗教文化占有绝对的优势，甚至出现了基督教文化一统天下的局面，致使世俗文化受到排斥、压抑，直至荒芜。在基督教文化统治一切的年代，一切进步的教育思想被扼杀，教育沦为宗教神学的婢女。在如此高度专制的文化环境中，教师的教育艺术风格也体现出冷漠、沉闷与压抑等特点。

2. 教育内容

教育内容也是形成教育艺术风格不容忽视的重要影响因素。正是在对教育计划的拟定、知识结构的安排以及教材体系的设计过程中,塑造了教师独特的价值倾向、思想精神以及艺术旨趣,从而形成了鲜明的教育艺术风格。教育内容不同,教师采用的教育形式和手段也不尽相同,教育艺术也表现出不同的风格。例如,在以陈述性知识为教育内容的教育活动中,为了使学生形成对客观事物及其关系较为清晰的认识,教师往往倾向于采取“逻辑型”、“理智型”与“知能型”的教育艺术风格;在以程序性知识和策略性知识为教育内容的教学中,为了便于学生有效掌握关于操作过程的步骤以及认识活动的方法与技巧,教师往往倾向于运用“善导型”、“表演型”与“合作型”的教育艺术风格。

3.教育对象

教育对象也在不同层面以不同方式影响着教育艺术风格的形成。在教育活动中,教育对象主要是指学生。诚如前述,学生既是教育活动出发点,又是教育活动的落脚点,教育的质量与效果最终通过学生体现出来。这就要求教师耐心、细致地研究不同年龄阶段学生的品德结构、知识基础以及智力水平,采用适合他们年龄特点和心理特征的教育艺术风格。如在幼儿教育阶段,鉴于幼儿知识肤浅、认知发展水平较低、思维具体形象、情感丰富、易受暗示等特点,采用“新奇型”、“情感型”与“暗示型”的教育艺术风格,更易引起幼儿的注意力,也有利于幼儿对所学知识的领会。而在高等教育阶段,大学生认知结构日益丰富和完善,思维也表现出广阔性、敏捷性、深刻性以及批判性的特点,采用“启迪型”、“概括型”与“综合型”的教育艺术风格,有助于取得良好教育效果。

此外,教育艺术风格的形成还受到经济发展水平、政治制度以及教育体制等外界客观因素的影响。

(二)个体主观因素

1.师德修养

教师的职业道德修养对教育艺术风格的形成具有显著的影响。爱岗敬业,忠诚于教育事业,热爱自己从事的教育工作,是教师最基本的道德准则。只有热爱教育事业,才能使教师体悟到自己所从事工作的神圣感和自豪感,增强责任感和使命感,才能使他们在自己的工作岗位上勤勤恳恳地工作,任劳任怨、无怨无悔、无私奉献。热爱学生,敬业乐教,既是教育教学成功的保障,也是教师不懈追求教育艺术风格,取得精湛教育艺术的内在动力和必要条件。教师只有具备了高尚的道德品质,才会勤于进取,严谨治学,用自己一颗真诚、热爱、赏识的心去呵护和唤醒学生“沉睡的心灵”,以满腔的热情和无穷的智慧,去无微不至地关心学生,体贴学生,促进他们身心的健康发展。这种对学生的关爱是形成教育艺术风格的有力保证。

2.业务能力

教师的业务能力包括知识结构和能力结构两个方面。教育艺术风格是建立在一定的知识基础之上的。为此,教师应具备必需的知识结构。一方面,学科的相互交叉和知识的相互融通,需要教师掌握广博的基础文化科学知识和教育经验;另一方面,学科教学还需要教师具备专门、精深的专业文化知识。具备了合理的、完善的知识结构,才能保证教师在教育过程中运筹帷幄,旁征博引,左右逢源,灵活地调控教育教学活动,形成自己鲜明而独特的教育艺术风格。教师的能力结构也是形成教育艺术风格不可或缺的内在条件。教育艺术造诣的高低与教师的能力结构休戚相关。教师只有掌握了理解和把握学生心理的能力、观察和了解学生行为的能力、与学生进行沟通的能力、指导学生生活的能力、与学生家长配合的能力、掌握现代教育技术的能力、选择教学方法的能力、组织教育教学活动的能力、进行教育评价的能力、教育科研能力以及独立工作的能力等多方面的能力,才能形成既符合教育艺术发展规律,又为学生所青睐的教育艺术风格。

3.个性特征

教师的个性特征是指教师在教育过程中表现出来的比较持久的、具有一定倾向性的心理特征的总和。敏锐的感知力、宽阔的胸怀、开朗的性格、稳定的情绪、广泛的兴趣、顽强的意志、高度的责任心以及良好的适应能力等方面的个性心理特征,是教师形成独具魅力的教育艺术风格的心理条件。此外,教师的年龄、性别与教育艺术风格的形成也息息相关。在年龄上,一般而言,较之青年教师,中老年教师更多地表现出稳定的、成熟的教育艺术风格;在性别上,有研究表明,在教育艺术风格的类型上,男教师更多地表现为“归纳型”与“综合型”教育艺术风格,而女教师较多地体现为“演绎型”和“分析型”教育艺术风格。而且,男教师在教育艺术风格上的差异性要显著高于女教师。概言之,教师的个性特征谱成了教师教育艺术风格发展的主旋律。

另外,教师的身心健康程度、审美修养等也是影响教师教育艺术风格形成的主观因素。

### 三、教育艺术风格的形成过程

教师教育艺术风格的形成并非一朝一夕,也非自然而成,而是一个长期的、复杂的、艰苦的创造性劳动过程。教师教育艺术风格的形成,经历了观察模仿阶段、移植借鉴阶段和自主创新阶段的发展过程。

(一)观察模仿阶段

观察是人类学习的有效手段,是个体社会化的重要途径。作为一种普遍存在的教育现象,观察是教师教育艺术风格形成的起点和初始。在美国心理学家、社会观察学习的创始人班杜拉看来，观察是行为获得的基础，人类的多数行为是通过观察习得的。同样，教师独特的教育艺术风格的最终形成，也要以观察为始基。

在教师任教的职前准备时期，或是师范院校、其他院校有志于教师职业的在校生，或是正处于职前培训期的新手教师，由于缺乏实际的教育经验和工作技巧，因而十分注意观察其他教师在教育教学活动中的思维变化、组织策略和教育调控手段等，并以此来把握和解读教育艺术风格，形成对教育艺术风格的粗浅认知。由于此时的教师还没有直接从事教育教学活动，因而他们在进行观察学习时，不需作出直接的外部反映，也不需进行必要的亲自体验强化，而仅是在一定的教育情境下，单纯通过对其他教师教育言行的观察而进行学习的。在新手教师踏上教育工作岗位，直接参与教育活动的初期，正如任何刚参加工作的新手都拥有豪情壮志一样，他们也对未来充满憧憬和蓝图，也希望自己成为一个教育能手，成为一个深受社会认可、同行赏识、学生爱戴的教师，这为教师教育艺术风格的形成和发展注入了新鲜的血液，是教师教育艺术风格不断发展的动力源泉。虚心好学，积极上进的心态使得新手教师在观察的基础上，开始更加有意识、有目的、有选择地模仿他人成功的教育经验与教育技艺。如模仿特级教师、优秀教师的教育表情、教育用语以及授课风格，照搬他人的课堂组织艺术、板书设计以及教育方法，等等。重于模仿，缺少创造是这一阶段的突出特征。

在教育艺术形成的过程中，积极的观察模仿是必不可少的。但是，"无论别人的经验多好，总该领略它的精要，结合自己的实际情况，灵活运用，要是生搬硬套，学习好经验可能得到坏的结果"。① 因此，教师在观察模仿中既要得其精髓，又要注意消化吸收，切忌生搬硬套。

（二）移植借鉴阶段

伴随教育经验的积累和教育智慧的增长，教师独立思考、独立解决教育问题的能力不断增强，他们逐渐摆脱简单模仿和盲目照搬他人教育经验和教育技艺的束缚，并结合自身条件和学生的实际情况，广采博取，扬长避短。教师教育艺术风格由此进入了一个新的、更高层次的发展阶段，即移植借鉴阶段。

在移植借鉴阶段，教师在学习他人优秀经验的基础上，开始进入到独立工作的阶段。在这个过程中，不少教师深刻地体会到了教育工作的复杂性以及人才培养任务的艰巨性。教育的社会制约性、学生个性的差异性、教育时效的滞后性等，使得一些教师改变了以往片面、乐观的认识，感受到成为一名优秀教师的不易性。结合自己单纯模仿他人而致使教育效果不佳的实际经验，越来越多的教

---

① 《全国特级教师经验选》（序言）第 1 集，人民出版社 1981 年版，第 3 页。

师逐渐意识到：鉴于教育条件以及教育环境所限，任何一个优秀的教师，即使其教育艺术风格已达到炉火纯青的地步，都不可能“放之四海而皆准”。同理，单向的观察模仿，无法形成自己的教育风格，也无法使教师攀上艺术的高峰。由此，教师不再简单重复和再现那些学有专长、教有特色的优秀教师的教育风格，而是依据教育的目标、教育任务以及受教育者的原有基础等因素，积极汲取他人的成功经验，将他们的教育技艺、教育风格中的精华部分经过适当的加工和改造，转化为适合自身条件的教育方案与教育策略，教师的个性化特征开始外显。其所形成的教育思想、教育观念以及教育技能技巧，也开始体现于教师独立从事的诸如确立教育目标、组织教育内容、选择教育方法、优化教育环境等教育教学活动中。这一阶段的特点是，教育艺术风格初具教师的个性特征，但创造水平依旧不高。

移植借鉴阶段是从观察模仿阶段到自主创造阶段的过渡时期，也是教师教育艺术形成的关键阶段。其滞留时间的长短既与外界的教育背景有关，也与教师个人的素养水平相连。教师既要善于利用条件，也应积极创造条件，不断完善自己的教育思想，提高自身的教育能力和技艺水平，反观、审视和调控自己的教育行动，将之推向一个更高的阶段。

（三）自主创新阶段

在经历了观察模仿和移植借鉴两个阶段之后，教师的教育艺术风格进入了创造的阶段。自主创新阶段是教师艺术风格形成的最后阶段，也是最高阶段。其标志是教师经过长期的探索与实践，形成了独具个性魅力而又意蕴深邃的教育风度与教学风格。它倾注了教师的学识、智慧和个性特征，是教师的教育能力和性格特征的典型概括和反映。

教育艺术的生命在于独特的创造性。在自主创新阶段，对教育艺术风格的不倦追求，激励着教师不断迸发出开拓意识和创造激情。他们从自己的个性特点出发，大胆改革，勇于创新，对组成教育的诸要素以及教育活动的整个过程予以和谐统摄，进行艺术加工，不断突破他人，让带有明显个人色彩的创意破壳而出，形成自己的教育教学特色。独创性是自主创新阶段的根本特点。对于教育艺术风格的独创性，俄国杰出的批判现实主义小说家、诗人和剧作家屠格涅夫曾精辟地指出，艺术风格的独创性是每一个艺术天才所专有的文化基因，是每一个艺术家的生命，艺术的源泉与动力在于原创和初创。教师独创性的教育艺术风格，不拘一格，异乎寻常，将学生引入一个充满愉悦的审美情境中，给他们一种醒目的艺术新鲜感和感染力。当独创性以新颖而稳定的状态存现于教育过程的各个环节时，“使其言皆若出于吾之口，使其意皆若出于吾之心”，教学活动则始终充盈着艺术的细胞与活力，教育的科学性与艺术性得到了完美的结合和统一，教师也成为思想深邃、方法独特、个性鲜明的教育艺术家。

教育艺术风格的形成是教师专业发展的重要内容，是教师走向成熟的显著标志。对于教师的教育艺术风格而言，每一位教师都应秉持“青出于蓝而胜于蓝”的信念与追求，千锤百炼，精雕细琢，在赶超他人的前提下实现自我的否定和超越，勇攀教育艺术高峰，永葆教育艺术风格的生机与活力。

## 知识要点

1. 教育艺术
2. 教育艺术与教育科学的关系
3. 教育的语言艺术
4. 教育的情感艺术
5. 教育的暗示艺术
6. 教育的幽默艺术
7. 教育的合作艺术
8. 教育艺术风格的基本特点
9. 影响教育艺术风格形成的因素
10. 教育艺术风格的形成过程

# 第七章
# 班级管理与班主任工作

### ☞ 本章导读

班级是学校教育活动的基本单位,班级管理是学校管理的基本组成部分。本章阐释了班级组织的含义,探讨了班级组织发育的三个阶段,分析了班级组织的结构、特点和功能;阐述了现代中小学班级管理的主要内容,明确了班主任的工作职责,探讨了班主任建设班集体的方法,论证了优秀班主任应具备的基本素质。学习本章旨在使学习者了解班级组织在学生成长中的作用,形成科学合理的班级管理理念和方法,明了班主任的工作职责,努力成为一名优秀班主任。

班级是学校为实现一定的教育目的,将年龄相同、文化程度大体相同的学生按一定的人数规模建立起来的教育组织。班级是学校的基本单位,整个学校教育功能的发挥主要是在班级活动中实现的。班级对学生的成长具有重要意义,它不仅是学生接受知识教育的场所,也是学生社会化和进行自我教育的场所。为使班级更好地发挥其作用,科学合理的班级管理显得至关重要。班主任在班级管理中具有极为重要的作用,努力成为优秀班主任应成为每个班主任的奋斗目标。

## 第一节　班级组织概述

### 一、班级组织的含义

班级组织是学校行政部门根据一定的目的、任务,按照一定的规章制度组织起来的有目标、有计划地执行教育与管理职能的正式群体。它既是开展教学活动的基层组织单位，又是学生生活及开展活动的集体单位，也是学校教育管理工作的基本单位。它既是教育的对象，又是一种重要的教育力量。

班级组织是随着班级教学的产生而形成的。但在传统的教育学理论体系中，教学班和班级组织等概念既被肢解，又相互混淆。教学理论视班级组织为课堂教学的组织形式，与教学班同义；而教育论则将班级组织与学生个体一样视为教育的对象，班级制度被列为学制和教育管理的范畴。

班级授课制对世界教育产生了巨大的影响。虽然新的教学组织形式不断涌现，且各具有一定的理论和实践依据，但各国采用的主要教学组织形式仍然是班级授课制。班级授课制尽管存在一些缺陷，但其优越性也是显而易见的，在许多方面优于个别教学。特别是班级组织作为社会集体所发挥的教育职能，是其他学校组织所不能替代的。

**班级组织的改造**

班级授课制萌芽于16世纪西欧的一些国家，兴起于17世纪乌克兰兄弟会学校，经过教育家夸美纽斯的总结改进和理论升华，初步形成了班级授课制。班级授课制最显著的优点在于它比个别教学的效率高，比较适合学生身心发展的年龄特点，有助于提高教学质量。因此，班级授课制逐渐得到推广，从19世纪中期起，已成为西方学校教学的基本组织形式。

班级授课制对世界教育产生了巨大的影响，但到了19世纪70年代，这种教学形式就开始遭到批判。适应个别差异的班级教学组织的改造运动以美国为中心开始活跃起来。

最早对班级教学进行改造的是“道尔顿制”(Dalton Plan)。道尔顿制是帕克赫斯特(H. H. Parkhurst，1887～1973)1920年在马萨诸塞州道尔顿中学创建的，其目的是废除年级和班级教学，学生在教师指导下，各自主动地在实验室内，根据拟定的学习计划，以不同的教材、不同的速度和时间进行学习，以适应其能力、兴趣和需要，从而发展其个性。

20世纪50～60年代，教育改革浪潮在世界范围蓬勃兴起，西方各国在重点进行课程改革的同时，也进行了教学组织形式方面的改革尝试。在改革班级组织的尝试中，主要包括特朗普制(Trum Plan)、活动课时制、开放课堂、个别教学、小队教学等。

[资料来源]摘编自王道俊、王汉澜：《教育学》(新编本)，人民教育出版社2005年版，第265页；全国十二所重点师范大学联合编写：《教育学基础》，教育科学出版社2004年版，第237～238页。

## 二、班级组织的发育

班级组织是一个动态发展的系统，总是在不断的矛盾运动、分化与整合中发展成长。一个刚组建的班级群体发展成一个良好、健全的班级组织，是一个由低级向高级、由量变到质变的有序的动态变化过程。根据班级组织的人际关系特征、主要矛盾冲突、集体性以及发展水平，可将班级组织的发展过程划分为如下几个阶段。①

### （一）孤立探索阶段

班级组建起始阶段，班级对于其成员来说是一个充满未知因素的群体，每个班级成员都在探索着与其他班级成员建立某种关系。

这时的班级群体具有以下特点：第一，班级成员彼此缺乏充分交往，人际关系是情绪性、随机性的，而不是以共同活动的目的、任务或共同的兴趣、爱好为中介。第二，班级还没有形成大家认同并自愿遵守的行为规范，每个人只是从自己的角度去理解并参与共同活动。第三，班级的心理气氛由直接的相互接触决定，群体意识和聚合力较弱。第四，班级对班主任有很大的依赖性，如班级工作目标由班主任拟订，班干部由班主任指定，班级管理主要依靠班主任主持等。第五，学生还不能公然反对班主任和教师，甚至还不能提出任何意见或建议，班级中的主要问题是学生个体属性之间的矛盾。

这一阶段，班级气氛比较拘谨，因为旧的人际关系已失去效用，而学生对新的群体环境还不熟悉。学生把注意力主要集中在了解班主任和教师、尝试着与新同学交往以及熟悉班级基本行为准则等方面。与此同时，学生之间也会产生一些小群体。但这些小群体不是学生在充分交往和相互了解的基础上彼此选择的结果，而是在某些外部力量或偶然因素的推动下临时形成的。这些因素主要表现在座位编排、性别差异、班主任临时指定学生去完成某项班级任务等。

就整体而言，此时的班级组织属于松散型群体，学生心中还没有明确的班级概念。但在这个新群体中，每个学生都有一个重新认识自己、重新定位的问题，都希望自己得到群体的接纳和认可。这时，班主任应该充分利用学生的积极心理因素，引导新建的班级群体迅速过渡到下一个阶段。如果这一阶段时间太长，班级群体会出现松弛、涣散状态，短时间内无法纠正，甚至还会形成惯性，一直延续下去。因此，班级群体组建之初，班主任要细致观察了解学生，尽快熟悉和掌握学生的基本情况；要立刻建立和明确班级的学习、生活等常规制度，向学生提出切实可行的要求；要主动提出并适当开展一些有利于学生之间相互了解和增

① 参见曹树真：《班级组织发育的三个阶段》，《班主任之友》，2007年第10期。

强群体意识的活动。

(二)群体分化阶段

班级组建工作完成之后,全班进入正常的教育教学活动,共同活动使班级组织不断变化和发展。

这时班级呈现新的特征:第一,学生群体开始发生分化,在新的教育情境中发展成为新的学生小群体。一方面,班级的各种正式组织已经建立起来;另一方面,同学们在彼此熟悉和了解的基础上便三五成群地结成小团体,即出现了非正式群体。第二,班级意识及班级荣誉感增强,学生开始产生了“咱们班”的情感,班级活动不仅具有个人意义,而且具有本班级的共同意义。第三,班级目标与行为规范已部分地被大家所接受,班级自我管理结构和水平进一步提高。第四,人际关系不仅仅是情感好恶关系,而且产生了一定的群体责任依从关系。班级成员的角色和地位取决于学生参与班级活动的程度、贡献及其所获得的评价。第五,班级学生的注意力集中在得到班主任、教师和同学的承认上,并以此来满足自尊和成就感的需求。

在这一阶段,班级中的主要问题是群体要求与个人属性之间的矛盾,班级容易分化成顺应群体要求的学生与对抗群体要求的学生两大对立团体。该阶段可以具体分解为如下三个时期:

第一个时期是横向分化期。随着班级活动的开展以及学生之间熟悉程度的提高,学生的相互联系渐趋稳定,开始在“同班同学”这一平等基础上,以个人为中心扩大自己在班级中的横向人际关系,结成各种各样、成员交叉的小群体,并且群体的形式和种类还会不断丰富与扩大,如班干部群体、学习型群体、游戏型群体、兴趣型群体等。此时,导致学生群体形成和发展的主要因素仍然是空间距离和熟悉程度,但由个体学习成绩、班干部身份、教师的经常性肯定评价等因素产生的个体影响力,逐渐成为学生群体形成的新媒介,兴趣、爱好、性格等个性因素也日益成为学生群体形成的主导性因素。

第二个时期是纵向分化期。横向人际关系继续发展的结果,就是使得这种关系逐渐出现某些倾向性,班级学生开始分化为“优势者”与“服从者”。一种情况是,班干部接受班主任或教师的支持与指导,代表班主任和教师或自主地带领班级开展各项活动,更易受到班级学生的关注和认可,从而顺理成章地成为全班的形象代表或带头人;另一种情况是,学习成绩优秀者、经常得到教师肯定性评价的学生、有某项特长的学生或其他一些具有强大个体影响力的学生,也会逐渐成为一些学生群体的领袖或权威。这一时期,学生此前通过教师才得以满足的那些要求,现在已可以通过其同学中的“优势者”而得以满足,学生从对班主任或教师的依赖转向对伙伴的信赖。

第三个时期是群体冲突期。为了满足自尊和成就感的需求，班级学生的注意力会集中于得到班级成员的认可，而在班级得到承认的主要途径就是积极地参与班级活动，并在活动中作出贡献，展示能力。一般情况下，班级活动要按照班主任或教师的要求来开展，大部分学生在活动中会顺从或依赖班主任或教师、班干部的要求，从而感到班级生活的满足和充实。但有些学生则对班主任或教师的决定和做法不满意甚至失望，他们就以小团体为据点对班主任或教师的指导作出公然或隐藏的对抗，在具体的班级活动中就直接演化为不满班干部的做法并要求改变，有时甚至会影响班级自主活动的开展。于是，班级就逐渐形成并不断扩大“干部群与支持干部的学生”和“反对干部群领导作用的学生”之间的矛盾与冲突。不过，随着班级情感的形成和班级意识的增强，班级学生开始把关注的焦点转向如何积极参与班级活动和发挥作用，即使强烈违反团体要求的学生也会试图在参与活动中获得自身需求的满足。

这一阶段的班级组织具有一定的凝聚力，属于合作型班级群体，其间的矛盾和冲突不是情感上的对立，而是班级学生集体观念增强、主体意识和自主能力提高的必经阶段和必然反映。此时，班主任一方面要尽快组建和培养能起骨干作用的班干部队伍，指导、帮助他们开展有意义的、丰富多样的班级活动，以提高他们的威信与自主组织活动的能力和水平；另一方面，要及时向学生提出新的奋斗目标，培养正确的集体舆论，善于发动学生，给学生更多的创造机会，如通过与邻班座谈、联欢等活动确立新的班级目标。

（三）组织整合阶段

随着班级活动的不断开展，各种学生小群体在相互交流以及为实现班级目标而共同奋斗的过程中，彼此融合而成为班级组织的有机组成部分，班级群体逐渐发育成为班集体。这是班级群体发展的最高、最完善的阶段，也是班主任工作的奋斗目标和理想追求。

达到这一发展阶段和水平的班级具有以下特征：第一，班级成员和谐共处，有了很强的集体意识，学生小群体的界限、优势与服从关系日趋淡化。第二，班级学生的主体性、自主能力进一步提高，班级组织已达到自我管理水平，并能不断自我超越、自我更新。第三，各种角色权威或制度权威的影响力也渐渐减弱，班主任或教师作为学生依赖的对象、班级组织的领导者与管理者等形象也慢慢变得模糊，更多的时候是充当学生的朋友、顾问或参谋，成为民主平等的师生关系中的“首席”。第四，每个学生的主动意识、能力逐步形成与提高，班级成员的价值取向渐趋一致，自我个性的充分实现已成共识，每个学生都能自觉地在课内外自主地开展学习，他们关注的已经不再是通过夺取各种活动中的主要角色以提高威信，而重视谋求自我发展、自我实现，并愿意为自己及他人的成就而相互合作。第五，班级中的对立和冲突主要是由于学生认识方式、价值观念的不同和个性上的矛盾而引起的，班级群体已能够根据事物本身的逻辑和全局利益来思考解决问题的方法。

进入这个阶段的班级组织在朝着自我更新的民主集体的方向迈进，其建设目标是使学生个体和群体在班级生活中都保持开放的心态和发展的活力，不断超越既定的发展任务和目标要求，追求自我积极健康的发展，使学生个体与班级整体的精神生活境界不断提升。为此，班主任工作不能停留在班级生活规范和目标的完善、有效执行以及现存班级事务的处理上，更应引领班级形成激励学生不断超越自己的机制，帮助学生个体和班集体建立自我超越的心态与方法，追求班级精神层面的发展。班主任要有超前的眼光和开阔的胸怀，主动开拓班级活动领域，不断丰富班级活动内容，并根据学生发展需要予以系统策划，从而拓展班级学生自我发展的空间，并逐步提高学生精神生活的品位。

## 三、班级组织的结构

班级是一种组织，其基本成员是班主任、教师和学生，它通过师生相互影响的过程来达到预定的教育目标。

### （一）班级组织的群体结构

所谓群体，亦称社会群体，它是人们在交往的基础上通过一定的社会关系结合起来进行共同活动的共同体。群体是社会的细胞，对社会的控制是通过对群体的管理来实现的，人的社会化过程也是通过各种群体进行的。对群体可以从不同角度进行分类。按共同活动内容、目的与社会价值观可把一切群体分为亲社会群体与反社会群体两大类；以群体的发展水平可区分为松散群体、合作群体、本位群体和集体；按群体内各成员相互作用的目的和性质，可把群体分为正式群体与非正式群体。正式群体是按照社会一定的法律、条例、规章制度建立起来的，执行一定社会职能的，有法定地位的一种有组织的群体。正式群体中形成人际关系的模式是群体→交往→人际关系。非正式群体又称自然群体，是由情投意合者自发形成的群体。非正式群体形成人际关系的模式是交往是→人际关系→群体。

班级组织是由不同的个体组成的群体，它反映正式组织层面与个人属性层面的需求，在结构上存在正式群体与非正式群体。班级组织是由学生组成的正式群体，旨在实现班级组织的公共目标。这是一种制度化的人际关系。正式群体大多是预先决定好时间、场所和活动内容，要求每一个成员接受。非正式群体是源于班级组织的个人属性层面的人际关系，是学生在共同的学习与活动中基于成员间的需求、能力、特点的不同，并从个人的好感出发而自然形成的。正式群体与非正式群体往往是同时发生作用、交互影响的。

（二）班级组织的角色结构

角色，又称“脚色”，原指戏剧舞台上的人物。20 世纪 20 年代，由美国社会心理学家米德首先引入社会心理学理论中，称为社会角色。社会角色是社会对个体职能的划分，它代表个体在社会中的地位和身份，同时也包含着社会所期望人们表现的行为模式。角色由组织规定的权利、义务和行为规范构成，组织中的每一个成员都需通过角色学习，充任一定的角色而参加群体活动、交往和生活，从而与整个社会联系起来。

班级组织结构也是一种角色结构。班级组织的角色常常成对出现。同时，角色的多重性是班级组织角色结构中的基本特点。学生的角色转换要求班主任和教师以全面、发展的眼光教育、引导、评价学生，发挥每一个学生在班级组织建设中的积极作用，调动一切积极因素，促进班级组织的健康发展。班主任或教师是班级的中心角色，同时也在变换。班主任和教师一方面要强化角色意识，认真履行自己的角色职责和义务；同时还要善于转换角色，不以教育者自居，发扬教育民主，做到教学相长。

（三）班级组织的信息沟通结构

信息沟通是班级组织的神经系统，没有信息沟通，班级组织就没有活力，就会僵化而没有生气。班级信息包括知识信息和个人的思想、态度、情感与行为等方面的信息。在班级组织中，沟通成员的单一性与信息沟通渠道的复杂性是相互统一的。班级组织信息沟通的主体是单一性的，主要是在教师与学生之间进行。班级组织系统的开放性，又决定了其信息沟通的渠道是复杂的：除班级之间要沟通信息外，班级还要与学校、家庭、社会沟通信息。班主任和教师既要向学生提供正确健康的信息源，培养学生对信息的识别和判断能力，也要充分利用各种信息渠道，广泛收集学生在学习、思想、生活等方面的信息，以实施有针对性的教育和管理。

## 四、班级组织的特点

（一）班级组织具有明确的目标

任何社会组织都有自身的目标。班级组织的目标是学生的发展。学生既是班级组织教育过程的主体，又是班级组织教育的对象。班级管理的各个环节都必须服从培养人、塑造人这一目标，要与过程有机配合，创设一个优化的环境，使班级组织成员的智力、能力、个性都能得到充分的发展。

（二）班级组织中师生交往的直面性与多面性

作为学校开展教育教学活动的基层单位，班级组织活动本身就要求班级中教师与学生、学生与学生之间的互动必须是直接的、面对面的。教师总是在认识学生的特性、当前心理状态、对教学内容的理解程度之后，才能对学生施加有针对性的影响。班级组织的健康发展程度在很大程度上取决于班主任和教师对班级成员的认知和理解程度，因此需要班主任和教师与学生建立和谐、互动、相互信任的人际关系。

在现实的班级活动中，由于班级组织中存在着各种交往中的情感因素，因此班主任和教师与学生之间，学生与学生之间的交往不是单一的、片面的，常常是全面的和多层次的，既有知识传递与接受的交往，也有情感方面的交流与分享，等等。因此，班主任和教师要重视通过多种途径与学生广泛地交往，促进学生之间的交往，从而促进班级组织目标和功能的实现。

（三）情感是班级组织中主体之间的纽带

情感是一种体验，它反映的是主体与客体的关系。一个人的需要得到满足与否会产生不同的情感体验。积极的情感体验能成为一种巨大的教育力量，引起共鸣，起到潜移默化的作用。让学生在班级里获得情感体验，使集体生活赋予学生多样而深刻的情感体验，这些情感具有唤起动机的功能，发挥深化或巩固教学内容的作用。首先，中小学生由于心理和意识发展的程度不高，情感就成为他们认识事物的一种非常重要的形式；其次，班主任和教师在教育教学活动中，为了促进学生的全面发展，充分利用情感的力量，会起到事半功倍的效果。班主任和教师的教育艺术就在于使班级组织对学生产生巨大的吸引力，让学生对班级产生向往感、荣誉感、友爱感，使学生的良好个性也能在班级组织中得以培养和生成。

教师与学生各自扮演着的角色在班级成立之初就已经规定了，班级的互动主要在教师与学生之间和学生与学生之间进行，它不仅需要通过正式的规章制度维持，也需要各种非正式的方式和手段来维护。从某种意义上说，由于班级中互动的直接性、全面性以及具有较强的情感色彩，班级中非正式方式和手段的采用就显得更加重要。班主任和教师作为班级中主要的管理者，一方面需要通过纪律来维持班级组织的教育、教学活动，另一方面更需要以自己的人格力量和道德感召力以及情感的联系来开展班级活动。

## 五、班级组织的功能

班级是一种社会组织，也是由不同个体组成的群体。社会需要与班级主体的多方面需要，决定了班级组织既具有社会化功能又具有个体化功能。

（一）班级组织的社会化功能

班级组织的社会化功能，是指班级组织按照一定的社会要求，在集体的教育、教学过程中，以集体目标为导向，借助课程、人际关系等媒介，向学生传授社会经验，指导社会生活目标，教导社会规范，培养社会角色，使学生从一个自然有机体发展成为一名社会成员。班级组织的社会化功能主要体现在以下四个方面。①

第一，传递社会价值观，指导生活目标。班级按照社会需要和教育目标，在组织儿童开展学习、交往、劳动和社会实践活动中，向儿童进行世界观、人生观、审美观、理想、道德等方面的教育，引导儿童正确处理个人目标、集体目标与社会目标的关系，确立科学的知识观、人生观和世界观，确立符合社会期望的生活理想、职业理想和社会理想，教育年轻一代成为顺应历史潮流，推动社会变革的社会成员。

第二，传授科学文化知识，形成社会生活的基本技能。班级教学目标的规范性，课程结构的系统性以及教学过程的简约性和可控性，是儿童学习社会经验，获取社会活动知识、技能的独特条件。随着班级教学改革的深入、班级教学过程的社会化、潜在课程的开发、普通教育与职业技术教育课程一体化，为儿童智力的开发，学习能力、交往能力、社会实践能力等的培养创造了更多的条件。

第三，教导社会规范，训练社会行为。班级的教学、教育活动是在师生交往中展开的，而群体中的人际交往和关系必然形成相应的组织、制度和规范。班级的规章、制度，如学生守则、班级公约、学习秩序、纪律、学风、班级气氛，加之班级的传统、舆论、仪式，直至学生之间使用的特别的语言、行为方式、教师的举止、言谈、衣着、仪表等，都传递社会规范，对儿童具有一种同化力和约束力。使生活在其中的儿童潜移默化地受到影响和熏陶，这对于培养儿童的社会态度和社会行为具有重要作用。

第四，提供角色学习条件，培养社会角色。班级为儿童的角色学习提供着多方面的条件。班级的组织目标规范和班级舆论对每个儿童提出了明确的角色期望，儿童在课程学习中的态度、成绩以及教师和伙伴的相应评价决定了他们在人际关系中的角色地位。伴随着班级教学过程的师生交往和小组学习活动，以及班级其他集体生活，也为儿童提供了多样的教育情境，为儿童积累交往经验，学习变换角色，提高担当角色的能力，提供了锻炼和体验的机会。

综上所述，班级的社会化功能在其对象、内容、方式及水平、效能等方面都具有特点。就社会化的对象而言，主要是学生。他们正处在学习、交往和人生观形成的最佳时期。因此，社会化具有可塑性和可控性。就社会化内容而言，由于社会要求是多方面的，教育目标是全面发展，所以，学生在班级中的社会化内容也

---

① 参见鲁洁主编：《教育社会学》，人民教育出版社 1990 年版，第 407～408 页。

具有全面性、系统性的特点。此外,从方式上来看,班级的社会化功能的实现是有目的、有组织、有计划的定向可控过程。因为班级社会化的目的、内容、方法与组织等都是按照社会要求并根据遵循儿童身心发展的水平而选择设计的。班级以儿童的社会学习和交往活动为中介。动态地调节和控制社会要求与儿童个体发展水平的交互作用,从而有可能提高班级的社会化功能的水平。

(二)班级组织的个体化功能

班级不仅具有社会化功能,而且具有个体化功能。班级的个体化功能是指班级按照儿童身心发展的特征、水平及其形成和发展的规律,以环境和教育的社会化影响为媒体,通过儿童主体性的内化机制,满足儿童的发展需求并促进儿童的全面发展。概括起来,班级组织的个体化功能主要有以下三方面。

第一,促进发展功能。班级组织的目标是促进学生的发展,同时班级组织能够为学生的发展提供机会和条件。这些发展涉及认知、情感、兴趣态度和社会技能等领域。具体说,认知的发展包括知识的增长、认识的深化、观点的扩大、自我理解和对他人理解水平的提高等;情感的发展包括友情、亲和感、共鸣感、优越感、自卑感以及称赞、嫉妒、憎恨、敌意等积极或消极的个体情感的产生和深化;兴趣态度的发展包括对自己、对他人、对规范和规则,对文化与社会的关心与态度等方面的发展;社会技能的发展包括自我控制的能力、讨论与决策的技能、人际沟通的技能、处理人际关系矛盾的技能、解决社会问题的技能水平的提高。

第二,满足需求的功能。需要是人的行为的终极原因,每个人都有多层次多方面的需要。作为一个社会人、组织人,会对自己所处的组织环境产生各种需求,如安全的需求、归属的需求、爱的需求、尊重的需求、自我实现的需求、社会有用性的需求等。班级组织既能提供满足归属的需求、安全的需求和爱的需求等基本需求的机会,又能创造满足自我实现的需求与社会有用性的需求等高级需求的途径。

第三,诊断与矫正功能。班级组织既能诊断出学生存在的问题,又能帮助学生矫正这些缺陷。当学生置身于班级组织中时,其人格、能力等方面存在的缺陷就会显现出来。如社会技能的欠缺、自我控制的欠缺、极端个人主义、极端内向或外向、粗暴、说谎以及其他人格偏颇。特别是在班级组织有团体要求时,这些问题会暴露得更加明显。班主任或教师可通过班级组织开展有针对性的教育,引导矫正学生存在的上述人格或能力缺陷。例如,自我中心的学生会因受到伙伴的批评而改变行为,自我控制能力欠缺的学生能够在集体的监督约束下逐步形成自律意识。

但是班级组织的功能并不能自动地发挥,它必须形成积极的团体规范和组织氛围才能发挥作用,否则班级组织不可能发挥所期待的功能。

# 第二节　班级管理的内容

所谓班级管理即教育者与班级中全体学生一起为着既定的目标，在民主协商的基础上，通过组织、调控、沟通、评价等手段，不断创造和整合班级教育资源，优化班级生态环境，促进合作与沟通，使学生健康全面地发展。班级管理主要包括制度管理、文化建设、活动管理和生活指导等内容。

## 一、班级制度①管理

班级制度是社会制度的一个组成部分，也是学校制度的一个组成部分。所谓班级制度，是指班级成员为实现班级目标共同制定的，全体成员在班级活动中必须遵守的行为规范的总和，包括值日制度、奖励与惩罚制度、班委会的工作制度等。班级制度的形成受到多种因素的影响，这些因素可概括为三个方面：一是宏观的社会环境如社会政治经济文化制度的影响。无论什么社会制度，统治阶级总是企图通过制定法律和政策，在组织上确立其管理方式。二是办学主体、体制因素的影响。一般地说，在集权制的国家基层组织的自主权要比分权制的国家小一些，组织机构也比较划一；而学校性质、上属关系不同也会给班级制度带来某些差异。三是班级内部因素，如班级的层次、规模等对班级制度有直接影响，大学班级、中学班级、小学班级虽同属班级，但它们的制度是有所不同的。

班级制度是班级发展"成熟度"的重要指标。班级中存在着各种比较严格的规章制度，这是维护班级正常教育教学活动的保证。对于学生来说，最具体的就是学生守则。班级制度管理是一种常规管理，常规管理具有基础性、强制性、实际操作性等特点。它一方面调节团体与个人的行为，保证共同的活动目标得以实现；另一方面保护成员在团体中的权益，使个体得到发展。每一个学生都应遵守和服从班级规章制度。

班级制度管理主要包括班级制度的制定与班级制度的执行两个方面。

班主任和学生在制定班级制度时要注意以下几方面：第一，班级制度不可以违背国家有关法律和学校的规章制度；第二，班级制度的制定是为班级所有成员的发展服务的，不是为了维护教师的权威；第三，班级制度的制定要符合班级的实际情况，要与班级的发展目标相一致。

制度产生后不会自动产生效果，制度的效果是在执行过程中产生的，因此制

① 有人认为，班级制度包括成文的制度与不成文的制度两个方面。本书认为，班级组织制度主要指成文的制度；而不成文的制度，主要是指班级的传统、舆论、风气、习俗等，实际上属于广泛的文化环境。

度的执行非常重要。在班级制度执行过程中要注意以下几个问题:第一,要严格执行各项规定,做到赏罚分明,保证制度的刚性;但又要根据现实情况,针对具体问题,灵活执行各项规章制度,保证制度的弹性。只有刚柔相济,才能使制度更好地发挥作用。第二,制度的执行要坚持公正原则,不能因老师的喜好或关系的亲疏随意更改制度内容。第三,作为班主任或教师,要带头认真遵守班级规章制度,做学生的表率。

最后要指出的是,班级制度管理应尽量避免"控制主义的层级化管理"。所谓"控制主义的层级化管理",即班主任或教师按照校领导的要求,直接或间接地通过班干部,借助一定的规章制度去约束学生,实现对学生思想与行为的控制。这种管理方式会导致班主任或教师只关心如何矫正学生表现出来的形形色色的错误行为与利己意识;学生只关心如何表面地、形式地维护规章制度;班长、班委会只从事监视活动,要求伙伴不违纪、不迟到、不做小动作,行使的是"警察"的职能。这一过程是从处在高位的校领导的要求,到班主任或教师对上级指令的遵行和对下级学生的指导,再到学生干部的执行,最后到学生群体的服从。这种管理实际上是把集体与个人对立起来,学生的主动性、积极性,以及情感、态度、愿望和兴趣等常处在抽象认识的状态,被具体落实的往往是规章制度的遵守和群体行为的统一,其结果是束缚了学生的发展,并人为地造成学生在班级中地位的差异,而且学生的社会化将沿着学会服从要求和循规蹈矩的方向发展。

## 二、班级文化建设

班级文化作为一种组织文化,是社会文化的一个重要组成部分。班级文化具有教育性、共享性等自身鲜明的特点。班级文化建设是指在班主任、教师的引导与学生的积极参与下,形成以共同价值观为核心的精神、制度、行为和物质环境的集合体,朝着班级目标迈进的过程。班级文化建设就是努力把传统的硬性管理提升到软性的文化管理的高度。在这里,班主任和教师主要不是靠权威、强制对学生进行管理,而是靠班级文化的塑造、熏陶来管理学生。

班级文化建设的真谛和真正意义在于塑造文化集体和文化人格。由于各个班级的特点、条件不同,班级文化建设的重点与具体操作也会有所不同。班主任既要把握班级文化建设的普遍规律,又要结合班级实际,提出班级文化建设的有效方略。

### (一)把握好班级文化建设中的若干基本关系

校园不是世外桃源,班级文化也不是封闭的院墙文化。班级文化建设与班级内外的方方面面都发生着密切的联系,受校内外、班内外诸多因素的影响。班级文化建设要充分认识、准确把握以下若干基本关系:(1)班级文化与社会文化背景的关系;(2)显性课程与隐性课程的关系;(3)学生主体与教师主体的关系;(4)普及与提高的关系;(5)满足需求与引导升华的关系。①

(二)努力营造良好的班级文化环境

文化环境是环绕在主体周围的文化因素。所谓营造班级文化环境,主要是指"美化班级文化环境,优化班级文化环境,强化班级文化气氛"。② 具体地说,美化班级文化环境,要做到高雅、文明、整洁、规范。使学生进入这种环境就有庄重感、责任感、自律感,能感到身心愉悦并自觉维护。优化班级文化环境,要从设施上给学生提供文化条件,如休息时欣赏高雅的音乐,为学生准备书报和其他文化用品等。同时要从人际关系上突出和谐、互爱互助,提倡先人后己,不妨碍别人。强化班级文化气氛,要在学生之间提倡文化交往,帮助学生增加对文化交往的认识和给学生提供文化交往的机会。总之,营造班级文化环境不能脱离学生实际,而要贴近班级学习和生活,积极倡导健康的生活信念、价值观念、行为规范,努力塑造出积极和谐、健康向上的班级文化。

(三)拓宽班级文化活动的渠道和范围

班级文化是通过一定的载体发生影响作用的。常见的载体有:班级文化设施,如班级的书报刊物园地、图书角之类;班级的墙壁文化、走廊文化、班级刊物和黑板报之类;班级文化成果的展示,如美术、书法、演奏、演出以及班级内的文化活动小组等。显然,班级文化并不一定要局限在学校教室内,也不应理解为单纯的课内活动或课外活动。班主任在进行班级文化建设中,要扩展学生文化活动的范围,开辟文化活动的渠道,课内外结合,班内外结合,并拓展到社会的广阔天地中。这些活动可以以多种方式进行,如建构有特色的班级文化活动,组织多种兴趣和创造小组,开办适合学生的文化讲座,开展社会调查,开展社会服务活动,成立班级艺术活动小组,组织读书及书评活动,进行演讲比赛和摄影美术比赛,组织古典诗文记诵活动,等等。加强班级文化建设,班主任需要不断拓宽文化活动的渠道和范围。

(四)突出班级文化建设的教育性

班级文化自从产生那天起,便具有教育学生的职能。班级文化的教育性体现在各个领域、各个层面。班级文化与其他文化形态在教育性上的区别主要表现为其教育性是有意识的,具有明确的目的性。教育性要求班级文化体现社会主流价值观,以明确的教育方向,促进学生健康和谐发展,提高学生整体文化素养。显然,班级文化应当积极、进取、高雅、和谐、健康向上,并且由此为主旋律形成自身的特点。班级文化建设必须突出教育性。班主任和教师在实际的班级文

---

① 葛金国著:《校园文化建设导论》,安徽大学出版社 2003 年版,第 213～218 页。

② 王守恒、查啸虎、周兴国主编:《教育学新论》,中国科学技术大学出版社 2005 年版,第 291 页。

化活动中，应尽量避免过分注重文化活动的形式、气氛，追赶热点等现象，努力使班级文化产生预期的教育作用，发挥其应有的教育意义。

**班级精神文化建设例谈**

班级文化是学校文化的缩影和具体体现，属于校园亚文化和隐性文化（指隐含在学生意识中共有的心理倾向或情绪反应方式）的性质，在建设校园文化的同时，也应该关注班级的文化建设。在抓好物质文化和制度文化建设的前提下，更应突出班级的精神文化建设。

精神文化是一种观念文化，包括价值取向、思想观念、行为规范、伦理道德、审美情趣等多种文化内容。在班级建设中，应着重从以下两方面入手突出班级精神文化建设。

第一，通过制定“班歌”，形成班级的主流精神导向，使学生产生对班级文化价值的认同和归属感。现在，学校很少有自己的“校歌”，即便制定了“校歌”，也是学校整体文化的象征。相比之下，“班歌”的精神指向更具体，更有针对性。开学初，通过公开征集，我班同学集体创作了“班歌”——《SunShine》，并自行谱曲，在每次大型集会（如班会、学校文化艺术节、体育节等）时演唱，伴随着歌词的激昂飞扬，学生们体验到了精神家园的温暖，他们的爱班情结在不知不觉中孕育、发展和升腾起来，友爱互助、和谐竞争逐渐成为共同的信仰和价值追求，并逐步内化为他们的自觉行动。“班歌”使学生之间的关系变得亲切而不亲昵，和谐而不暧昧，奋进而不卑劣；“班歌”为学生们快速、顺利地度过初、高中的“精神衔接期”搭建了一个稳健的平台；“班歌”是一种无声的力量，她在时时地浸润、感染着每位学生；“班歌”筑就了班级特有的精神氛围和浓郁的文化底蕴……我们对学生的教育要善于适时捕捉可转化的契机，从教育的“盲区”和“症结”入手，充分挖掘、利用学生的“兴奋点”，实施“润物细无声”式的教育，实现学生的自主转化，这样的教育效果要比那些简单生硬的灌输和空洞的说教好得多。

第二，借助彰显个性文化的契机，形成了班级独特的“宽容”性精神氛围。“包容”是班级精神文化的重要品质，是医治学生间排斥、对立的良药。为此，我利用班级学生多才多艺和思想活跃的特点，举办了“才艺展示”和“自由论坛”两项活动，借以濡化学生的“宽容”品质。“才艺展示栏”定期展出同学们各自的才艺成就（每人机会均等）；“自由论坛”利用每周三下午一个小时的时间，让学生们自由发挥，畅谈自己不同的观点。同学们参与的热情非常高，现在这两项活动都已成为了班级约定俗成的必修课，成了学生们心灵沟通的驿站。在自由的融通中，学生们“宽容他人”的心态和品质逐渐得以萌生……班级不仅是获取知识的场所，也是学生们释放心情的场所，一个充满温情、没有拘束和戒备感的班级是学生们学习、休憩的优良港湾。在班级管理的过程中，要尊重多种不同的学生文化，不要轻易地改变学生的特有文化；要创造机会和条件，在认同班集体精神文化的基础上努力实现学生个性文化的自由张扬，并使所有学生都能从中形成“接纳”、“宽容”其他不同思想和人格的胸襟气度。

［资料来源］摘编自王生：《班级精神文化建设例谈》，《班主任》，2005 年第 4 期。

### 三、班级活动管理

班级活动是班级组织为促进学生的全面发展或班级群体为满足彼此的需要而开展的有计划有组织的活动。班级活动有利于学生思想品德的形成，有利于学生将理论知识与社会实际相结合，有利于陶冶学生情操，促进学生身心发展。

与课堂教学相比，班级活动具有以下特点：第一，在组织上具有自愿性和选择性。学生一般可根据自己的兴趣、爱好和特点，自由选择活动的内容和方式。第二，在内容上具有广泛性和灵活性。班级活动内容并不严格受课程计划和课程标准的限制，一般可以根据学校和班级的特点以及学生的实际需要，灵活确定活动内容和活动规模。第三，在方式上具有独立性和自主性。班级活动以学生自己组织、自己动手、独立自主地进行活动为主，班主任或教师处于指导和辅导的地位。

班级活动的种类多种多样。按活动形式，可分为个别活动、小组活动和集体活动；按活动内容，可分为思想品德教育活动、文化学习活动、科技活动、文艺活动、劳动活动、游戏活动、综合活动等；按活动目的，可分为目标内化活动、舆论建设活动、班级常规管理活动、培养学习兴趣的活动等专题活动。所有的班级活动，都有极强的目的性和严格的要求，要求班主任和教师加强对活动的管理和指导，确保达到应有的成效。

为了确保丰富多彩活动的有效开展，班主任和教师必须统盘考虑，整体筹划，加强对活动的管理和指导。班级活动的开展首先要注重整体性和层次性。随着素质教育的深入，班级活动内容会得到进一步充实。因此在班级活动设计中，要有整体观念，把各项活动纳入班级规划，综合推进，整体提高。在发展过程中要讲究层次性，逐步完善。其次，班级活动的开展要凸显目的性和教育性。班级组织以学生发展为目标，各项活动必须有预期的目的，富于教育性，应以全面贯彻国家教育方针，全面推进素质教育为宗旨。再次，班级活动的开展要体现独特性。个性和特色是班级建设的生命所在。有特色、高质量是班级组织活动追求的一个重要目标，班级活动理应追求特色，体现特色。最后，班级活动的开展要切实可行。这是班级活动能否开展好的关键。一方面，班级活动要从实际出发，力戒随意性和短期行为，不搞形式主义。例如思想教育活动要努力形成一种有效的运行机制，即有达成目标、有活动原则、有基本内容、有活动的安排、有考核办法，保证活动的实效性。另一方面要集思广益，动员班级成员积极参与并内化为自觉的行为。如对体育卫生活动，班主任和教师要帮助和督促学生养成良好的体育锻炼习惯和卫生习惯，如按时上早操和课间操、按时作息、科学地安排时间等。

## 四、班级生活指导

学生在学校不仅要学习知识，还要进行社会生活实践，获得社会生活的初步经验，锻炼生活能力。教育学生适应未来、学会生活、学会做人，是班级管理的重要目标和内容。班级生活指导主要包括：

### （一）基本的生活指导

教育不仅要传递系统的科学文化知识，还要使学生习得课本以外的社会生活经验。教育的根本意义是为了使儿童和青少年过有意义、有价值、高质量的幸福生活。因此，班级管理要教育和培养学生具备良好的生活习惯和品质。组织学生通过自我服务性劳动，形成自立、自主、自强的品质；通过家务劳动，养成有责任感、孝敬父母、勤俭节约等品质；通过参加生产劳动，感受劳动的艰辛与乐趣，养成热爱劳动、尊重劳动者的品质；通过指导交往，学会待人接物的礼仪，锻炼与人沟通的能力，形成高雅得体的言行举止等。

### （二）学习生活指导

学习是学生生活中最重要的事情之一。学习过程既有智力因素参与，又有非智力因素参与。学习活动的高效完成不仅要求学生具有良好的认知状态，而且要求有良好的非智力因素作支撑。班主任和教师应创造良好的学习条件，给予每位学生自主发展的时间和空间，指导他们以自己的步骤及独特的方式进行学习；还要对学生进行学习方法的指导，使之养成良好的学习习惯；也要致力于营造自主的、创造性的生活氛围，激发学生的创新精神和创造能力，培养学生的科学精神。

### （三）身心健康教育

身心健康是学生发展的基础和保证。班主任在班级管理中要指导学生养成良好的生活习惯和卫生习惯，远离烟、酒及毒品，养成科学文明的生活方式；要引导学生积极参加体育活动，增强体质；要教育和指导学生正确认识自己，客观评价他人，勇敢面对困难，合理排解情绪，正确对待感情，等等。为此，班主任可组织丰富多彩的课外活动，请专家开设生理健康和心理健康系列讲座，有针对性地开展心理咨询和个别指导工作等，努力营造积极健康的班级气氛。

## 第三节　班主任工作

中小学班主任是中小学教师队伍的重要组成部分，是班级工作的组织者、班集体建设的指导者、中小学生健康成长的引领者，是中小学思想道德教育的骨干，是沟通家长和社区的桥梁，是实施素质教育的重要力量。进入21世纪后，国家更加重视班主任工作。2004年3月，《中共中央国务院关于进一步加强和改进未成年人思想道德建设的若干意见》明确规定："要完善学校的班主任制度，高度重视班主任工作，选派思想素质好、业务水平高、奉献精神强的优秀教师担任班主任。"2006年6月《教育部关于进一步加强中小学班主任工作的意见》中明确指出："中小学班主任工作是学校教育中极其重要的育人工作，既是一门科学、也是一门艺术。在普遍要求全体教师都要努力承担育人工作的情况下，班主任的责任更重，要求更高。做班主任和授课一样都是中小学的主业，班主任队伍建设与任课教师队伍建设同等重要。加强中小学班主任工作，对于贯彻党的教育方针，全面推进素质教育，把加强和改进未成年人思想道德建设的各项任务落在实处，具有十分重要的意义。"①

**班主任的产生与发展**

没有班级就没有"班主任"。"班主任"这一教育角色在制度上的出现是与班级授课制密切联系在一起的。众所周知，班级授课制经由夸美纽斯的论证而逐渐成为近现代学校教育中占主导地位的教学组织形式。由于教学中的师生双方不再像古代教学中那样一对一地进行，教师不再是面对个别的或少数的学生开展教学活动，教师的工作环境、工作性质、工作任务也就随之发生了变化，这对教师劳动及其角色提出了新的挑战和新的要求。于是，一个以班级为工作对象的新的教育角色随之应运而生。当然，这并不是说，"班主任"的名称在夸美纽斯的时候就有了。

班主任这一教育角色的产生，必然引起教育教学中的各种关系包括管理关系的变化，这种关系的变化需要有新的概念来表达。19世纪，

① 《教育部关于进一步加强中小学班主任工作的意见》(2006年6月4日)，见中国教育年鉴编辑部编：《中国教育年鉴(2007)》，人民教育出版社2007年版，第839页。

俄罗斯的班级授课制术语中已经有了“级任教师”的说法，以后又有了“班主任”一词。苏联在较早的时候就制订了有关“班主任工作规程”。就中国来说，我国近现代教育是从20世纪之初“废科举、兴学堂”开始的。我国最早的近代学制——1902年的《钦定学堂章程》中，就有设置班主任的思想，时称“正教员”。民国初年，除了沿袭清末的上述思想还有所发展，逐渐出现了“级任教员”与“学级主任”的名称。据有关考察，我国教育实践中最早使用“班主任”这一名称的是在中共领导下的苏区和老解放区。1934年在苏区的《中华苏维埃共和国小学校制度暂行条例》中，就有“每班设置主任教员一人”的规定。1942年，中共领导下的苏区绥德专署教育科的《小学训导纲要》中在强调教导合一时说：“实行教导合一制，必须加强班主任的责任，否则教导主任就忙不过来。”1949年7月21日，《陕甘宁边区政府关于新区目前国民教育改革的指示》中说：“废除训、教分立制度，实行教导合一，这一原则从两方面实施：①教师不只教书而要参加具体的指导工作；②组织上训育与教务统一。在学校组织上训育与教务统一。在学校组织上(适用于完小)校长下设教育主任。取消级任导师，班设主任教员。”中华人民共和国成立以后，也曾一度在中小学设级任主任，后很快又撤销级主任设班主任。在1952年3月教育部颁发的《小学暂行规程(草案)》和《中学暂行规程(草案)》中，都明确提出了学校每班设班主任一人，由校长从各班教员中选聘。由此开始，我国教育正式确立了班主任制度。1988年，在颁发《小学德育纲要(试行草案)》和《中学德育大纲(试行稿)》的同时颁发了小学和中学《班主任工作暂行规定》。总之，“班主任”这一教育角色是随近现代教育班级教学的需要而产生的，它的含义是在教育实践中不断发展并逐步得到明确的。

[资料来源]摘编自田恒平：《班级管理：回顾与前瞻》，纪念《教育史研究》创刊二十周年论文集(17)——外国教育政策与制度改革史研究，2009年，中国重要会议论文全文数据库。

### 一、班主任的工作职责

中小学班主任与学生接触较多、沟通便利，影响深刻，肩负着育人的重要职责。根据2006年6月《教育部关于进一步加强中小学班主任工作的意见》和2009年颁布的《中小学班主任工作规定》，班主任的具体职责可概括为以下方面。

(一)做好中小学生的教育引导工作

班主任要认真落实学校德育工作的要求,积极主动地与其他任课教师一起,利用各种机会开展思想道德教育,引导学生明辨是非、善恶、美丑,从身边的小事做起,逐步树立社会主义荣辱观,确立远大志向,增强爱国情感,明确学习目的,端正生活态度,养成良好的行为习惯。

(二)做好班级管理工作

班主任要加强班级的日常管理,维护班级良好的教学和生活秩序。坚持正面教育为主,对学生的点滴进步及时给予表扬鼓励,对有缺点错误的学生要晓之以理、动之以情,进行耐心诚恳的批评教育。做好学生的综合素质评价工作,科学公正地评价学生的操行,向学校提出奖惩建议。努力营造互助友爱、民主和谐、健康向上的集体氛围,形成有特色的充满活力的班级和团队文化。加强安全教育,增强学生的自护意识和能力。

(三)组织好班集体活动

班主任要指导班委会、少先队中队、团支部开展工作,担任好少先队中队辅导员,组织开展丰富多彩的团队活动;积极组织开展班集体的社会实践活动、课外兴趣小组、社团活动和各种文体活动,充分发挥学生的积极性和主动性,培养学生的组织纪律观念和集体荣誉感。

(四)关注每一位学生的全面发展

班主任要教育学生明确学习目的,端正学习态度,掌握正确的学习方法,养成良好的学习习惯,增强创新意识和学习能力。了解和熟悉每一位学生的特点和潜能,善于分析和把握每一位学生的思想、学习、身体、心理的发展状况,科学、综合地看待学生的全面发展,及时发现并妥善处理可能出现不良后果的问题。注意倾听学生的声音,关注他们的烦恼,满足他们的合理需求,有针对性地进行教育和引导,为每一位学生的全面发展创造公平的发展机会。

(五)做好基层组织和协调工作

班主任是学校教育第一线的骨干力量,是学校教育工作最基层的组织者和协调者。履行好班主任的职责,必须树立正确的教育理念,遵循中小学生身心发展的规律,运用科学的教育方法,善于利用各种教育资源。班主任不仅应该努力协调好各任课教师,做好班级的管理和建设工作以及学生的教育和引导工作,积极支持少先队、共青团、班委会开展班级活动,还应该成为沟通学校、家庭、社会的纽带,及时了解学生在家庭和社区的表现,引导家长和社区配合学校共同做好学生的教育工作。

## 中小学班主任工作规定(2009)

第一章　总　则

第一条　为进一步推进未成年人思想道德建设,加强中小学班主任工作,充分发挥班主任在教育学生中的重要作用,制定本规定。

第二条　班主任是中小学日常思想道德教育和学生管理工作的主要实施者,是中小学生健康成长的引领者,班主任要努力成为中小学生的人生导师。

班主任是中小学的重要岗位,从事班主任工作是中小学教师的重要职责。教师担任班主任期间应将班主任工作作为主业。

第三条　加强班主任队伍建设是坚持育人为本、德育为先的重要体现。政府有关部门和学校应为班主任开展工作创造有利条件,保障其享有的待遇与权利。

第二章　配备与选聘

第四条　中小学每个班级应当配备一名班主任。

第五条　班主任由学校从班级任课教师中选聘。聘期由学校确定,担任一个班级的班主任时间一般应连续1学年以上。

第六条　教师初次担任班主任应接受岗前培训,符合选聘条件后学校方可聘用。

第七条　选聘班主任应当在教师任职条件的基础上突出考查以下条件:

(一)作风正派,心理健康,为人师表;

(二)热爱学生,善于与学生、学生家长及其他任课教师沟通;

(三)爱岗敬业,具有较强的教育引导和组织管理能力。

第三章　职责与任务

第八条　全面了解班级内每一个学生,深入分析学生思想、心理、学习、生活状况。关心爱护全体学生,平等对待每一个学生,尊重学生人格。采取多种方式与学生沟通,有针对性地进行思想道德教育,促进学生德智体美全面发展。

第九条　认真做好班级的日常管理工作,维护班级良好秩序,培养学生的规则意识、责任意识和集体荣誉感,营造民主和谐、团结互助、健康向上的集体氛围。指导班委会和团队工作。

第十条　组织、指导开展班会、团队会(日)、文体娱乐、社会实践、春(秋)游等形式多样的班级活动,注重调动学生的积极性和主动性,并做好安全防护工作。

第十一条 组织做好学生的综合素质评价工作，指导学生认真记载成长记录，实事求是地评定学生操行，向学校提出奖惩建议。

第十二条 经常与任课教师和其他教职员工沟通，主动与学生家长、学生所在社区联系，努力形成教育合力。

第四章 待遇与权利

第十三条 学校在教育管理工作中应充分发挥班主任的骨干作用，注重听取班主任意见。

第十四条 班主任工作量按当地教师标准课时工作量的一半计入教师基本工作量。各地要合理安排班主任的课时工作量，确保班主任做好班级管理工作。

第十五条 班主任津贴纳入绩效工资管理。在绩效工资分配中要向班主任倾斜。对于班主任承担超课时工作量的，以超课时补贴发放班主任津贴。

第十六条 班主任在日常教育教学管理中，有采取适当方式对学生进行批评教育的权利。

第五章 培养与培训

第十七条 教育行政部门和学校应制订班主任培养培训规划，有组织地开展班主任岗位培训。

第十八条 教师教育机构应承担班主任培训任务，教育硕士专业学位教育中应设立中小学班主任工作培养方向。

第六章 考核与奖惩

第十九条 教育行政部门建立科学的班主任工作评价体系和奖惩制度。对长期从事班主任工作或在班主任岗位上做出突出贡献的教师定期予以表彰奖励。选拔学校管理干部应优先考虑长期从事班主任工作的优秀班主任。

第二十条 学校建立班主任工作档案，定期组织对班主任的考核工作。考核结果作为教师聘任、奖励和职务晋升的重要依据。对不能履行班主任职责的，应调离班主任岗位。

## 二、班主任建设班集体的方法

班集体是按照班级授课制的培养目标和教育规范组织起来的，以共同学习活动和直接性人际交往为特征的社会心理共同体。班集体主要具有四方面的含义：第一，班集体是一个以学生亚文化为特征的社会群体，它传导和积淀着班级制度的社会文化基因(教育目标、规范和组织模式)。第二,班集体又是一个以教学为中介的共同活动体系,它以课堂教学为中介,整合学校、社会、家庭的教育影响,社会化的共同学习活动是班集体形成和发展的主要整合因素。第三,班集体还是一个以直接交往为特征的人际关系系统,正是交往和人际关系,动态地反映了集体与个体、个体与个体、集体与环境的相互作用,标志着集体形成的过程。第四,班集体是一个以集体主义价值为导向的社会心理共同体,集体心理的统一性和社会成熟度综合反映了集体主体性的水平。①

班集体是学生学习、生活和成长的重要场所,班集体建设的好坏,不仅关系到教育目标能否实现,关系到全班每个学生的成长状况,同时也决定了学校整个工作的面貌。良好的班集体有明确的奋斗目标、健全的组织机构、严明的规章制度、融洽的班级人际关系。每一个教师在承担班主任工作以后,都应当把建设班集体作为首要任务。建设和培养班集体是班级管理的核心工作,也是班主任工作成果的体现。

(一)创造性地设计班级目标

正确的目标是组织发展的方向和动力。目标不正确或根本没有目标,组织就会失去方向。因此,建设班集体首先要使班级明确奋斗目标。班级目标依据实现的时间与目标的难度可分为短期目标、中期目标和长期目标。目标的提出应当由易到难,实现一个目标后,立即提出一个更高的目标,推动集体不断向前发展。班级目标设计要注意以下两方面:

第一,班级目标的制定要切合班级的实际水平。班级目标的制定要依据教育方针和社会要求,但也要结合学生的实际,不能用方针代替班级目标,也不能用空洞的口号来表述。班级目标应该是具体的、能够实现的、可以评估的。作为班级管理者的班主任要深刻领会党和国家的教育方针,以培养目标为依据,以课程目标为中介,制定切实可行的班级目标,并依据班级发展目标制定班级教育工作和活动目标体系,为班级教育和教学过程提供可操作、可测度的指标体系。

第二,班级目标的制定既要注重提高班级的整体发展水平,又要注重集体中每个成员的个性发展。班主任要引导学生设计自己的学习和发展目标,并为学生创造达到个人目标的机会和条件,使集体中每个成员都能在集体目标下树立自尊、自信、自强的自我形象。

班主任在班级管理过程中需要不断明确目标要求,让班级全体成员都知道班级管理的目标对集体和个人的要求,并且知道自己应该怎么做;让集体中每个成员明确自己应该达到什么标准,当前的表现与其是否有距离;还要让班级中每

① 唐迅:《班集体教育实验的理论与方法》,广东教育出版社2000年版,第174～175页。

个成员能够关注其他成员的表现，并主动帮助落后者，共同努力实现班级管理的目标。

（二）合理地确定班级角色位置

在现代社会，组织中的每个成员都需要通过各种角色学习与外部联系起来。班主任应当充分认识到这种角色学习对青少年学生的特殊重要性，增加和丰富班级管理角色，让每个成员都能获得满意的角色，并努力使班集体形成新的人际关系结构。为此，班主任要做好以下工作：

首先，科学地分析班集体人际关系现状。班主任要分析每个学生在人际关系中所处的地位及其原因，根据集体活动的目的、任务和集体成员的年龄特征及交往风格的差异性，设计新的交往结构，形成师生之间、生生之间、班干部与同学之间、学习优秀者与学习落后者之间正常、和谐的人际关系。

其次，重视班级骨干队伍建设。班级骨干主要包括班干部和学生骨干。班主任在合理确定和分配班级角色的同时，要着力于班级骨干队伍建设。班级骨干是班级目标的积极实践者，又是学校、班主任教育管理意图的体现者，在同学中有较高的威信和影响力。班主任要从思想、品德、威望、学业、能力和主动性等多方面综合考察，进而培养选用班级骨干。

最后，丰富班级管理角色。在班级管理中增加管理岗位，使更多的学生在集体中承担责任、服务于群体，不仅能激发学生个体的积极性，锻炼管理能力，而且能增加班级凝聚力。增加和丰富班级管理角色的方法主要有：增加管理岗位，如原来的一个班长岗位可同时设常务班长和值日班长；实行班级干部轮换制，动态分配管理岗位；还可以一岗多人，以老带新。

（三）协调好班内外各种关系

首先，协调班集体内的各种组织成员的关系。如班委会与其他组织或群体，班委会内部各成员的关系，学生骨干与一般同学的关系，品德有欠缺、学习有困难的学生和大多数同学的关系等。

其次，协调与各任课教师及学校其他部门、其他班级的关系。各任课教师在班级管理中起着重要作用，但由于任课教师教学任务繁重，又可能兼任其他班级的课程或其他工作，所以班主任应该请他们主动关心班级工作，向他们征求班级管理的意见，请他们参加班级活动等。这种协调不仅能够集思广益，增强教育学生的力量，同时，也能促进各科教学工作。学校其他部门如教务、总务、团队组织及兄弟班级也与班级管理工作有密切联系，班主任也要协调好与这些部门的关系，使班级管理能够排除不必要的干扰，得到更广泛的支持，取得更大的效果。

最后，班主任要协调班集体与社会、家庭的关系。班级管理不仅受班级内部条件因素的制约，而且也受到班级外部条件（主要是社会和家庭因素）的制约和影响。首先,社会某个时期的状况、学校的社区环境等,都时刻影响着学生。这种影响既有正面的也有负面的,对班级管理的影响既有促进也有干扰。班主任应该采取积极主动的态度,把握主动权和主导权,充分利用积极的社会因素促进班级管理工作;同时,也要正确对待和处理社会因素中的负面影响,努力化消极因素为积极因素。其次,家庭中家长的思想观念、道德品质、文化素质对学校教育工作的认同度、对孩子的态度和要求等,都时刻影响着学生。因此,班主任要善于做家长的工作,争取家长与学校的一致,形成教育的合力。

(四)营造积极健康的班级环境

学生在校生活主要是在班级中度过的,班级环境的优劣会直接影响学生的生活和成长。因此,学校要为学生提供有利于他们进行社会性交往的丰富环境,使他们健康幸福地成长。为此,班主任要做好以下工作:

第一,要营造良好的人际环境。交往是班级人际关系形成和发展的手段,其主体和结构决定着人际关系的性质和水平。班主任指导班级学生交往,一是要把学生作为交往的主体,研究学生的交往需要、能力的差异性,指导学生正确了解周围的人,懂得如何避免和解决冲突,积累积极的交往经验,正确地确立自己在班级中的角色。二是设计内容充实、频率高的交往结构,即根据班级活动的目的、任务和班级学生的年龄特征及交往风格的差异性,形成一个公务性交往与自主性交往、班级内部交往与开放性交往、学生间的交往与学生和教师集体、成人社会的交往相互渗透、交互作用的多渠道、多层次、多维度的交往网络。在交往过程中,一方面要允许选择性交往,指导学生逐渐和公务性交往相结合,并逐渐开展深层的伙伴交往,交知心朋友;另一方面又要为学生与异性交往、与非同龄的儿童交往、与家庭成员交往、与成人的交往创造条件。三是班主任与学生交往应建立充满信任的关系。这要求班主任易于接近,善于轻松灵活地和具有多种多样心理特点的学生交往。

第二,营造正确的舆论和班风。舆论是在班级中占优势的、为多数人所赞同的言论和意见。它以议论、褒贬的方式肯定或否定集体的动向或集体成员的言行。班风是班集体长期形成的言论上、情绪上和行动上的共同倾向,是学生思想、道德、人际关系、舆论力量等方面的精神风貌的综合反映。舆论和班风对班集体建设和学生成长都有很大作用,班主任必须努力培养正确的集体舆论和优良的班风。正确的集体舆论和优良的班风来自明确的是非观念,教师要在重大的、基本的人生价值观念、社会观念、道德观念上对学生进行明确的教育,使他们懂得是非曲直;它又来自集体中的活动准则,来自通过规章制度体现的各种要求,班级管理中的规章制度要健全,要明确具体,要深入学生的内心深处;正确舆论和优良班风还来自学生对集体的责任感,来自他们敢于坚持真理的精神,来自对待批评与自我批评的正确态度。不过,有了正确的认识和健全的规章制度,还要培养学生实事求是、敢讲真话、嫉恶扬善、正气凛然的好思想、好作风。

青少年的成长是各种影响因素综合作用的结果,班主任的地位决定了他在培育影响学生健康成长的小环境上起着重要作用。人际间的友好、积极的交往,对于人的心理发展,对于人的积极性的发挥,都有重要的作用。因此,班主任要特别重视班级成员的交往,重视形成正确的舆论,努力促进良好的交往,建立和谐的班级人际关系。

**创建优秀班集体的妙方**

爱是教育的前提。“教育之没有情感,没有爱,如同池塘没有水一样,没有水,就不称其为池塘,没有爱也就没有教育。”在一个班集体中,班主任必须能“以爱动其心,以爱导其行”。只有“以爱育爱,以心换心”,学生才会爱教师,爱他人,从而能够创建一个充满温馨、充满爱的班集体。

一、给差生一个微笑

教师的微笑是“最美的花朵”。而在现实生活中,“最美的花朵”并不是对每一个学生都绽放。老师们总是自然和不自然地喜欢学习成绩优异、循规蹈矩的学生,而对那些成绩差、又喜欢违纪的学生产生厌烦情绪,因而就不自觉地板起面孔,收起了微笑。殊不知,你越厌烦,他会离你越远,你将会失去很多教育机会。如果你不想让学生觉得你“偏心”,那么,微笑吧,面对每一个学生,尤其是差生。微笑将会把你和学生的距离拉得更近。

二、给自卑者一剂兴奋剂

班级中有些学生由于学习基础差,考试成绩低,在思想行为表现上要么不思进取、自卑怯弱,要么自暴自弃、违法违纪。针对这种情况,主要运用了树立信心,消除自卑感,启动好学生上进的内因。每当接受新的班级,首先告诉学生,衡量一个人是否为一个健全的人标准并不单看他的知识量的多少,以前考了多少分,在同学中的名次怎样,而是要看他是否具有一个健全人的多种素质和能力,例如自信心、上进心、判断能力、自我约束力等。根据掌握的情况述说每个学生的优点和长处。

三、给转变者一份信任

一个班级内,常常会存在不少的“困难户”,他们只是因为某些原因发展滞后,他们不是一无是处,他们的优点常常被掩盖。教师要善于发现他们的闪光点,促使他们的闪光点更闪光,逐渐改掉身上的缺点。

四、给奋斗者一份力量

在一个班级中，总会有不少的奋斗者，他们或挑灯苦读，或在赛场上挥汗如雨。这时，班主任的一句问候，一声鼓励，将会给他们力量，使之更加奋斗向前。在学习上，有的奋斗者取得了好的成绩，要给予表扬。而还有一些学生，由于学生成绩差，知识有缺漏，他们常常很努力，却仍然得不到丰硕的成果，对于这类同学，除了给予最真诚的赞扬外，还要帮助他们找到得不到应有成果的原因。找到原因后，他们信心倍增，学习积极性更高了。

五、给成功者一个赞语

每当学生获得荣誉时，都要称赞他们。因为，成功的快乐，有人分享才有价值。无论学生在哪些方面取得成功，都要发自内心地称赞，给予最真诚的赞语。教师在学生的心目中自然成了"酒不醉人人自醉，花不迷人人自迷"。

伴随着新课程改革的强劲步伐，只有理解、信任、尊重、体贴学生，突出学生的主体地位，才能创建一个个充满爱的优秀班集体。

[资料来源]佚名：《创建优秀班集体的妙方》，中国班主任网，2009-2-11。http://www.banzhuren.com/article.asp? id=5744

## 三、优秀班主任的基本素质

班主任是班级工作的直接管理者，是搞好班级管理工作的关键和核心，发挥着无可替代的作用。广大从事班主任工作的教师不但要努力成为合格的班主任，还要努力成为优秀的班主任。一个好的班主任应该是一面旗帜，一盏灯，引领学生走好一段精彩的人生历程。结合近些年一些学者所做的实证研究，现归纳出优秀班主任所应具备的基本素质。①

### （一）良好的人际交往倾向

人际交往倾向主要指尊重他人、宽容性、学会换位思考、有耐心、有合作精神、公平公正和诚实正直等倾向。班主任拥有良好的人际交往倾向是非常重要的，因为班主任经常要与学生、同事、领导、家长等多方人士打交道，只有与他们建立并维持良好的关系，才能顺利开展工作。甚至可以说，班主任是否具有一些良好的人际交往倾向，直接关系到能否成为一个受欢迎的人。为此班主任要努

① 黄建君：《关于优秀班主任工作的实证研究——以上海市中学为例》，《教育研究》，1996 年第 2 期。揭水平、马红宇、周宗奎等：《小学优秀班主任素质结构研究》，《西南大学学报（社会科学版）》，2009 年第 2 期。

力拥有这些良好的交往品质，使自己成为一个受欢迎的优秀班主任。

（二）良好的认知能力

认知能力是指人脑加工、储存和提取信息的能力，它是人们成功完成活动最重要的心理条件。认知能力是一种基础性能力，主要包括理解能力、信息搜寻能力、反思能力等。优秀班主任要善于搜集和处理各方面的信息。面对教育对象的差异性、变化性以及教育工作的复杂性、时代性，优秀班主任要能够灵活应对和及时反思，表现出较好的适应性和创造性。

（三）良好的团队管理能力

团队管理能力是一种综合性能力，主要包括组织能力、决策能力、协调能力、激励能力、计划能力、选人育人能力、因材施教能力、说服能力和情绪觉察能力等。班主任是班集体建设的指导者和班级工作的组织者，必须具备班级团队的管理能力。他们只有在班级发展目标的制定、班干部的选拔与培养、班级活动的设计与组织、班级舆论与班风的形成、日常生活指导、学生需要和情绪状态的把握、特殊学生的有效教育等方面表现出较高的水平，才能造就一支优秀班集体。

（四）丰富的知识经验

优秀班主任的知识经验主要包括科学文化知识、教育理论知识、经验性知识等。首先，优秀班主任应掌握较为丰富的科学文化知识，这是做好班主任工作的基础。其次，教育理论知识对班主任的教育行为具有指导和支配作用，正确的学生观、教师观、教育观、教育活动观将引导班主任产生正确有效的教育行为。此外，经验性知识也是非常重要的，班主任所从事的是专业性较强的工作，需要在长时间坚持不懈的勤奋工作和积极反思中积累丰富经验，这样才有可能成为优秀班主任。

（五）个性魅力

“亲其师，信其道”，学生总是偏爱有魅力的教师。而作为班级灵魂的班主任更要有个性魅力，能把学生吸引在其周围，具有亲和性、鼓动性、号召性。所谓个性魅力，主要体现在上进心、自信心、情绪稳定、兴趣广泛、责任心、爱岗敬业和公德意识等方面。魅力不仅仅是来自得体的穿着、脱俗的谈吐、娴雅的举止、美好的姿态，更是内在气质的自然流露。要成为优秀班主任，既要注意自己的仪表、言行举止，又要有自我提升的信心和动力，展现内在美，努力树立学习、工作、道德的楷模形象，做一个有魅力的教师。班主任的个性魅力能感染学生，使师生之间产生情感共鸣，从而能实施有效的班级管理，并形成独特的管理风格，发挥更好的教育作用。当今时代，正是张扬个性和尽显魅力的时代，班主任要努力塑造自己的个性魅力，发挥偶像效应，提高自己的影响力和工作业绩。

班主任工作不仅是一门学问，更是一门艺术，它需要班主任在工作中不断观察、探索和总结，不断提升自己，逐渐成为一个优秀的班主任。

**优秀班主任的九个好习惯**

习惯1：走在事情发生的前头

一个具有前瞻性的班主任在动手做一件事之前，就应该先把这件事能够成功的原因尽可能都考虑到，然后再设计出有助于成功的方案。一个优秀的班主任要善于在没有竞争或竞争很少的时候，赶在别人之前发现机遇。

习惯2：在开始的时候就想到结束

一个优秀的班主任从接班起，就要有明确的长远目标：首先应该将主要任务列出清单，再为每项任务确定一至两个长远目标。在运行过程中，凡是有利于这些任务的事情就要坚持做下去，遇到不利的事情就应当马上停下来。

习惯3：最重要的事情放在第一位

一个优秀的班主任要善于把最重要的事情放在第一位。工作中一旦出现比最初的计划或目标更为重要的事情，应当马上进行调整，始终把握好什么是第一位的事。

习惯4：要有双赢的思想

没有学生的支持，是不可能建立一个成功班集体的。有的班主任以为，加强学生内部竞争会提高效率，但事实上这样只会引起人与人之间的冲突。双赢协定不论是正式的，还是非正式的，都要与每个学生的需要、能力和经历相适应。

习惯5：理解他人

一个擅长调动学生积极性的班主任，在开始做一项新工作时，通常会征求班干部和学生代表的意见。学生们的建议会有助于班主任实现自己的目标。

习惯6：取长补短，互相协调

好班主任最擅长于调动每个学生的长项，让学生在取长补短、互相协调中将工作做到最好。一群相互依赖、互有渴求的学生组合在一起去完成具体目标时，工作效率最高。

习惯7：保持良好的状态

一个工作状态良好的班主任必然保持着一些良好的习惯，如每周锻炼身体五六个小时，经常与学生、科任教师面对面谈心，等等。这些有益的活动能使班主任始终保持一种良好的状态。

习惯8：学会倾听，勤于观察

班主任要善于学会倾听学生、家长、同事以及领导的意见，切实把握学生的思想脉搏；同时要善于观察、记录、整理相关信息，做到既能看清班级的主流，又能及时了解班级的蛛丝马迹，以便采取断然措施，防患于未然。

习惯9：角色换位，平等沟通

师生之间存在隔阂的现象并不鲜见。产生这种状况的重要原因是师生之间没有建立有效沟通的渠道。角色换位能解决教育主客体之间的沟通难题。角色换位的关键在于教育者要丢掉高高在上、唯我独尊的管理者心态，能够多从受教育者的角度考虑问题，尊重、关心受教育者，倾听受教育者的心声，即以朋友的心态与受教育者一起学习、一起成长。

［资料来源］摘自彭兴奎：《优秀班主任的九个好习惯》，《教育信息报》，2007-12-22。

## ☞知识要点

1. 班级组织的含义
2. 班级组织的发育
3. 班级组织的结构
4. 班级组织的特点
5. 班级组织的功能
6. 班级管理的主要内容
7. 班主任的工作职责
8. 班主任建设班集体的方法
9. 优秀班主任的素质结构

# 第八章
# 教育评价

### 本章导读

教育评价是指根据一定的教育目标,运用可操作的科学手段,通过系统地搜集、分析、整理信息和资料,对教育活动、过程和结果进行价值判断,从而为不断优化教育和教育决策提供依据的过程。本章主要阐述了教育评价的含义、发展历程,教育评价的功能、类型、原则,以及教育评价的过程。学习本章旨在使学习者对教育评价形成总括性的认识,理解和掌握教育评价的含义、功能、类型与原则,了解教育评价的发展历程以及教育评价的过程。

教育需要评价,没有评价的教育是盲目的教育。在现代教育活动中,评价已成为教育过程的一个独立环节,教育评价学同教育基础理论和教育发展理论一起,被誉为教育领域的三大研究课题,并称为教育大厦的三大支柱。现代教育评价不仅是全面贯彻教育方针的重要保证,是强化科学管理、实现整体优化和科学决策的重要环节,同时也是促进教育改革不断深化,全面提高教育教学质量和办学效益的有效途径。

## 第一节　教育评价的含义及其历史发展

教育评价是教育科学体系中的一个重要领域,是社会评价基本原理在教育科学体系中的具体应用。

### 一、教育评价的含义

(一)教育评价

评价是我们日常生活中常用的概念之一。人们了解了某一事物,从事了某种活动之后,对所认识的事物及所从事的活动总会有一个对比与评判,这就是我们常说的评价。从最一般的意义上说,它是人们把握世界、事物、事件等对自己的价值的观念活动,是对事物价值关系的认识。

关于教育评价,不同的学者基于对教育评价本质的不同认识和理解有不同的界定。但概而言之,它是指根据一定的教育目标,运用可操作的科学手段,通过系统地搜集、分析、整理信息和资料,对教育活动、过程和结果进行价值判断,从而为不断优化教育和教育决策提供依据的过程。

(二)几个密切相关的概念

1. 教育评价与教育测量

测量通常被定义为"对……赋予一个数值量",它可以包含在一项评定或评价之中,但很少是为了自身的目的而进行,在多数情况下,它被视为一种基本的研究手段。教育测量就是用某些规则或程序给被测对象的某些属性分配数值,从而使这些数值代表某些属性的量。

教育测量与教育评价既有联系又有区别。一方面,教育测量不同于教育评价。这是因为,测量是查明事实真相,而评价是对事实进行价值判断。在教育上,要了解学生的学习情况,用量表实施并以分数表示,这是测量。通过对测量结果的分析,指出问题,促进学生的发展,这是评价。另一方面,教育测量是教育评价的基础。教育测量常常作为教育评价的步骤之一出现,为教育评价提供依据,是教育评价信息的主要来源。教育评价往往是根据教育测量的结果进行的,是教育测量的深化。如果没有教育测量提供的资料,教育评价将成为无源之水,失去了作价值判断的依据,其科学性、准确性便无从谈起。此外,教育测量的结果只有通过教育评价才能获得实际意义,成为对改进教育工作有参考价值的信息。

2. 教育评价与教育评定

评定一词所指的对象通常是人,因而教育评定是对人或人的群体某些属性较为系统、全面的描述,其目的在于说明真实情况,得到确切的资料和结果,而不是进行价值判断,更不对被评对象提出建议和咨询。所以,教育评定是多数教育工作者的日常工作,而教育评价更多则是从事研究和开发人员的活动。

不过,同教育测量一样,教育评定是教育评价的基础。没有教育评定所提供的关于对人或对人的群体的详细确实的资料,教育评价无从谈起。同时,教育评价可以将教育评定导向深入,使教育发挥对人的发展的积极作用。

3. 教育评价与教育评估

"评价"和"评估"是目前我国教育评价工作中比较流行的两种提法。从根本上讲，二者是共通的，即都是对教育的社会价值做出判断，弄清教育现象或事实的价值高低。

但教育评价（educational evaluation）和教育评估（educational appraisal）之间也有一定的区别，这主要表现在：评价是精确的价值判断，而评估是估计的、预测性的价值判断。由于某些教育现象或事实按严格、精确的方法进行评价存在一定的困难，而只能依靠定性与定量结合、客观统计资料与主观描述资料并重的手段，因此，如果说"评价"是"绝对必然、就是如此"，那么评估只能说"估计是如此"。显然，教育评估更多地注意了判断对象的复杂性。也正因为如此，有学者倾向于把教育评估的对象限定在宏观、中观的复杂教育系统的战略性、预测性估价方面，对于微观的、较简单的教育系统的过去和现存实态则作为教育评价的对象。①

## 二、教育评价的发展历程

从教育评价的历史发展来看，它是一个处于不断变化中的概念，从以测验为中心，转向以目标、决策为中心，进而强调以人为中心，为学生个性的充分发展服务。

### （一）西方教育评价的历史发展

在西方，教育评价经历了一个从主观评价到测量、又从测量到评价的发展过程。

#### 1. 主观经验性考试阶段

教育评价理论源于对学生的学力检验。在19世纪中期以前，教育评价主要采用口试和面试的方法，而现代所用的笔试法则是伴随着学校教育的普及而出现的一种新的方法。1702年，英国剑桥大学用笔试代替了口试；1845年，美国波士顿市教育当局开始在中小学阶段推行笔试。

虽然相对于口试和面试来讲，笔试的客观性有所提高，因而使教育评价向客观化迈进了一大步，但此时的考试仍是论文提交的形式，评分的主观性不可避免。因此，随着评价理论和评价实践活动的发展，研究评定成绩的具体标准，提高评价的客观性，降低其主观性，成为教育评价发展的必然趋势。

#### 2. 教育测量阶段

教育测量以追求评价的客观量化结果为目的，主要利用标准化测量工具来开展教育评价。

1869年，英国心理学家高尔顿（F. Galton，1822～1911）通过对个体差异的

---

① 刘尧：《教育评价及相关概念之辨析》，http://www.studa.net/2005/12—20/20051220188.html

长期研究，发表了《遗传的天才》一书，揭开了教育测量的序幕。1879年，德国的冯特(W. Wundt，1832～1920)在莱比锡首创心理实验室，逐步摸索出一套测量方法，对教育测量的发展产生了积极影响。1904年，美国的桑代克(E. Thorndike，1874～1949)发表了《心理与社会测量导论》一书，系统地介绍了统计方法和编制测验的基本原理，提出了“凡存在的东西都有数量，凡有数量的东西都可以测量”的观点，奠定了教育测量的基础。之后，他与学生陆续编制了各科标准测验和标准测量，促成了教育测量运动的蓬勃展开。与之同时，其他学者也编制了许多关于各科教学学力标准的测验，并被应用于学校教育调查和大规模的教育测验中，促进了教育测量与评价的发展。

教育测量以量化的方法对学生的学习状况进行评价，在考试的定量化、客观化与标准化方面取得了重要进展。然而，由于这一时期的测验都以教科书为中心加以编制，只要求学生记诵教材的知识内容，因而无法真正反映学生的学习过程。

3. 现代教育评价阶段

现代教育评价的研究始于20世纪初美国进步主义教育联盟组织的“八年研究”。为了对其研究成果进行评价，美国俄亥俄州立大学教育科学研究所教授泰勒(P. W. Tyler，1902～ )提出了一套以教育目标为核心的编制原则，力图将其转化为可测量的学生行为目标，并据此判断实际教学活动的效果达到预期教育目标的程度。这就是著名的泰勒模式(又称行为目标模式)。其后，这一模式不断得到完善，极大地推进了教育评价科学化的进程。作为教育评价理论发展史上第一个比较完整的评价模式，它具有较强的可操作性，自其产生后的30年里，一直在西方国家教育评价领域中占据着主导地位。但这一模式也有不足之处，即忽视对教育目标自身的评价、过程性评价以及对学生个性发展的特殊性关注。

1957年，苏联第一颗人造卫星上天，美国大为震惊，开始投入大量的人力和财力进行大规模的教育改革，对教育评价也提出了新的要求，各种新的评价思想和模式纷纷出现。其中，最具代表性的是克龙巴赫(L. J. Cronbach)和斯塔弗尔比姆(D. L. Stufflebeam)提出的决策评价、斯克里文(M. Scriven)提出的目标游离评价、里夫林(A. M. Rivilin)提出的系统分析评价。相对于泰勒模式而言，这些评价理论、模式与方法在以下方面取得了进展：第一，认为评价者不应只关心目标的达成度，还应对目标是否合理做出评价，从而对决策及其依据予以关注，避免评价的盲目性。第二，认为评价的注意力不应仅限于教育结果，而应注意为过程的改进提供信息，这样更有助于教育目标的达成。第三，提出了形成性评价和总结性评价、比较性评价和非比较性评价等概念，要求加强形成性评价和比较性评价。第四,评价的观念发生了根本性变化,教育评价不再是为了选拔适合教育的儿童,而注重创造一种适合儿童的教育。可以说,在20世纪60年代,教育评价已成为一个具有独立研究价值的教育科研领域,不过,尽管这一时期的教育评价理论探讨十分活跃,但这些理论往往还不够成熟,有待于进一步的发展和完善。

20世纪70年代以后,随着社会经济的发展,教育理念和观点不断发生变化,教育评价的发展也出现了新的动向——从以决策为中心转向以人为中心,教育评价进入专业化时期。其基本特点是:第一,把评价看作是所有参与评价活动的人们——特别是评价者与评价对象——双方交互作用、共同建构统一观点的过程,而非评价者对评价对象的控制过程;第二,评价的基本方法是质性研究方法,注意评价过程中评价者与被评价者双方的互动作用及动态分析;第三,提倡在教育评价中形成全面参与的意识和气氛,所有参与评价的人都是平等、合作的关系,评价者在评价中应充分尊重每个人的尊严、人格与隐私。

(二)中国教育评价的历史发展

中国的教育评价活动在古代一直与选士制度密切关联,到了近代则是中西文化交融的产物。纵观我国教育评价活动的历史发展,大致可分为四个阶段:

1.古典教育评价的萌生期

古典教育评价的萌生期是指先秦至魏晋南北朝时期的选士测评活动。据成书于战国后期到秦汉之际的《学记》记载,学生到了规定的年龄要入学,国家每隔一年考查一次他们的学业及操行成绩。而且,我国早期学校对评价活动的内容、标准及时间已有明确的规定。西汉察举制的建立,则标志着中国古代选士制度进入了一个新的时代,教育评价的重要方式——考试,在察举制中正式诞生,并在以后的各个朝代中得以延续。

2.古典教育评价的发展期

中国古典教育评价特指以科举考试为主要手段,以封建礼教为基本标准,对个人学识、德能进行测评判断,从而为选拔人才进入仕途或升学深造提供依据的活动。它源于西汉的察举,形成于隋唐,经宋、元、明时代的发展演化,至清代在考生来源、考试科目与方法、录用程序等方面形成了一套较完备的制度,是中国古代教育评价的基本形式。

虽然科举制因内容陈腐等弊端于1905年正式退出历史舞台,但它的产生无疑开创了人才教育评价、选拔的新纪元,在教育评价史上具有特别重要的作用和地位。不过,它与现代教育评价的主要区别除了内容、方法和标准上的不同外,还有一个重要的方面,那就是它只注重教育结果,而不注重教育过程和其他要素。

3. 近代教育评价的活跃期

这一时期主要是指1905年至1949年。1905年科举制度废除之时，正值西方教育测量运动方兴未艾之际，在国内与国外、主动与被动两种力量的共同作用下，西方的教育测量理论很快传入中国，使得这一时期的中国教育评价与教育测量相结合，呈现出多元化的格局。

清末，在“新政”的驱动下，“新教育”中的教育测评活动确立了不定期的临时考试及学期、年终、毕业、升学五种考试形式，并设立了相应机构，建立起教育督导制度。辛亥革命后，南京临时政府教育部对清末教育制度进行了改革。尤其是“五四”运动后，中国学者不仅翻译引进了国外的测验量表，而且在修改这些量表的基础上自编量表，关于测量的理论研究得到了加强，一批有关测量的著作也相继问世。新民主主义革命时期，解放区把考试作为推动学习、检查教学和学员学习情况的一种手段，有效地克服了“分数主义”、“及格主义”的弊端，提高了学员学习的主动性和积极性。而这一时期的国民政府则沿袭清末建立起来的督导制度，实行毕业会考，并对中学以上各级各类学校的毕业会考做出明文规定，实践了教育评价的制度性。

4. 现代教育评价的发展期

新中国成立之初，教育发展全盘照搬苏联模式，20世纪20、30年代教育测验运动所积累的研究人才、方法、技术、资料等诸多宝贵成果遭到全面否定。尤其是50年代末期中苏两国关系破裂后，中国的教育评价研究陷于无所适从的困境而被迫中断。“文革”期间，高等学校的正常招生被中断了6年之久。虽然从1972年起大多数高等学校开始恢复招生，但由于取消了文化考试，实行自愿报名、群众推荐、领导批准、学校复审的办法，教育评价研究没有任何进展。1977年高考恢复后，国家对高等学校的招生制度进行改革，迫切需要教育评价研究的发展和教育评价活动的开展。

适应教育发展的需要，自20世纪80年代初开始，中国陆续译介了国外及中国台湾地区有关教育评价的文章及专著，邀请外国教育评价专家来中国讲学，介绍世界教育的动向、发展趋势以及国际教育评价研究与实践活动的动态，加强了中国同国外教育评价界的联系和交流。随着教育改革和发展的不断深入，中国在系统引进和学习国外教育评价理论和方法的基础上，初步建立了教育评价制度，为开展教育评价工作提供了制度保证；建立了全国性的教育评价研究组织，为进行教育评价研究和实践提供了组织保证；国内外相关学术交流、研讨活动增多，出版和发表了一批著作和论文，初步形成了具有中国特色的教育评价理论和方法体系。

## 第二节　教育评价的功能、类型与原则

### 一、教育评价的功能

教育评价的功能是指教育评价活动本身所具有的能引起评价对象变化的功用和能力，它通过将教育评价活动与结果作用于评价对象而体现出来。

#### （一）定向功能

教育评价以一定教育目的的实现程度来考察教育效果，教育目的既是其出发点，又是其归宿。在评价活动中，评价者常以国家和社会的价值和需要为准绳，设计一套评价指标和评价标准，因此，教育评价具有引导评价对象向预定目标前进的功用和能力；它对教育目标的实现和教育方针的贯彻，有相当强的制约和保证作用；它通过教育评价结果及信息的反馈、利用，指导教育评价对象朝目标行为运行及实现。

#### （二）诊断功能

教育评价既然是对整个教育活动运行情况、效果的评判，它往往通过搜集、整理、分析信息资料，发现教育方案、课程计划、教师工作、教学方法、学生学习中的优缺点及存在的问题。它是教师、家长了解学生学业情况，学校了解教师教学情况，教育行政主管部门了解学校办学情况的重要途径。通过教育评价，我们可以把握教育各个方面的情况，了解教育活动的运行状态，以及某一阶段教育的成绩或存在的不足，并为下一步的工作提供参照和依据。

#### （三）改进功能

教育评价通过将评价结果的信息反馈给评价对象，使评价对象反省自身，克服不足，改变已有的不良状态。比如，教育评价可以在师生之间形成双向反馈机制，教师通过评价搜集学生的情况，并及时调整自己的教学工作；学生在对自己的学习情况有客观了解的基础上，可以不断调整学习状态。

#### （四）鉴别功能

教育评价不仅能有效地反映教育活动现实，而且是评判教育质量优劣的重要尺度。通过评价，人们可以区别、鉴定组织（如学校）、方案（如课程方案）或个体（如教师、学生）等对象的某些方面或各个方面水平的优良程度，确定其有无价值以及价值的大小，衡量其是否达到了应有的标准，是否能实现国家和社会赋予它们的目的和任务，并为它们评定相应的等级。科学、合理、公正的评价所区分的优良和鉴定的等级是教育管理决策科学化的基础。

（五）激励功能

通过评价，学校、教师、行政人员及学生都能从中获得有关活动成效的信息，了解工作或学习的进展情况，强化工作和学习的积极性。肯定的评价可使付出的劳动和努力得到承认，使人产生成就感，并成为进一步努力的动力源泉；否定的评价会使人产生一定的焦虑情绪，努力发现自己的不足，找到失败的原因，增强工作、学习的热情和信心，最终保证教育过程顺利有效地进行。

## 二、教育评价的类型

关于教育评价的类型，不同学者依据不同的标准有着不同的分类。目前，主要有以下几种分类：

（一）根据评价的功能及用途：诊断性评价、形成性评价和总结性评价

诊断性评价又称准备性评价，一般是指在教育活动开始之前所实施的预测性评价，其目的在于了解评价对象的基础情况，分析存在的问题，为解决问题搜集必要的资料，找到解决问题的办法，以指导工作。

形成性评价是指在实施教育、教学活动计划的过程中，对计划、方案执行的情况进行的评价。其目的是为了了解动态过程的效果，及时反馈信息，及时调节，使计划、方案不断完善，以便顺利达到预期的目的。

总结性评价是指在某一教育、教学活动告一段落或完成以后进行的评价，其目的在于确定教学综合目标的达到程度并对教学成果进行全面评定。

**三种教育评价之比较**

| | 实施时间 | 评价目的 | 评价方法 | 作用 |
|---|---|---|---|---|
| 诊断性评价 | 在教学之前 | 摸清学生底细，安排学习 | 观察法、调查法、作业分析法、测验等 | 查明学习准备情况 |
| 形成性评价 | 在教学过程中 | 了解学习进程，调整教学方案 | 经常性测验、作业、日常观察 | 确定学习效果 |
| 总结性评价 | 在教学之后 | 检验学习结果，评定学习成绩 | 考试或考查 | 评定学业成绩 |

（二）根据评价的对象：学生评价、教师评价、学校评价

学生评价是对学生的个体成长发展情况的评价，它是教育评价中最基本的领域之一，也是教育工作者最关心的一项工作。学生评价既包括对学生个体学习情况的评价，也包括对学生态度、情感和身体发育情况的评价，其根本目的在于优化教育教学环境，促进学生更好地成长发展。

教师评价是根据学校的教育目标和教师的工作任务,运用恰当的评价理论和方法、手段对教师个体的工作进行价值判断,包括教学行为评价、成果评价和素质评价三方面。其评价方式主要有教师的自我评价、学生评教、同行评议、领导或教学督导评价等,根本目的在于增强教师的教学效能感,促进教师的专业发展,提高学校的教育绩效。

学校评价是对学校教育整体工作的综合评价,具体包括学校办学思想、办学基本条件、管理工作、教学工作(包括课程与教学评价)、办学水平与特色等方面。其根本目的在于推动学校的教育教学改革,改善办学条件,提高办学质量,打造办学特色。

(三)根据参照标准:相对评价、绝对评价、个体内差异评价

相对评价是指在评价对象团体中确定一个基准,对团体中的个体成员在这个团体中所处的相对位置进行评价。其目的在于区分优劣、排列位次、划分等级。相对评价的适应性强,应用面广,但易造成评价的客观性下降。

绝对评价也称目标参照评价,它以预先制订的目标为评价基准,评价每个对象达到目标或基准的程度。其优点是评价标准比较客观,每个被评价对象都能看到自己与客观标准之间的差距,以便激励自己不断向目标看齐。但是,过分追求客观标准,就容易忽视个性发展。

个体内差异评价是以评价对象自身状况为基准,对评价对象进行价值判断的评价方法。它比较充分地照顾到了受评者的个性差异,但与之同时,它既不按照一定的客观标准进行评价,也没有评价对象之间的相互衡量,因此容易导致评价信度的降低。

(四)根据评价主体:他人评价和自我评价

他人评价简称他评,又叫外部评价,是指由教育活动实施者以外的人作为主体的评价。它可以使受评者通过不同的渠道获得更为广泛、全面、客观的意见,可信度较高,具有一定的权威性,但组织难度相对较大,评价成本较高。

自我评价简称自评,是指被评者自己根据一定的标准,对自己的学习、工作、品德等方面的表现所进行的价值判断。自评是一个连续不断的自我反思、自我教育、自我提高、自我激励的过程,是教育主体成长的标志。它易于开展,且能激发被评者的积极性,但对评价者的自觉性、自主性要求颇高。

(五)根据评价方法:定量评价和定性评价

定量评价是指将那些能直接量化的、并确定存在量化途径的评价指标进行量化评估的评价方式,也就是通过搜集数据资料,用一定的数学模型或数学方法,采取统计处理手段进行的评价。这种评价方式准确、高效、应用广泛,可移植性和说服力强,但它容易把丰富的个性心理发展和行为表现简单化为抽象的数

量表征，忽略那些难以量化的重要品质与行为，忽视个性发展与多元标准。

定性评价是指采用描述、解释的方法做出价值判断的评价方式，它虽然不通过定量计算进行，但也必须有评价的标准和依据。定性评价强调人与人之间的交流，方法灵活，针对性强，但是不够精确，而且易受主观因素的干扰，很难做到客观、准确，信度和效度较低。

### 三、教育评价的原则

教育评价原则反映了人们对开展教育评价活动的基本要求。概括起来，教育评价的基本原则主要包括：

#### （一）方向性原则

教育评价是一种目的性、方向性极强的活动，在评价中对教育对象进行价值判断的主要依据就是教育目的，而进行教育评价活动本身又是直接为实现教育目的服务的，因此，教育评价必须坚持引导教育工作更好地贯彻国家的教育方针，满足社会和个体发展需要的正确方向，保证教育活动良性、健康地发展。贯彻教育评价的方向性原则，最重要的是要求教育评价在确定评价目的和标准时，必须以国家的教育目标为基本的、总的依据。

#### （二）客观性原则

教育评价的客观性原则是指在教育评价过程中，必须采取实事求是的态度，以事实为依据，尽量采取客观的评价手段和方法，对教育活动的过程和结果进行分析判断，力求反映评价对象的真实情况，避免主观随意性和片面性。教育评价如果缺乏客观公正，就会失去评价的真正意义，导致教育决策上的偏差，因此，教育评价的客观性是教育评价方法研究所追求的目标。贯彻教育评价的客观性原则，要求确定的评价指标必须符合评价的目的要求，反映被评对象的本质特征；评价标准要合理，评价者要正确理解和把握评价标准，克服主观随意性和感情因素的影响；评价方法的选择要与评价内容的性质相适应，多种方法相结合。只有这样，才能使评价信息的搜集更为全面准确，评价结论更为可靠。

#### （三）可行性原则

教育评价的可行性原则是指教育评价要在保证正确方向和科学、客观的前提下，尽量使评价简便易行。否则，评价过于繁杂，会带来人力、物力的浪费，增加评价对象的负担，降低评价的实际功效。

#### （四）激励性原则

教育评价的激励性原则是指评价应促使被评对象形成继续努力或在进一步的活动中克服不足之处，增强提高活动效果的动机或期望。贯彻教育评价的激励性原则，首先要使教育评价过程及其结果客观、公正、准确。其次，制定评价目标和具体标准要从评价对象的实际出发，充分考虑评价对象的客观环境和条件，不要过高或过低。再次，评价的实施者要注意评价对象个体的心理状态，了解并尊重评价对象的意见，及时反馈评价结果，以激励评价对象在进一步的活动中保持优势，克服不足。

（五）实效性原则

教育评价的实效性原则是指评价要有实际作用，即有指导实际、改进工作的效用。提高评价的实效性是实现评价目的的根本要求。评价活动如果不能帮助被评对象找出工作或学习中的问题，并对其改进提出有价值的帮助，那么这种评价就是低效的或无效的。

教育评价原则是对教育评价工作一般规律的认识，其目的在于科学地指导教育评价工作的开展，因此，在教育评价过程中应自觉地加以贯彻和应用。

## 第三节　教育评价的过程

按照科学的程序实施教育评价，对于保证教育评价的质量和达到预期的评价目的有着非常重要的意义。一般来讲，教育评价的过程大致可以分为准备、实施和总结三个基本阶段。

### 一、教育评价的准备

评价的准备阶段对于科学地进行评价活动来说是必不可少的，准备的质量在很大程度上决定了评价的质量。教育评价准备阶段的工作主要包括背景分析、组织准备和方案设计三个方面的工作。

（一）背景分析

背景分析的主要任务是确定评价活动要解决的主要问题。只有明确教育评价需要解决的问题，才能加强教育评价活动的针对性，使评价取得实效。教育评价的背景分析包括社会背景、教育发展阶段重要问题、评价委托人需要以及被评价人预期心理分析等。①

1.社会背景分析

社会背景分析对于发挥教育评价联系学校与社会的桥梁作用和对学校教育的正确导向作用具有重要意义。其重点在于确定特定阶段的政治、经济与文化、科学的发展对学校教育提出了哪些重大的要求。对于某一学校来说，社会背景

① 陈玉琨：《教育评价学》，人民教育出版社 1999 年版，第 30～31 页。

分析还包括社区环境分析、学生家长基本要求分析等方面。

2. 教育发展阶段重要问题分析

即对教育在其发展的特定阶段会产生的一些重要问题进行分析，包括一些同类学校带有倾向性的共同问题，或一个学校在其发展的过程中产生的自己特有的问题，等等。

3. 分析评价委托人的情况

从实践来看，并不是所有的评价委托人对评价所要解决的问题都十分明确。通常情况下，委托人是出于对现状的不满意而提出开展评价的要求，但对评价活动需要解决什么问题和达到什么目的并不十分清楚。在这种情况下，一开始就明确评价委托人的需要很重要。

（二）组织准备

教育评价的组织准备是指成立专门的评价机构，组织评价人员（聘请专家），建立教育评价工作的规章制度和对评价人员的考核奖惩条例，并对评价人员进行评价理论和方法、技术培训以及做好被评价人员的思想动员工作，同时要做好必要的物质准备，以确保评价工作的顺利开展。

（三）制定评价方案和实施细则

教育评价方案是在教育评价活动实施之前，根据一定的评价目的和教育评价活动的一般规律，对评价的内容（评价的方面或因素）及其权重、评价的量表和标准、评价的方法、手段和程序等方面加以规范的基本文件。评价活动的实施细则是使评价方案具体化、操作化的详细规则，它规定评价的具体实施程序、操作方法与步骤，规定评价人员的分工、职责、权利、义务以及应遵守的规章制度等。

1. 明确评价目的

评价目的不同，提出的评价目标、制订的评价指标体系及评价标准、选用的评价方法和评价工具以及组织实施评价的程序也会不同。因此，明确评价目的是搞好评价工作的前提条件，如果目的不清或目的设计上出现偏差，就会影响整个评价方案的质量，降低评价工作的科学性。

2. 确定评价者与评价对象

这实际上是要解决谁来评和评谁的问题。评价者就是教育评价的主体，是教育评价的实施者。现代教育评价重视评价者的广泛性，即对同一个评价对象的评价要有相关不同领域的人士参与，以求全面、客观地收集评价信息，做出准确的评价。评价对象是评价活动的客体，它可以是具体的单位，也可以是处于特定范围的人群或个体，如学生、教师、学校管理者，还可以是某种教育现象，如课堂教学工作，等等。

3. 设计评价指标

教育评价指标体系是由不同级别的评价指标按照评价对象本身的逻辑结构形成的有机整体，是设计教育评价方案的关键。教育评价指标体系的设计主要从指标系统、权重系统和评价标准系统三个方面进行：(1)确定指标，即在层层分解一定的评价目标的基础上，将评价的属性逐步具体化，先获得初拟指标，然后对其进行归类、筛选，获得精简指标。(2)分配指标权重。指标确定之后，要对每个指标在综合评价中的地位及重要程度作出估计，然后对指标加权，即分配权重。在教育评价中，主要有评价指标加权和评价总分加权。(3)编制标准。教育评价的标准是衡量评价对象达到末级指标程度的尺度和准则，主要包括分解教育评价指标体系中最低层次指标所包含的主要内容，确定评价标准的等级数量和标号，界定评价标准的等级要求，确定标度四个方面的内容。

4. 选择评价方法

评价方法主要解决如何评的问题，它是达到教育评价目的的主要手段。选择适宜的评价方法可以实现评价操作的规范化，从而保证教育评价操作程序的简捷性和科学性。

## 二、教育评价的实施

教育评价的实施就是在现代教育评价理论的指导下，运用现代方法、技术和手段，通过多条渠道、采用多种形式搜集评价信息，并对评价信息进行分析、测量、评定，从而对评价对象的状态和价值进行判断的过程。它是教育评价的中心环节，是评价工作优劣、成败的关键。

(一)宣传动员

在教育评价正式实施之前，要进行广泛、深入的宣传动员，使参与评价的全体人员充分了解本次评价的意义和目的，掌握评价的方法和步骤，坚持以教育方针、培养目标为依据的价值取向，坚持正确的教育价值观和实事求是的精神，以高度的责任感相互配合、协助，认真、负责地做好评价工作。这样既可以增强被评者的参与意识，也增加了评价工作的透明度。

(二)搜集评价信息

搜集评价信息是评价阶段一项具有基础性意义的工作，也是教育评价中工作量最大的环节。由于评价信息搜集的多少和质量的高低直接关系到评价结果的科学性，因此，在搜集信息时要把握以下要求：

1. 评价信息的全面性

搜集的评价信息要能反映评价目的、评价指标和评价标准的规定，不可有任何一方面重要信息的漏缺。只有掌握了反映评价对象全面状况的评价信息，才有可能对评价对象的状态和价值作出准确的判断。

2. 评价信息的真实性

在众多反映评价对象状况的信息中，要搜集到与评价对象有直接关系、反映被评对象本质的信息。避免因搜集方法不当、编制的测量工具缺乏效度、疏忽大意、弄虚作假等原因造成的评价信息失真。

3. 评价信息的足量性

对于许多评价指标而言，只凭一次信息就得出正确的结论是不可能的，必须多次搜集此方面的信息才能排除偶然因素的影响，保证对评价对象作出客观、准确的判断。

此外，在搜集教育评价信息的过程中，要注意调控教育评价活动中的心理效应。实践证明，教育评价活动中的心理活动会产生两种截然不同的心理效果：一种是积极的、有助于评价活动正常开展的正面效果，即正效应；另一种是干扰和影响评价活动正常进行的消极效果，即负效应。心理调控的目的就是强化积极的心理效应，抑制和转化消极的心理效应并使之成为积极的心理效应，以促进评价活动的顺利开展。

（三）整理评价信息

为使评价信息有效地发挥作用，需要对已经搜集到的评价信息进行汇总整理。整理评价信息主要是将搜集到的全部教育评价信息反复加以核实，对评价信息的全面性、准确性、适应性以及搜集方法的可靠性进行认真检查、分析和整理，以便为评价所用。

教育评价信息整理的一般步骤和要求是：

1. 归集

即对评价信息的来源、获取信息的方法、信息适用的指标逐一登记。其形式一般是文字、表格、录音、录像等。进行资料归集时，要先编制归集提纲，然后按提纲归集。

2. 审核

即对评价信息去伪存真、去粗取精、查漏补缺，包括审核信息的完整性和准确性，以及获取信息方法的适切性。通过审核原始数据，核实各种记录是否出现偏差和谬误，可以保证资料的真实、有效、完整，为进一步汇总、分析打下基础。

3. 建档

评价信息经过归集和审核后，有的是以文字形式表达评价信息，有的是以数据形式表达评价信息，也有的以录音、录像等形式表达评价信息。对于以文字形式表达的评价信息，则要按不同类别，将信息资料装入档案袋并登记编号，立卷建档；对以数据形式表达的评价信息，可以归类列表存档。除了文字和表格形式外，如果条件允许，还可以把不同形式的评价信息通过录音、录像或输入电脑归类保存，这样使用起来会更加方便。最后把建档的评价信息资料统一保管，供分析、评价时使用。

(四)处理评价信息

处理评价信息是教育评价实施阶段的核心工作，信息的搜集和整理都是为这一工作服务的。

1.测量评价结果

评价者根据评价的信息资料，比照评价指标，判定被评者在每项指标上的达标等级，并根据一定的数学法则或数学模型，计算被评者单项指标的评价值和所有指标的综合评价值。其方式主要包括数量化测量、描述性测量、综合性测量等。

2.整合评价结果

即按照评价要求，采用适当法则，对单项指标的评价结果加以整合。这是评价阶段的一项具有全局性意义的工作，它直接影响对评价结果的分析与处理，是联系评价的实施阶段和结果分析阶段的一个十分重要的过渡环节。其常用方法有累加法、加权求和法和模糊综合评价法三种形式。

3.检验评价结果

为保证评价结果的客观与准确，在应用评价结果之前，还应该对评价结果的可信程度进行一定的分析检验。其方法主要有多人判定、一致性检验和重新评价三种。

总之，评价实施阶段的各项工作是环环相扣的，其中任何一项工作做得不好都会影响整个评价工作的质量，因此，组织者必须统筹兼顾、全盘规划，切实提高评价的质量。

## 三、教育评价的总结

教育评价总结是教育评价不可缺少的环节之一，它是指在一次评价结束之后，对本次评价进行质量检验，处理评价结果，编写评价报告，检讨评价的成败得失，从而为再次开展教育评价提供借鉴。

(一)教育评价的质量检验

检验教育评价的质量是验证评价成败，特别是验证评价结果科学性水平的重要措施，主要包括评价的可靠性检验和有效性检验。

教育评价结果的可靠性是指评价结果的准确性、精确性，其常用的检验方法主要有重复评价法、分半法、W系数法。

教育评价的有效性是指测量和评价结果反映的是否是欲测量或评价的被评对象的本质属性以及这种属性被测量到的程度。对评价结果有效性的检验，一般主要从评价内容和方法的有效性以及评价预期有效性等方面进行。

(二)教育评价结果的反馈与有效利用

获得教育评价的结果之后,只有及时将评价结果进行反馈和有效利用,才能充分发挥教育评价的作用,达到教育评价的目的。

1.教育评价结果的反馈

只有把评价结果反馈给评价对象和上级领导及有关部门,引导、激励评价对象不断改进、完善自己的工作,提高工作质量,才能为领导者和领导部门决策提供依据。反馈教育评价结果有如下要求:

(1)及时。评价的最主要目的在于改进工作,如果没有信息反馈,那么评价结果的作用就很难全面发挥。只有及时反馈评价结果,才能收到应有的效果。

(2)全面。对教育评价结果的反馈既要包括肯定的评价信息,也要包括否定的评价信息。只有这样,才可以帮助被评者全面了解自己的优点和长处,清楚自己的不足和弱点,并不断加以改进。

(3)准确。准确地反馈评价信息是教育评价结果有效利用的根本保证。只有认真、准确地向有关当事人反馈评价结果及有关情况,才能指导和改进被评者的工作。

(4)多样。评价结果的反馈要根据不同的对象采取灵活多样的方式,如期望式反馈、启发式反馈、个别反馈、会议反馈、讨论式反馈等。

(5)反馈和指导相统一。教育评价结果对被评者的问题认识得愈深入、全面,对被评者的指导和改进愈具有综合性,因此,坚持反馈与指导相统一是教育评价活动的必然要求。

2.教育评价结果的有效利用

评价信息反馈利用的对象主要有三个:被评对象、教育行政部门或关心评价结果的人员及部门、评价方案设计者。

(1)被评对象对评价结果的利用。被评对象对评价结果的利用主要是通过评价提供的信息认识自己工作或学习中的优点与缺点、长处与不足,以便发扬成绩,改进不足,不断发展。

(2)教育行政部门或关心评价结果的有关人员及部门对评价结果的利用。对于教育行政部门来说,教育评价结果可为其加强学校工作的管理和调控提供依据,同时也为其进行新一轮的评价决策乃至教育的其他决策提供依据。家长和有关部门以及教育投资者也是评价结果的利用者,他们会根据评价的结果决定是否认可该学校的学生,决定自己孩子送哪所学校读书以及决定自己的资金方向。

(3)教育评价方案设计者对评价结果的利用。教育评价方案的设计和组织实施是评价的两个重要环节，对教育评价方案设计者来说，有效利用评价结果可以优化评价方案和评价管理过程，有效地提高评价工作的质量。

（三）编写评价报告

评价报告是评价工作全面总结的书面形式，一般用于向上级主管部门反馈评价结果，也可以用于向评价对象“回复”评价意见。按照评价主体的不同，评价报告可分为自我评价报告和他人评价报告；按照评价内容的不同，可分为综合评价报告和专题（单项）评价报告。

一般来讲，评价报告包括以下内容：

1.报告标引

包括评价报告的题目，编写评价报告的单位、负责人职务、姓名，报告执笔人姓名，以及编写报告的时间等。

2.报告正文

这是评价报告的主体部分，应说明评价的时间安排、评价的组织机构和人员、评价的实施步骤、评价结果，以及本次评价的主要收获、经验和教训等。

3.附件

附于正文之后，对正文起补充、说明、证实作用，或是与正文有密切关系的材料，如学校工作计划、教师教学成绩、获奖证明等。

## ☞知识要点

1.教育评价的含义

2.教育评价的发展历史

3.教育评价的功能

4.教育评价的类型

5.教育评价的原则

6.教育评价的实施步骤

# 参考文献


1. 马健生. 现代教育制度与思想. 北京:高等教育出版社,2004.

2. 王道俊,扈中平. 教育学原理. 福州:福建教育出版社,2007.

3. 王铁军. 现代教育思潮. 南京:南京大学出版社,2000.

4. 王道俊,王汉澜. 教育学(第3版). 北京:人民教育出版社,2005.

5. 王守恒,查啸虎,周兴国. 教育学新论. 合肥:中国科学技术大学出版社,2005.

6. 王汉澜. 教育评价. 开封:河南大学出版社,1995.

7. 王坦. 合作学习——原理与策略. 济南:学苑出版社,2001.

8. 王松泉,董百志. 学科素质教育艺术论. 北京:社会科学文献出版社,2004.

9. 叶澜. 教育学原理. 北京:人民教育出版社,2007.

10. 叶澜. 教育概论. 北京:人民教育出版社,2006.

11. 叶澜. 二十世纪中国社会科学·教育学卷. 上海:上海人民出版社,2005.

12. 冯建军. 现代教育学基础. 南京:南京师范大学出版社,2007.

13. 冯建军. 当代主体教育论. 南京:江苏教育出版社,2001.

14. 冯永刚,刘浩. 学前教育. 济南:山东大学出版社,2009.

15. 孙立春. 素质教育新论. 济南:山东教育出版社,1999.

16. 孙蒲远. 美丽的教育——写给年轻的班主任. 北京:朝华出版社,2010.

17. 刘文华. 基础教学论. 北京:国防大学出版社,1999.

18. 成有信. 教育政治学. 南京:江苏教育出版社,1993.

19. 李剑萍,魏薇. 教育学导论. 北京:人民出版社,2006.

20. 李如密. 教学艺术论. 济南:山东教育出版社,1995.

21. 李国钧,王炳照. 中国教育制度通史. 济南:山东教育出版社,2000.

22. 李洪飞. 今日做教师:教育艺术与创新思维示例. 北京:教育科学出版社,2000.

23. 李希贵. 教育艺术随想录. 北京:知识出版社,1998.

24. 张人杰. 大教育学. 广州:广东高等教育出版社,2003.

25. 张人杰. 国外教育社会学基本文选. 上海:华东师范大学出版社,1989.

26. 陆有铨. 躁动的百年——20 世纪的教育历程. 济南:山东教育出版社,1997.

27. 陈桂生. 教育原理. 上海:华东师范大学出版社,2003.

28. 陈桂生. 历史的"教育学现象"透视. 北京:人民教育出版社,1998.

29. 陈桂生. 教育原理. 上海:华东师范大学出版社,1998.

30. 陈玉琨. 教育评价学. 北京:人民教育出版社,1999.

31. 陈佑清. 教育目的论. 武汉:湖北教育出版社,1994.

32. 何齐宗. 教育原理与艺术. 北京:中国社会科学出版社,2004.

33. 吴钢. 现代教育评价基础. 上海. 学林出版社,2004.

34. 肖云龙. 创新教育论. 长沙:湖南大学出版社,2000.

35. 肖川. 教育的视界. 长沙:岳麓书社,2003.

36. 麦志强,潘海燕. 新课程背景下的班主任工作创新. 北京:中国传媒大学出版社,2006.

37. 郑金洲. 教育通论. 上海:华东师范大学出版社,2003.

38. 柳海明. 现代教育原理. 长春:东北师范大学出版社,2002.

39. 金娣,王刚. 教育评价与测量. 北京:教育科学出版社,2002.

40. 郑金洲. 教育文化学. 北京:人民教育出版社,2000.

41. 武巍. 教学艺术新探. 北京:地质出版社,2007.

42. [日]筑波大学教育学研究会,钟启泉译. 现代教育学基础. 上海:上海教育出版社,2003.

43. 钟启泉、金正扬、吴国平. 解读中国教育. 北京:教育科学出版社,2000.

44. 皇甫全,王本陆. 现代教学论学程(修订版). 北京:教育科学出版社,1998.

45. 郭炳文. 中国教育制度沿革史. 福州:福建教育出版社,2007.

46. 郭毅. 班级管理学. 北京:人民教育出版社,2002.

47. 顾明远,孟繁华. 国际教育新理念. 海口:海南出版社,2001.

48. 顾明远. 历代教育制度考. 武汉:湖北教育出版社,2004.

49. 袁振国. 当代教育学. 北京:教育科学出版社,2004.

50. 陶本一. 学科教育学. 北京:人民出版社,2004.

51. 唐迅. 班集体教育实验的理论与方法. 广州:广东教育出版社,2000.

52. 涂艳国. 教育评价. 北京:高等教育出版社,2007.

53. 徐辉,祝怀新. 国际环境教育的理论与实践. 北京:人民教育出版社,1999.

54. 扈中平. 现代教育学. 北京:高等教育出版社,2000.

55. 扈中平. 现代教育理论. 北京:高等教育出版社,2005.

56. 扈中平. 教育目的论(修订版). 武汉:湖北教育出版社,2004.

57. 黄志成. 全纳教育——国际教育新思潮. 中国民族教育,2004(3).

58. 黄志成. 国际教育新思想新理念. 上海:海教育出版社,2009.

59. 黄光扬. 教育测量与评价. 上海:华东师范大学出版社,2004.

60. 靳玉乐,李森. 现代教育学. 成都:四川教育出版社,2005.

61. 靳希斌. 教育经济学. 北京:人民教育出版社,2002.

62. 谢利民,郑百伟. 现代教学基础理论. 上海:上海教育出版社,2003.

63. 鲁洁. 教育社会学. 北京:人民教育出版社,2007.

64. 赖华强. 班主任工作案例教程. 广州:暨南大学出版社,2004.

65. 瞿葆奎. 中国教育研究新进展·2000. 上海:华东师范大学出版社,2001.

66. 瞿葆奎. 教育学文集·教育与教育学. 北京:人民教育出版社,1993.

67. 瞿葆奎. 教育学文集·教育评价. 北京:人民教育出版社,1989.

68. 全国十二所重点是范大学联合编写. 教育学基础. 北京:教育科学出版社,2008.

69. 联合国教科文组织. 学会生存——教育世界的今天和明天. 北京:教育科学出版社,1996.

70. [美]大卫·雷·格里芬. 后现代精神. 北京:中央编译出版社,1998.

71. 南京师范大学教育系编. 教育学. 北京:人民教育出版社,2001.

72. 冯永刚. 制度架构下的道德教育研究. 济南:山东师范大学博士论文,2008.

73. 项贤明. 教育与人的发展新论. 教育研究,2005(5).

74. 眭依凡. 全民教育:2000 年的挑战和对策. 比较教育研究,1996(1).

75. 眭依凡. 简论教育理念. 江西教育科研,2000(8).

76. 瞿葆奎. 中国教育学百年. 教育研究,1998(12),1999(1、2).

**进一步阅读文献:**

77. [美]约翰·布鲁柏克,吴元训译. 教育问题史. 合肥:安徽教育出版社,1991.

78. [法]保罗·郎格朗,滕星等译. 终身教育导论. 北京:华夏出版社,1988.

79. 联合国教科文组织. 教育—财富蕴藏其中. 北京:教育科学出版社,1996.

80. [加]大卫·杰弗里·史密斯,郭洋生译. 全球化与后现代教育学. 北京:教育科学出版社,2000.

81.[英]约翰·怀特,李永宏等译.再论教育目的.北京:教育科学出版社,1997.

82.[美]约翰·杜威,王承绪译.民主主义与教育.北京:人民教育出版社,2001.

**图书在版编目(CIP)数据**

教育学基础/唐汉卫,魏薇主编．—济南:山东人民出版社,2010.8(2020.1重印)
ISBN 978-7-209-05313-6

Ⅰ.①教… Ⅱ.①唐…②魏… Ⅲ.①教育学 Ⅳ.①G40

中国版本图书馆CIP数据核字(2010)第073898号

责任编辑:王　晶
装帧设计:宋晓明

**教育学基础**

唐汉卫　魏薇　主编

---

山东出版传媒股份有限公司
山东人民出版社出版发行

社　址:济南市英雄山路165号　邮　编:250002
网　址:http://www.sd-book.com.cn
发行部:(0531)82098027　82098028

新华书店经销
肥城新华印刷有限公司印装

规　格　16开(169mm×239mm)
印　张　13.5
字　数　230千字　插　页　2
版　次　2010年8月第1版
印　次　2020年1月第10次
ISBN 978-7-209-05313-6
定　价　25.00元

---